図解

ここが見どころ！古建築

妻木靖延 著

学芸出版社

はじめに

古くから古社寺を訪れる人は多く、ほとんどの場合その目的は信仰のためであったが、近年になって文化財的興味から古社寺を見て歩くことが盛んになってきた。

ただ、せっかく実際に有名社寺の建築を目の前にしても、大きいとか、立派だとかの感想を持つことはできても、どこがどう素晴らしいのか、何が見どころなのかといったことは、勉強していないことにはなかなかわからないものである。そこで、いろいろな資料に当たってみることになるのだが、社寺のパンフレットに「○○造」「○○様式」などと書かれていても、どこがそうなのかわからない。ガイドさんやお寺さんの説明もそこまでは詳しくない。趣味人のホームページ、ブログや専門の本は、読み方すらわからない専門用語がどんどん出てきて、そもそも建築のどこの部分の話をしているのかすらわからない。大学の先生の書いた文章は、日本建築史の基礎的な知識を前提として書いているので、ついていけない。

本書は、そういった読者のために、日本の伝統的な建築を知る上で欠かすことのできない有名な社寺等を時代の流れに沿って題材として取り上げ、その「見どころ」だけを解説し、日本建築の要点を会得していただくことで、他の多数の日本の伝統的な建築を見るときの判断の基本にしていただこうという本である。

事例として選んだ建物は、比較的交通の便がよく、かつ各時代の建築様式の特徴を典型的に示しているものとした。それぞれの「見どころ」を知る上で必要な関連の知識は随時その箇所で紹介した。専門用語にはすべて振り仮名をつけたので安心してお読みいただきたい。

本書が、「何となく」で終わっていた日本建築への理解の助けとなれば幸いである。

二〇一六年八月　　妻木靖延

もくじ

【神社①住吉造】

住吉大社本殿

切妻屋根の直線美

全国「住吉さん」の総本社

南海電車の住吉大社駅または阪堺電気軌道の住吉公園駅から東に向かうと、住吉大社の大きな石の鳥居が見えてくる。

海の神様として、第一から第四までの四つの本宮に、それぞれ底筒男命《そこつつおのみこと》、中筒《なかつつ》男命《おのみこと》、表筒男命《うわつつのおのみこと》、神功皇后が祀られており、参詣者や屋台で年中賑わう。

住吉大社と言えば、燈籠《とうろう》、鳥居《とりい》、反橋《そりはし》が有名だが、建築的な見どころは何と言っても、「**住吉造**《すみよしづくり》」と呼ばれる本殿建築だ。直線的な構成美は、伊勢神宮に代表される「**神明造**《しんめいづくり》」と共通するものだが、本殿の大きな構成から**千木**《ちぎ》・**堅魚木**《かつおぎ》・**懸魚**《げぎょ》などの細部に至るまで独自の見どころが多い。

神明造や出雲大社に代表される「**大社**《たいしゃ》**造**《づくり》」との違いも押さえつつ、全国の「住吉さん」に影響を与えた総本社の建築を見ていこう。

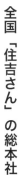

ポイント

住吉造は背面から見るとよくわかる

境内の反橋《そりはし》を渡り、住吉鳥居をくぐってまず目にするのが、第三本宮だ。手前から、第三本宮（祭神：表筒男命）、第二本宮（同：中筒男命）、第一本宮（同：底筒男命）と一列に並んでおり、また第三本宮に平行して右手に第四本宮（同：神功皇后）が建っている。第一本宮から第四本宮まで、いずれも同じ規模・形式で西（海の方角）を向いて建てられている。

まず目に入るのが、曲線的な**唐破風**《からはふ》が特徴的な「**弊殿**《へいでん》」（重要文化財）。だが、「**住吉造**《すみよしづくり》」を伝えているのは弊殿ではなく、**渡殿**《わたどの》でつながった「**本殿**《ほんでん》」だ。裏へ廻り、壁の白と柱の朱のコントラストが美しい本殿を見てみよう。

遅くとも奈良時代には遷宮のために住吉社の殿社を造替したことが記録に残っており、弘仁２（８１２）年には神祇官が「正殿以外は20年に一度の改作をやめ、壊れた部分だけを補修せよ」という旨のお触れを出したという記録がある。その後平安時代に4回の遷宮が行われ、幾度かの再建を経て現在の本宮は文化７（１８１０）年に竣工したものとされる。

住吉大社本殿は、「**切妻造**《きりつまづくり》」と呼ばれる屋根の構造で、「**妻**《つま》」側に入口がある「**妻入**《つまい》**り**」形式だ。屋根は**檜皮葺**《ひわだぶ》**き**で、**棟**《むね》に**千木**《ちぎ》と**堅魚木**《かつおぎ》を置いている。切妻の屋根に反りや曲面は全くなく、壁面は真っ白な**胡粉塗**《ごふんぬ》**り**で、**柱**《はしら》・**梁**《はり》・**桁**《けた》・**束**《つか》・**叉首**《さす》・**垂木**《たるき》は全て**丹塗**《にぬ》**り**（朱色）である。本殿の軒の下には黒い**瑞垣**《みずがき》、その周りに朱色の**荒垣**《あらがき》と、二重の垣が巡らされている。

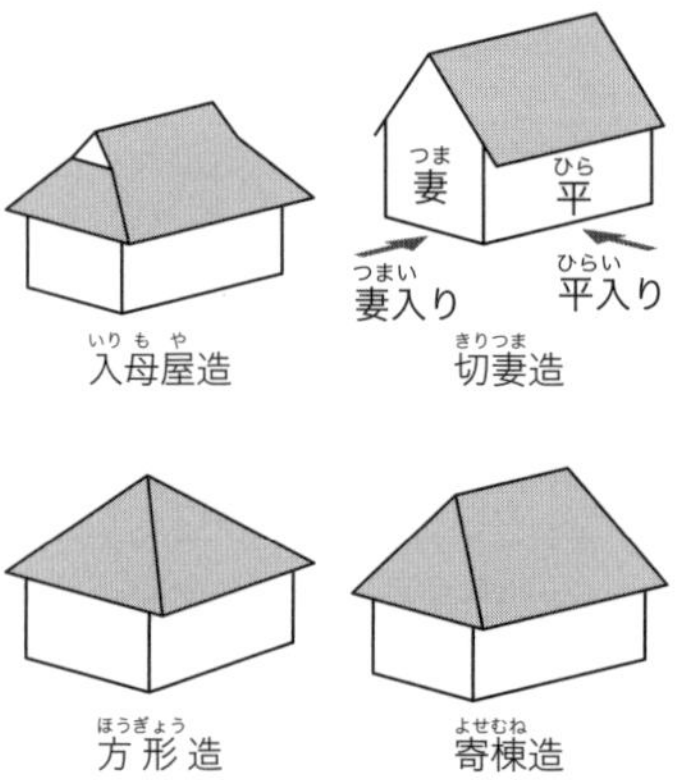

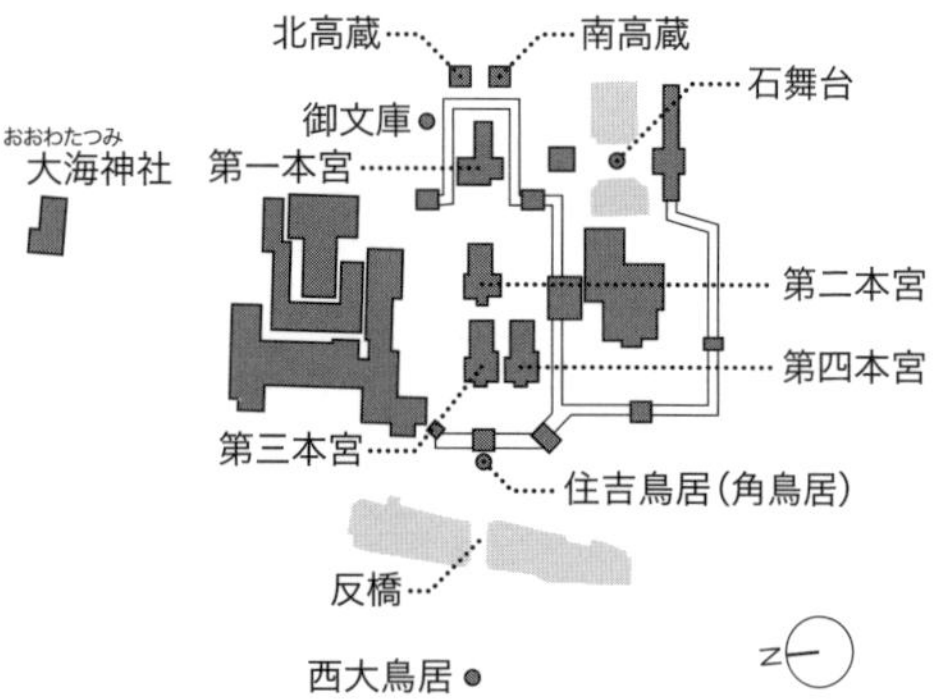

住吉大社境内図

●唐破風《からはふ》のある「幣殿《へいでん》」は住吉造ではない

住吉造を伝えているのは「本殿」。裏へ廻り、壁の白と柱の朱色が鮮やかな「本殿」を見よう。

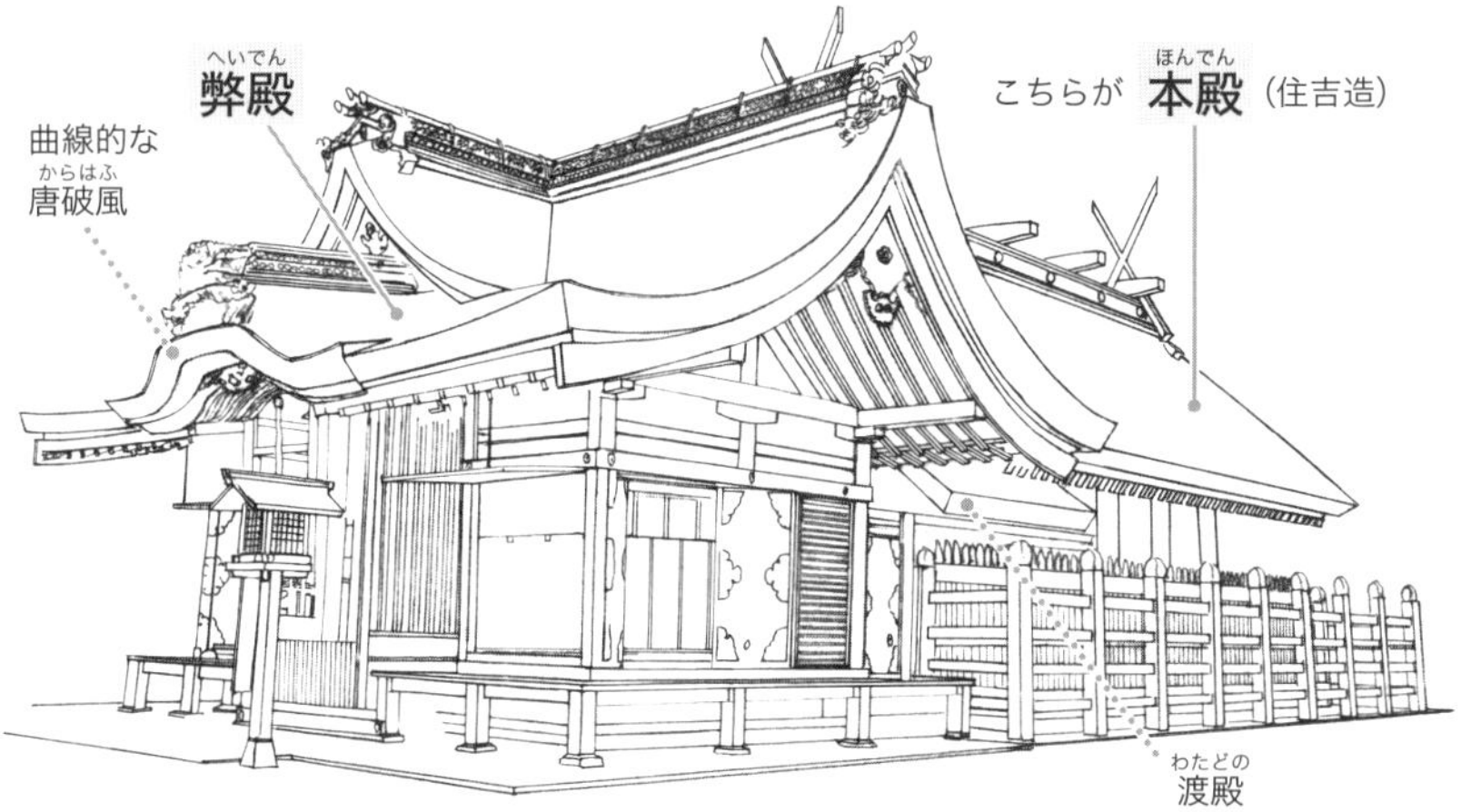

●直線的な屋根が特徴の「本殿」

本殿は切妻造・妻入りの構造。ただし、入口は幣殿と本殿をつなぐ「渡殿」側にあり、見えない。

※胡粉《ごふん》：鉱物の一種

※丹《に》：硫化水銀からなる鉱物

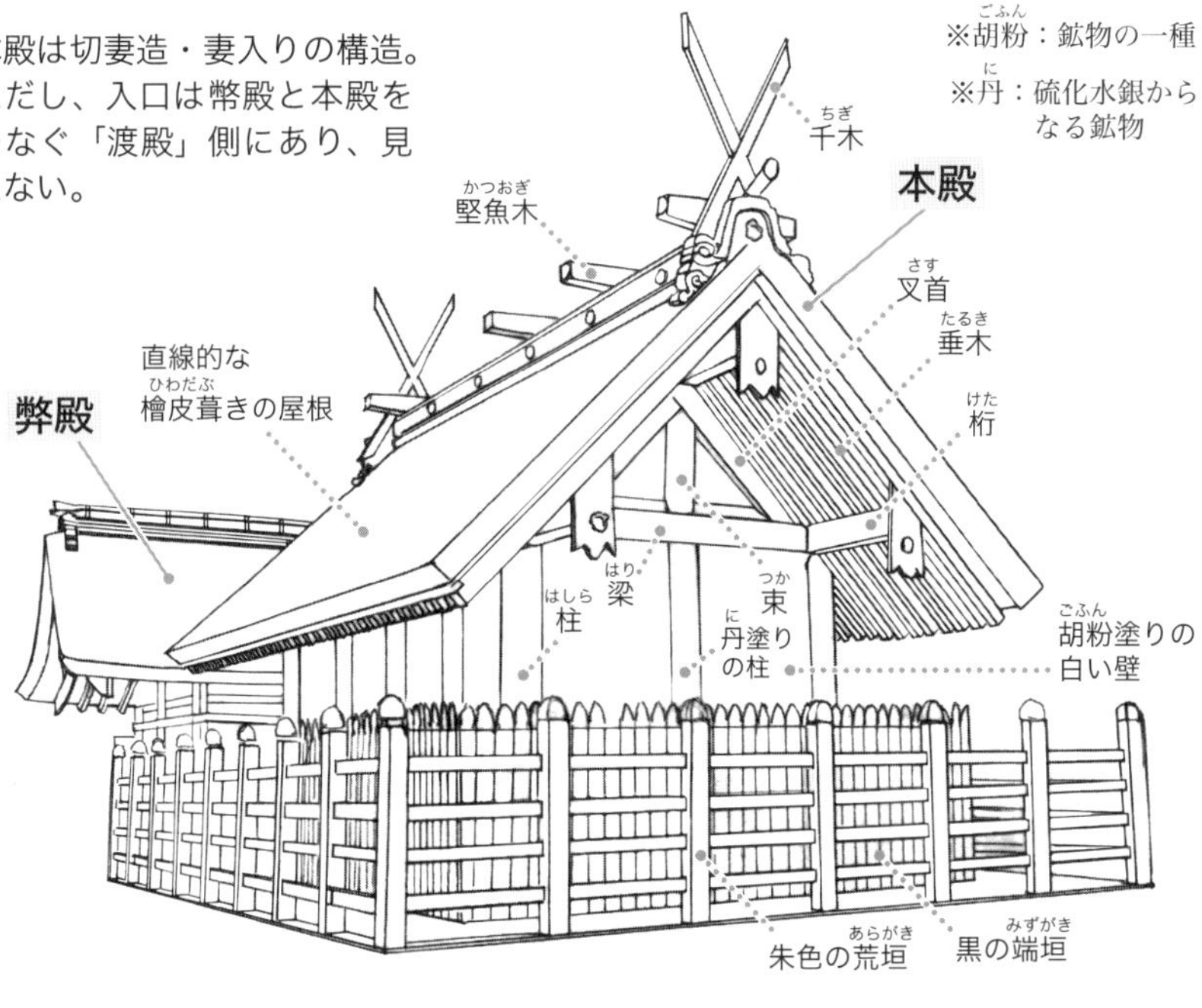

見どころ①

直線美を強調した屋根

住吉大社の本殿は、側面四間×背面二間×正面一間の構成（一間＝柱と柱の間）となっており、正面の一間から渡殿《わたどの》で幣殿《へいでん》に通じている。本殿正面の戸前に五級（五段）の木の階段がある。本殿の周囲には縁《えん》が付いていない。

壁面は、柱に溝を掘って**横羽目板**《よこはめいた》を落とし込み、両側面の柱の上に**桁**《けた》（横材）を載せ、直行して**梁**《はり》（横材）を架けるという方法でつくられている。柱の上には寺院に見られるような「**組物**《くみもの》」（柱の上に置き、屋根を支える部材）が見られず、さきほどの梁の上に**叉首**《さす》を組んで**棟木**《むなぎ》を支え、**棟**《むね》から**桁**《けた》へ**一軒繁垂木**《ひとのきしげだるき》（間隔が密な一段の垂木）を架けている。

住吉造《すみよしづくり》のデザイン的な特徴は、まずその直線的な屋根だろう。**破風**《はふ》・**垂**《たる》**木**《き》・軒先が直線的なのは**神明造**《しんめいづくり》と共通している。

千木《ちぎ》は、構造的な意味のない「**置**《お》**き千木**《ちぎ》」で、傾斜が急。千木の先端は、第一から第三本宮までは垂直に、第四本宮は水平に切っている。これは祭神が男か女かで分かれていると言われている。第一から第三本宮までは男神を祭っているのに対し、第四は神功皇后という女神を祭っている。

棟は板で覆われた**箱棟**《はこむね》で、両端に**鬼板**《おにいた》がついている。**懸魚**《げぎょ》は**棟木**《むなぎ》と**桁隠**《けたかく》しについているが、古代の楯のような単純な形である。棟の上には、角断面の**堅魚木**《かつおぎ》を五本並べている。現在、棟関係はすべて銅板で包んである。

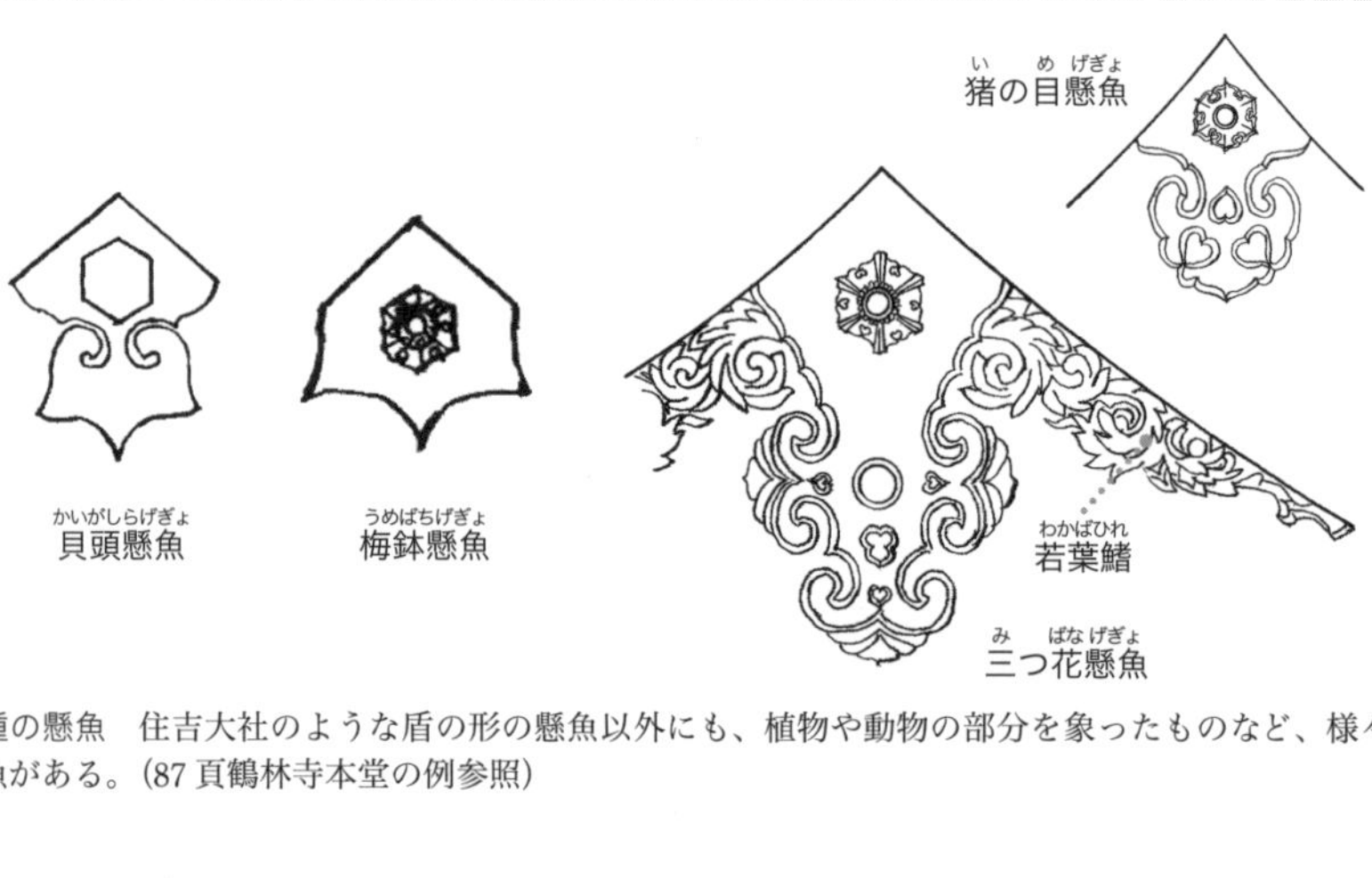

各種の懸魚　住吉大社のような盾の形の懸魚以外にも、植物や動物の部分を象ったものなど、様々な懸魚がある。（87 頁鶴林寺本堂の例参照）

●直線的な破風《はふ》・垂木《たるき》・軒先

構造的な意味をもたず装飾的な「千木《ちぎ》」と盾のような形の「懸魚《げぎょ》」も住吉造の特徴。

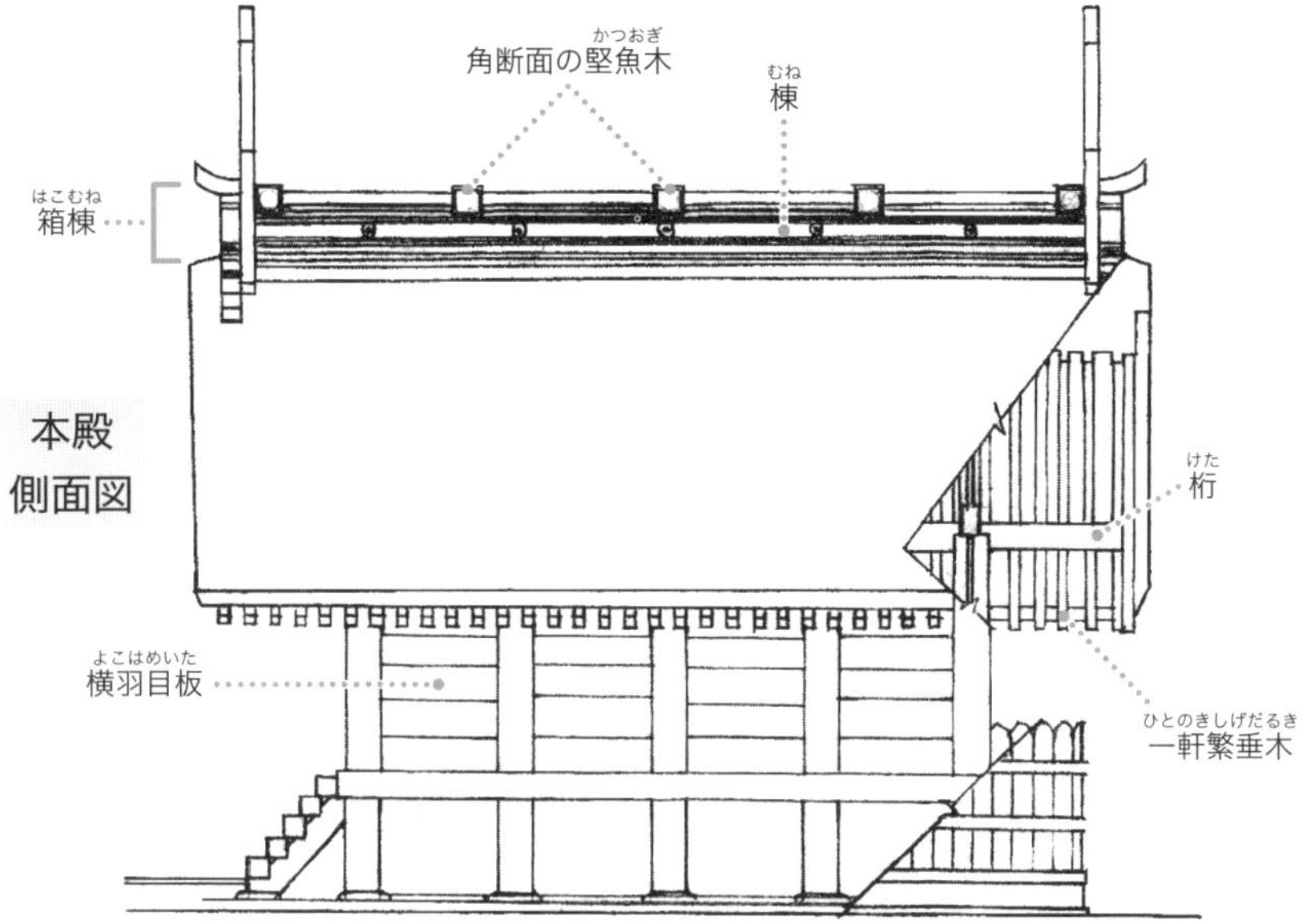

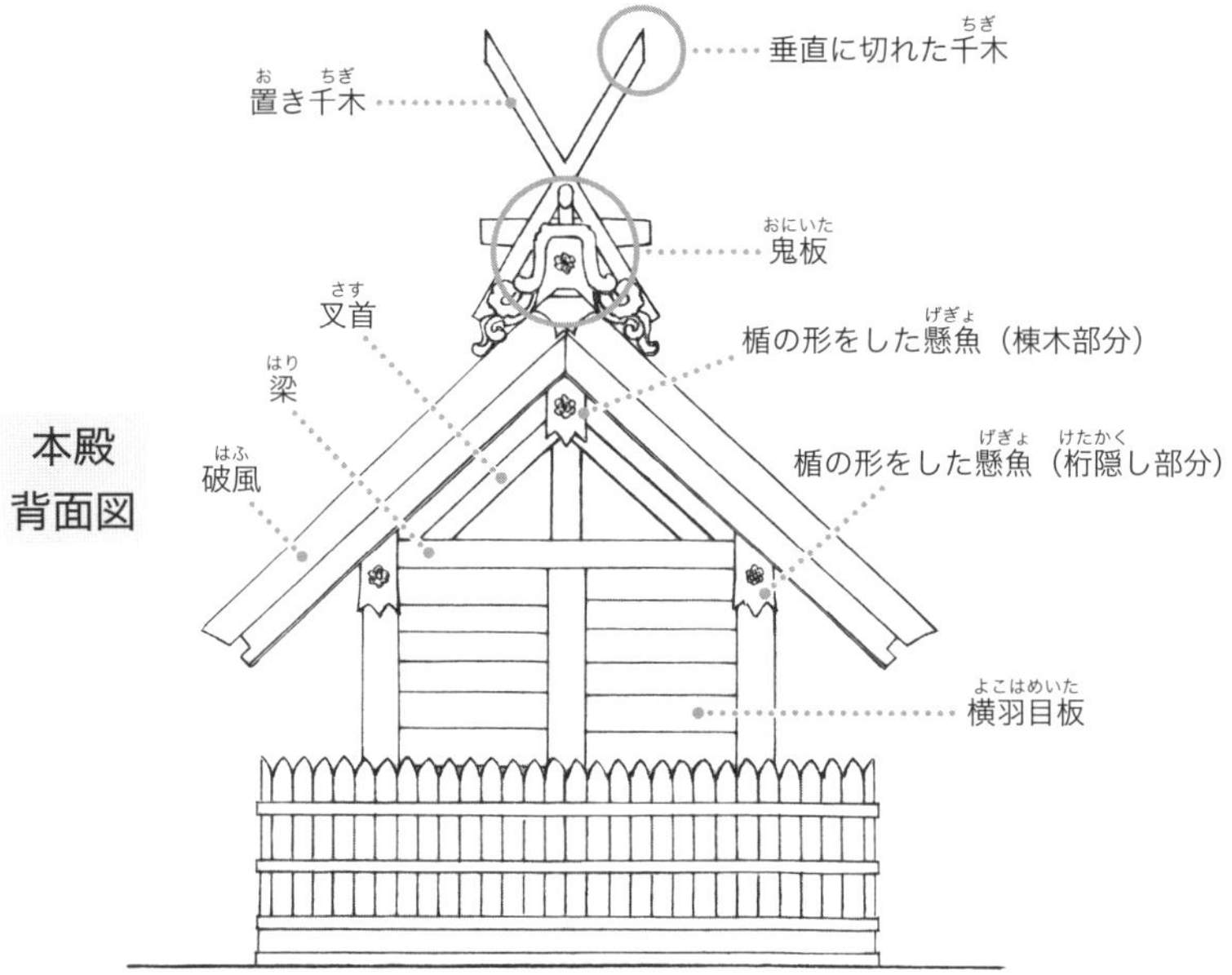

見どころ② 神明造・大社造との共通点と違い

住吉造は、伊勢神宮に代表される「**神明造**《しんめいづくり》」、出雲大社に代表される「**大**《たい》**社造**《しゃづくり》」に次いで古い神社建築様式だが、次のような共通点と違いがある。

● 神明造・大社造との共通点

・**切妻造**《きりつまづくり》である。

・柱に組物がない。

・棟の上に**千木**《ちぎ》・**堅魚木**《かつおぎ》がある（デザインは異なる）。

● 神明造・大社造との違い

・神明造と住吉造は屋根が直線的だが、大社造は屋根に反りがある。

・神明造は**平**《ひら》**入**《い》**り**、大社造と住吉造は**妻**《つま》**入**《い》**り**構造になっている。

・神明造の屋根は**茅**《かや》**葺**《ぶ》**き**だが、大社造と住吉造は**檜**《ひ》**皮**《わだ》**葺**《ぶ》**き**である。

・神明造・大社造には「**心**《しん》**の御柱**《みはしら》」があるが、住吉造にはない。

・神明造・大社造には**高欄**《こうらん》付きの**縁**《えん》があるが、住吉造にはない。

・神明造には**棟**《むな》**持**《も》**ち柱**、大社造には**宇**《う》**豆**《づ》**柱**があるが、住吉造にはない。

・神明造・大社造が白木造《しらきづくり》なのに対して、住吉造の外部の軸部は**丹**《に》（硫化水銀からなる鉱物）**塗**《ぬ》**り**で、板壁は**胡粉**《ごふん》（顔料の一種）塗《ぬ》りとなっている。

・神明造は**掘立柱**《ほったてばしら》の上に建っているが、大社造・住吉造は**礎石**《そせき》の上に建っている（仏教寺院建築の影響と思われる）。

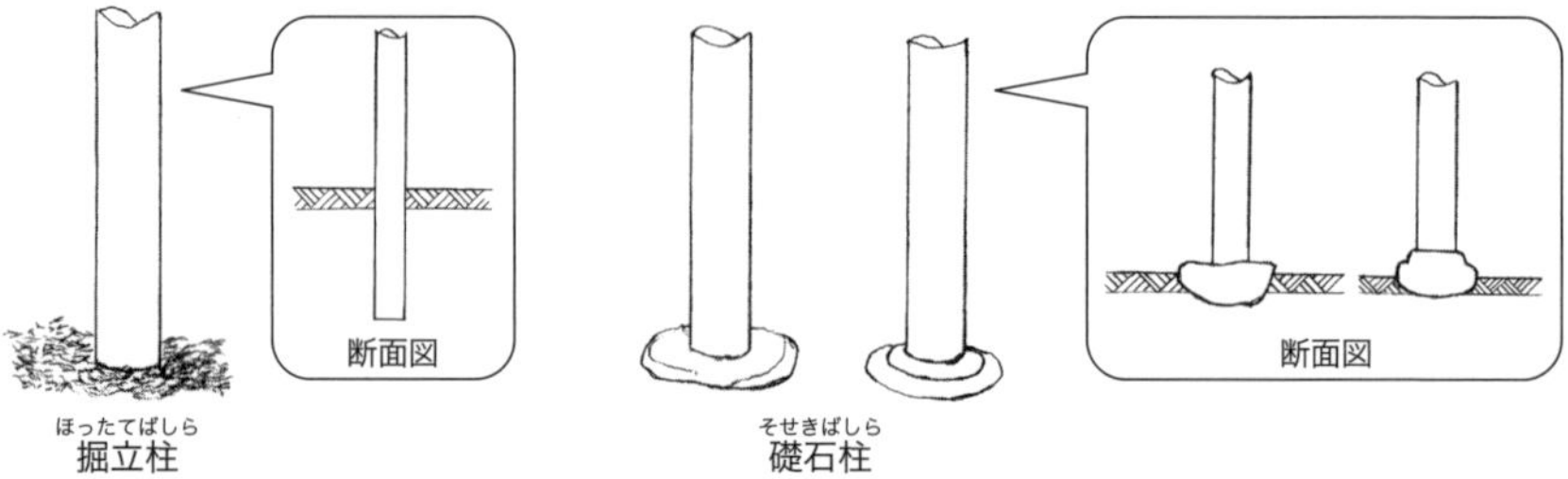

礎石柱と掘立柱

●平入《ひらい》り・茅葺《かやぶ》き・白木造《しらきづくり》の神明造

心の御柱・棟持ち柱、縁《えん》があり、掘立柱の上に建っている。

神明造(伊勢神宮)

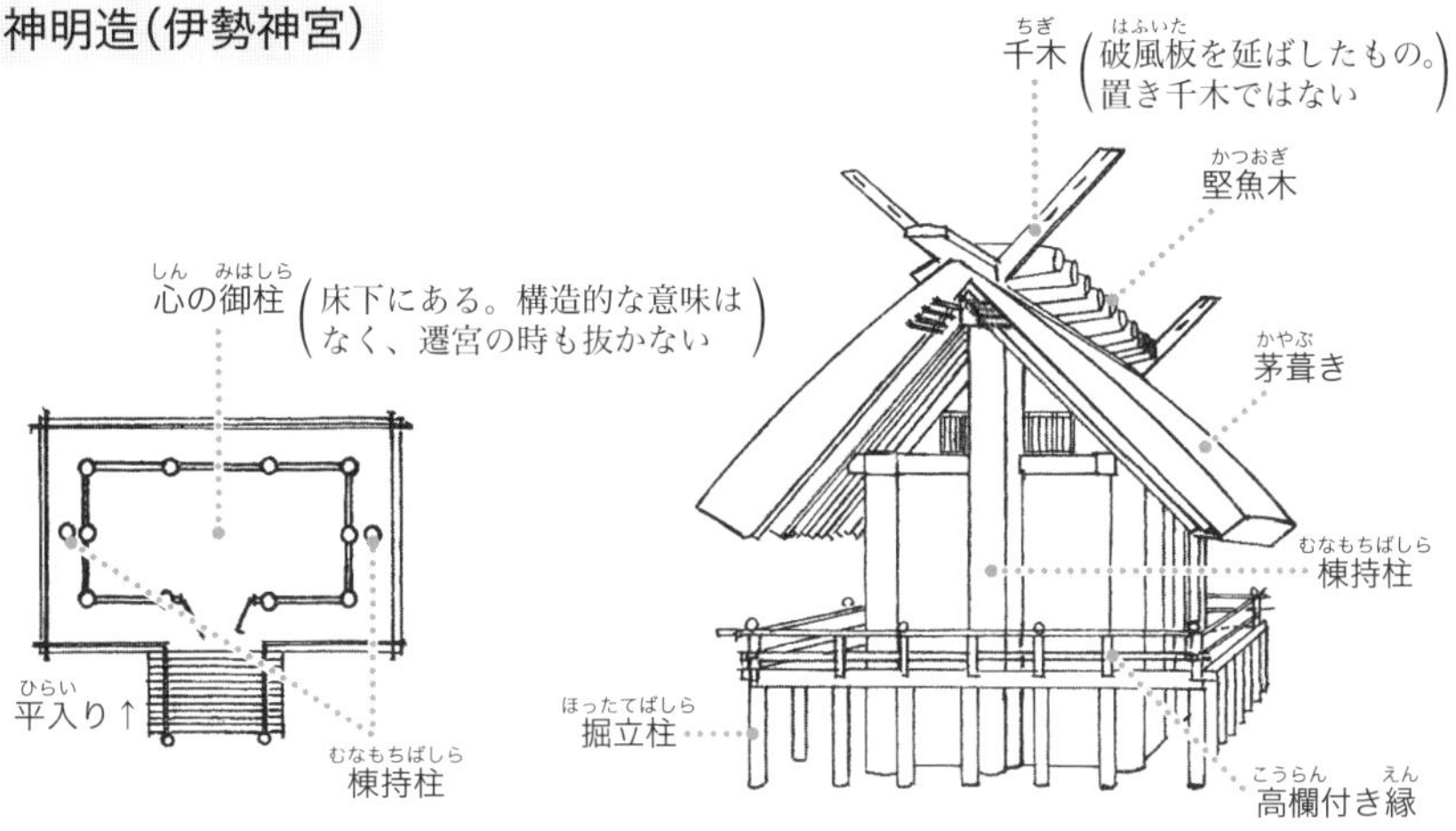

●妻入《つまい》り・檜皮葺《ひわだぶ》き・白木造《しらきづくり》の大社造

心の御柱・宇豆柱、縁《えん》があり、礎石柱の上に建っている。

大社造(出雲大社)

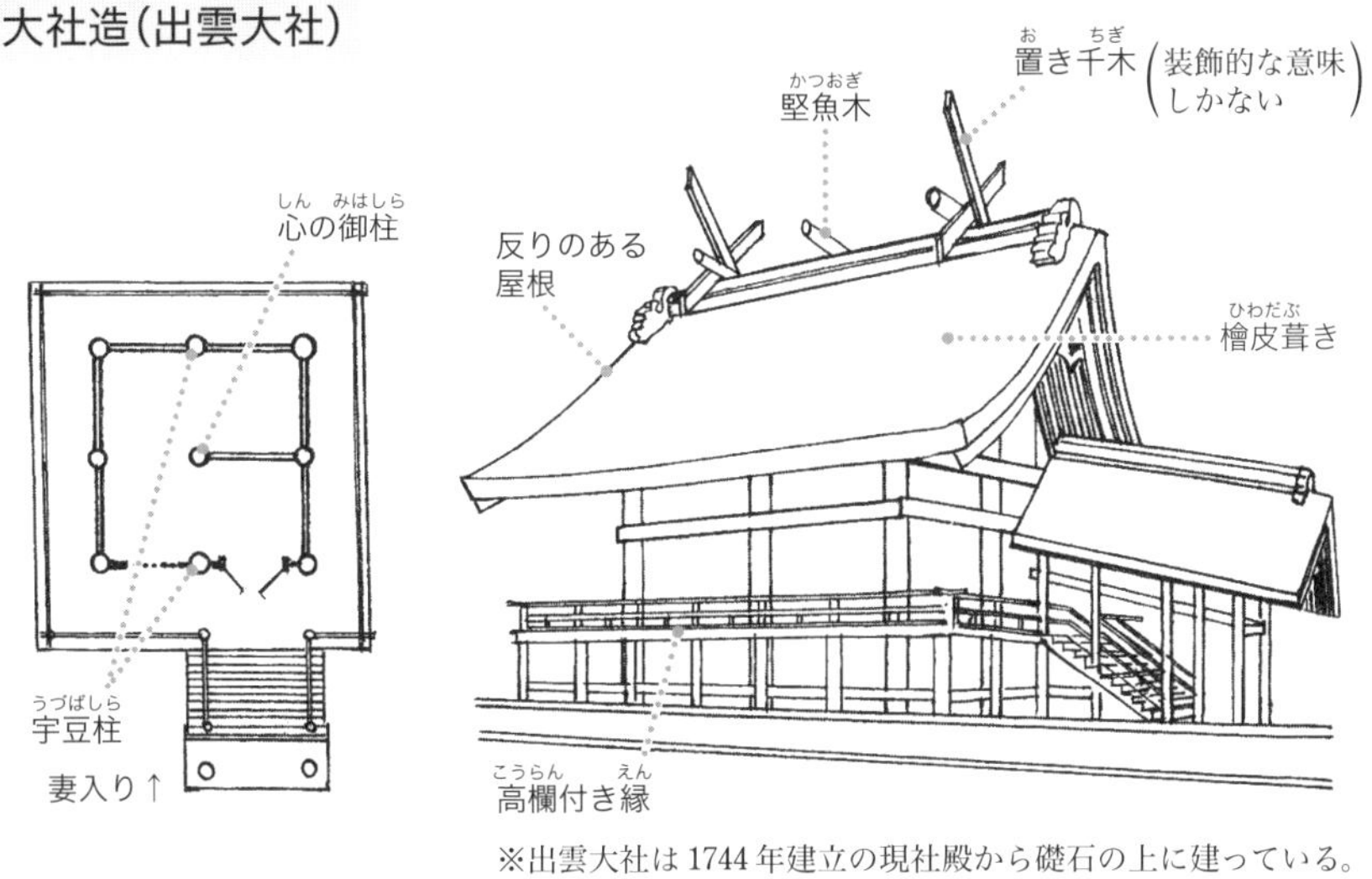

※出雲大社は1744年建立の現社殿から礎石の上に建っている。

見どころ③

大嘗宮・寝殿造との共通点

本殿の内部が前室と後室に分かれているのも住吉大社の特徴の一つだ。正面の妻壁《つまかべ》の板扉は朱漆塗り、間仕切り壁の板扉は白木でつくられており、後室の床には白布が敷き詰められ、壁・天井にも張られ、その中に帳《とばり》を設けて板枕を備えた縁台のような臥具を安置していると言われる。天皇即位の儀式を行った大嘗宮との関係が指摘されている（左図）。

大嘗宮《だいじょうぐう》とは、天皇が即位する時に神と交わるために一夜を過ごす建物で、大嘗宮の由起《ゆき》・主基院《すきいん》が住吉造とよく一致する。平安時代の文献（『貞観儀式』）に見られるのが最古の例とされてきたが、１９８５～８６年に行われた平城京の発掘調査により、奈良時代前期に二例、奈良時代後期に三例、計五例の大嘗宮の存在が知られるようになった。これらの例でも主殿は前後二室に分かれており、後室が神霊と交わるための秘められた場所とされる。大嘗宮正殿は、屋根を草で葺き、壁は筵《むしろ》で覆い、黒木の柱（皮付きの丸太）を使用するなど、素朴さと始原性を強調する建物で、神話を再現するために一夜だけ設営され、祭儀が終わると撤去される仮設建物だ。

このような平面の建物は奈良時代後期の法隆寺東院伝法堂《でんぽうどう》の前身である橘《たちばな》夫人邸、藤原豊成板殿《とよなりいたどの》、平城京東院庭園の建物などがあり、やがて「**塗《ぬ》り込《ご》め**」という「秘めたる場所」を持つ**寝殿造**《しんでんづくり》に発展していったものと考えられる。

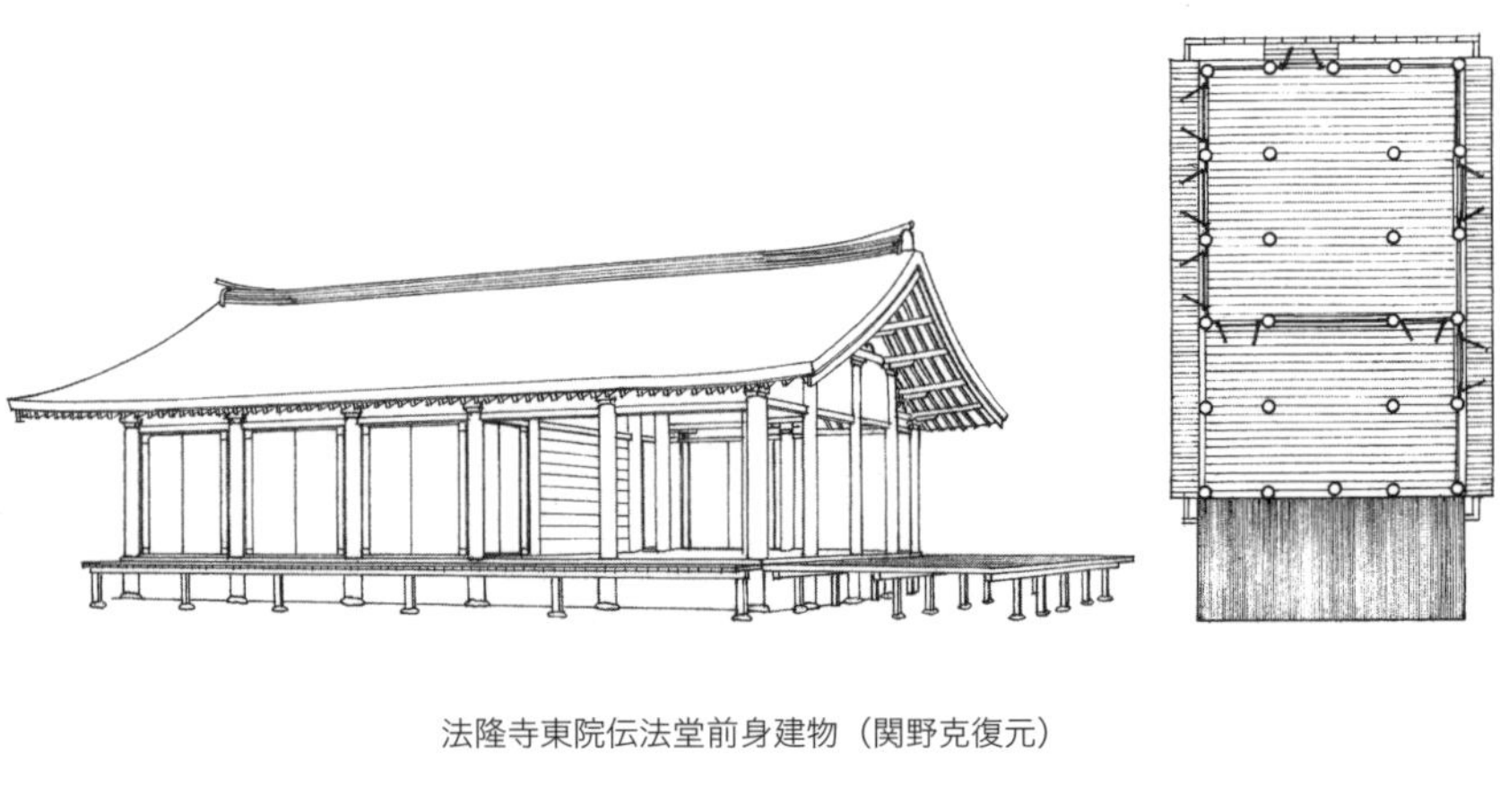

法隆寺東院伝法堂前身建物（関野克復元）

●大嘗宮《だいじょうぐう》と類似した構成の住吉造

住吉大社本殿は前室と後室に分かれており、天皇即位の時に用いられる大嘗宮との関係が指摘されている。

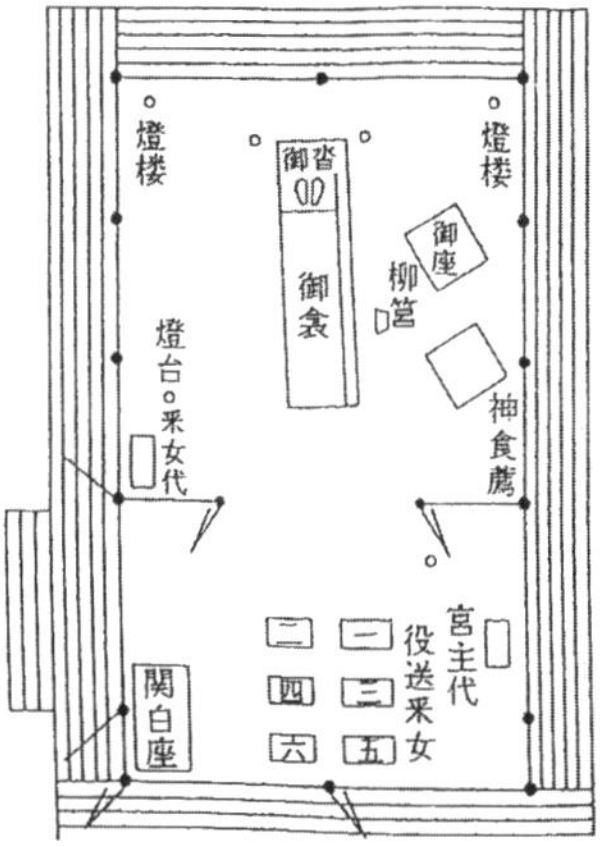

大正大嘗宮正殿平面図
(『日本建築史図集』19頁より)

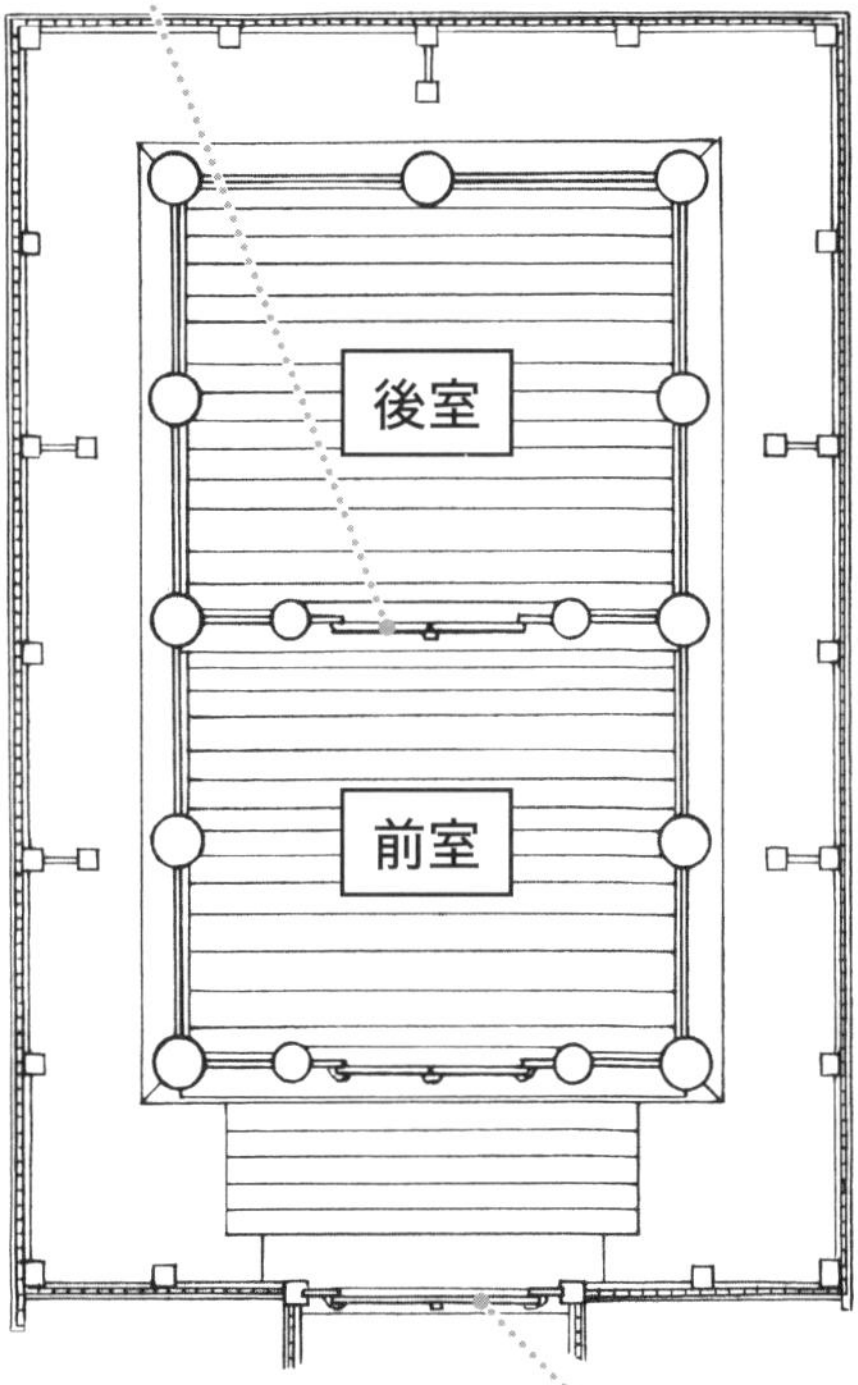

住吉大社本殿平面図

境内にある大海《おおわたつみ》神社本殿も必見

住吉大社境内東北に摂社「大海《おおわたつみ》神社」がある。この建物は現在の住吉大社本殿(文化7〔1810〕年)よりも古く、江戸時代の宝永5(1708)年に造られたもので、幣殿《へいでん》・渡殿《わたどの》・本殿ともに第一本宮から第四本宮と同じ形式で、大きさもよく似ており、重要文化財に指定されている。住吉大社本殿が参拝者で混雑している時も、こちらの建物の方はゆっくり観察できるのでおすすめである。

◆神社の始まりはお米の倉庫？

縄文時代、人々は自然のものを採集することで食料を確保していたが、弥生時代に入り主に河口付近に竪穴式の住居を建てて定住し、栽培によって食料を確保するようになる。主な食糧は米で、収穫は年に一度。食料が水に浸かったり、虫害・獣害・盗難に遭ったりしないように考え出されたのが、高床式の倉庫である。

発掘調査では掘立柱の柱穴しか出ないので、上部構造はわからないが、各地で発掘される銅鐸や家屋文鏡に描かれた高床建物、1980年代に大分県国東郡の安国寺遺跡で発掘された掘立柱の跡から多くの木材が発見されたことなどから、大きなヒントが得られた。

もともと日本の神々は社殿を持たず、（例えば高天原など）どこかに存在し、必要に応じて降臨し、必要がなくなれば帰っていくと考えられていた。降臨するための目印が、山、大きな岩、大きな樹木、滝など、「依代《よりしろ》」といわれる神聖な禁足地であった。それが特異な岩である場合は「磐座《いわくら》」と呼ばれ、そのような特定の場所を「磐境《いわさか》」として、賢木《さかき》を立て、神鏡を掛け、周囲を石で囲んだり、注連縄《しめなわ》で囲んだりしたのである。

ところが、仏教が伝来すると、仏のためには立派な建物があるのに、日本の神々に建物がないことが意識され、伝統的な神々のための建物を造ろうという気運が生まれ、仏教の建物とは違う形式として高倉《たかくら》が選ばれたと考えられる。先の「磐座《いわくら》」や、天皇の諡《おくりな》の「高倉天皇」や、天皇の玉座を「高御座《たかみくら》」と呼ぶことからも倉の神聖さがわかるだろう。

古いタイプの神社建築の特徴を要約すると、以下のようになる。

①屋根の形が切妻《きりつま》である（現在、切妻は最も簡単な屋根の形とされているが、古代では最も難しい構法で、その構法を神に奉ったと考えられる。入母屋《いりもや》造や寄棟《よせむね》造は、竪穴住居と同じ工法を発展させることでできたと考えられている）。

②屋根を瓦以外の檜皮《ひわだ》、柿《こけら》、茅《かや》などで葺く。

③壁は外来の建物に多い土壁ではなく板壁とする。

④仏教建築のような組物、絵、彫刻、彩色がなく、装飾が質素である。

高倉（登呂遺跡復元家屋）

【神社②春日造】

春日大社本殿

「反り」に見る仏教建築の影響

全国春日神社の本家

ＪR奈良駅・近鉄奈良駅前から三条通りを東に進み、興福寺や奈良国立博物館を左手に見ながら一之鳥居・二之鳥居とくぐると、三笠山の麓の春日大社に到着する。

奈良時代、都が明日香の地から平城京に遷るとともに、藤原氏の氏寺である興福寺の鎮守として創建された春日大社の本殿は各地の「春日神社」に共通する「**春日造**《かすがづくり》」と呼ばれる建築様式で知られる。春日造は、全国の重要文化財に指定されている神社本殿の20％を占め、流造《ながれづくり》に次いで普及した形式である。

実際には春日大社本殿を間近に見ることは難しいので、典型的な春日造が見られる摂社・**若宮**《わかみや》**神社**についても紹介する。他の様式の神社建築や、各地の春日神社の建築との違いにも注意しつつ、春日造の本家の建築を見ていこう。

ポイント 妻《つま》入《い》り一《いち》間《げん》社《しゃ》の前面に庇をつけた春日造

　春日大社本殿は「回廊」（重要文化財）で囲まれた区画の東北隅、「御廊」で囲まれた場所にある。まず回廊の南門を入ったところで特別拝観の受付を済ませ、石段を登って「中門」（重要文化財）に至れば、門の中に春日大社本殿があるが、外から本殿を見ることはできない。春日造の本殿を見るには、摂社の若宮神社がおすすめである（見どころ③）。

　春日大社本殿は、第一～四殿まで東から順に並んでおり、順に武甕槌《たけみかづちの》命《みこと》（鹿島神宮から奉遷）、経津主命《ふつぬしのみこと》（香取神宮から奉遷）、天児屋根命《あめのこやねのみこと》（藤原氏の遠祖）、比売神《ひめかみ》（藤原氏の遠祖）を祀っている。

　春日造は、**妻《つま》入《い》り一間社《いちげんしゃ》**の建物の前面に仏教建築でいう向拝《こうはい》（庇）をつけた形の建物で、主に近畿各地に流布した。

　本殿の式年造替については種々の研究があるが、創建当初は10年あるいは15年と周期が短かったものの、鎌倉・室町時代には20年前後に延びたと考えられている。また式年造替により、古くなった建物が各地の興福寺の領地に譲渡されたことも、主に近畿各地に春日造の本殿を持つ神社が多くなった要因であると思われる。その中で最も古いとされているのは、円《えん》成《じょう》寺（奈良市忍辱山町）の春日堂と白山堂（共に国宝）で、安貞年間（1227～29年）のものだ。春日大社の現在の建物は文久3（1863）年のもので、その後は式年造替の際に修理が行われている。

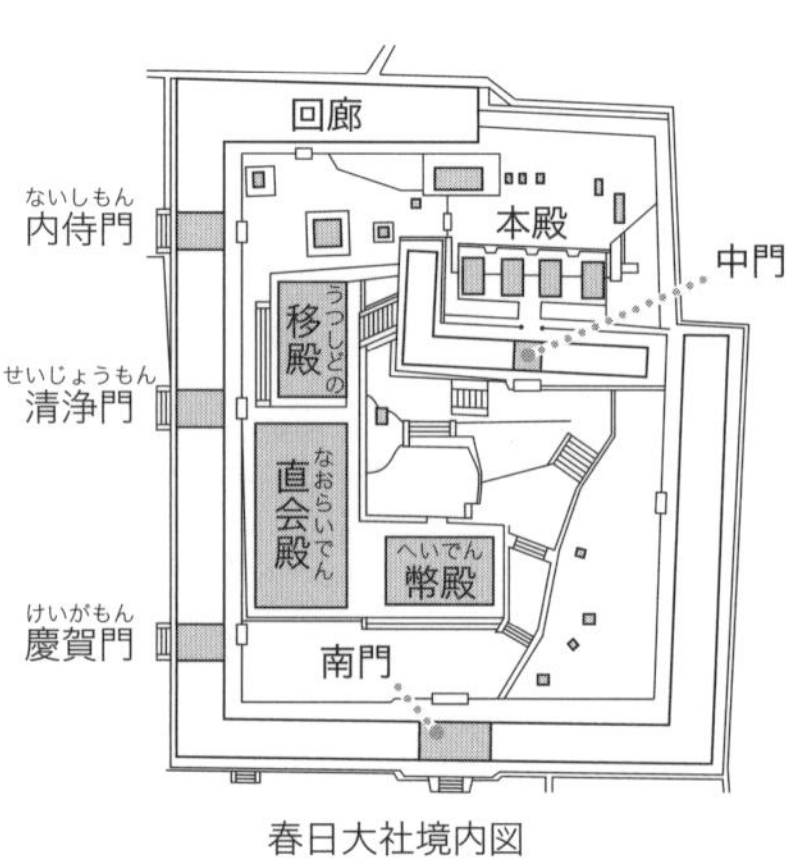

春日大社境内図

● コンパクトな社殿と庇（向拝《こうはい》）

妻入り一間社に仏教建築でいう向拝（庇）をつけたのが春日造。奈良から近畿各地に広がった。

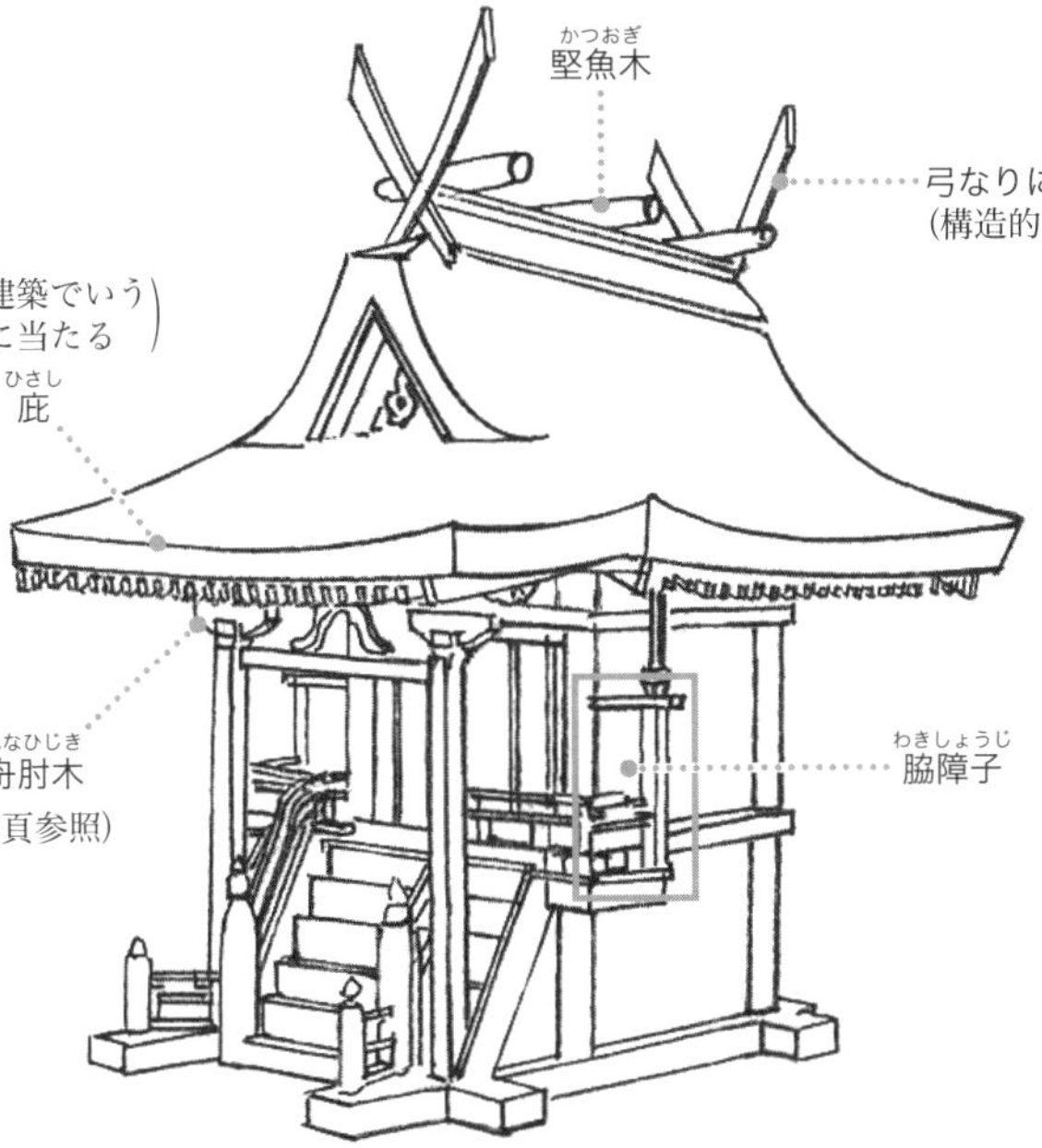

一般的な春日造（春日大社本殿とは異なる）

向拝《こうはい》の例（軒唐破風《のきからはふ》向拝）

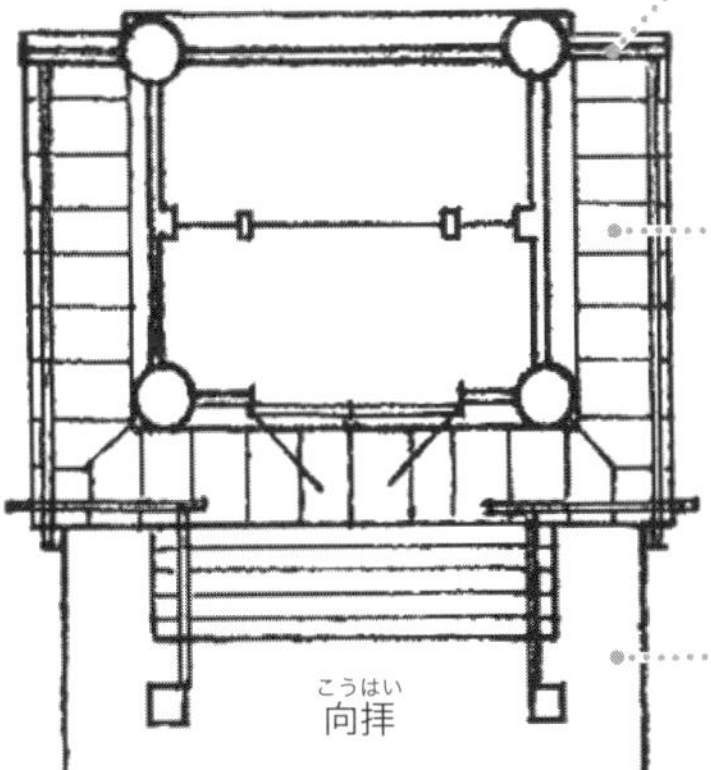

一般的な一間社のつくり

見どころ①
反りのある屋根と庇

春日造の大きな特徴は、仏教建築の影響を受けて屋根に反りがつけられていることと、前面に仏教建築でいう「**向拝**《こうはい》」にあたる、本殿身舎《もや》と同じ幅の庇がついていることだ。また、柱と梁をつなぐ「**舟肘木**《ふなひじき》」と呼ばれる組物《くみもの》があり、それが彩色されている点も仏教建築の影響を感じさせる。

屋根部分を見ると、**檜皮葺**《ひわだぶ》**き**の**切妻造**《きりつまづくり》の屋根が左右に大きく反っていることがわかる。一本の**棟木**《むなぎ》の上に、弓なりに反った細長い**千木**《ちぎ》を置いているが、これは神明造のような構造的な意味はもはやなく、装飾的な意味合いが強い。また、同じ棟の上に黒の漆塗りの2本の**堅魚木**《かつおぎ》が載っている。堅魚木の上部には**鎬**《しのぎ》が付いている。

前面についている庇部分に目を向けてみよう。住吉造・大社造・神明造に見られなかった庇がついたのは、人が拝む場所を確保するためという理由があり、これは流造《ながれづくり》の場合と共通である。信仰の対象である建築だけでなく、それを拝む人間の都合が反映されていく歴史的な流れは、寺院に見られる仏教建築の展開とも共通するところがあり、興味深い。

身舎の軒下部分を支える「**垂木**《たるき》」は間隔が狭い「**繁垂木**《しげだるき》」であるのに対し、庇部分の軒下は間隔が広い「**疎垂木**《まばらだるき》」となっている。これは、身舎の柱が**円柱**で、庇の柱は**角柱**であるのと並んで、神聖な身舎と人間が拝む庇部分との格式の差を建築的に表現しているものと考えられる。

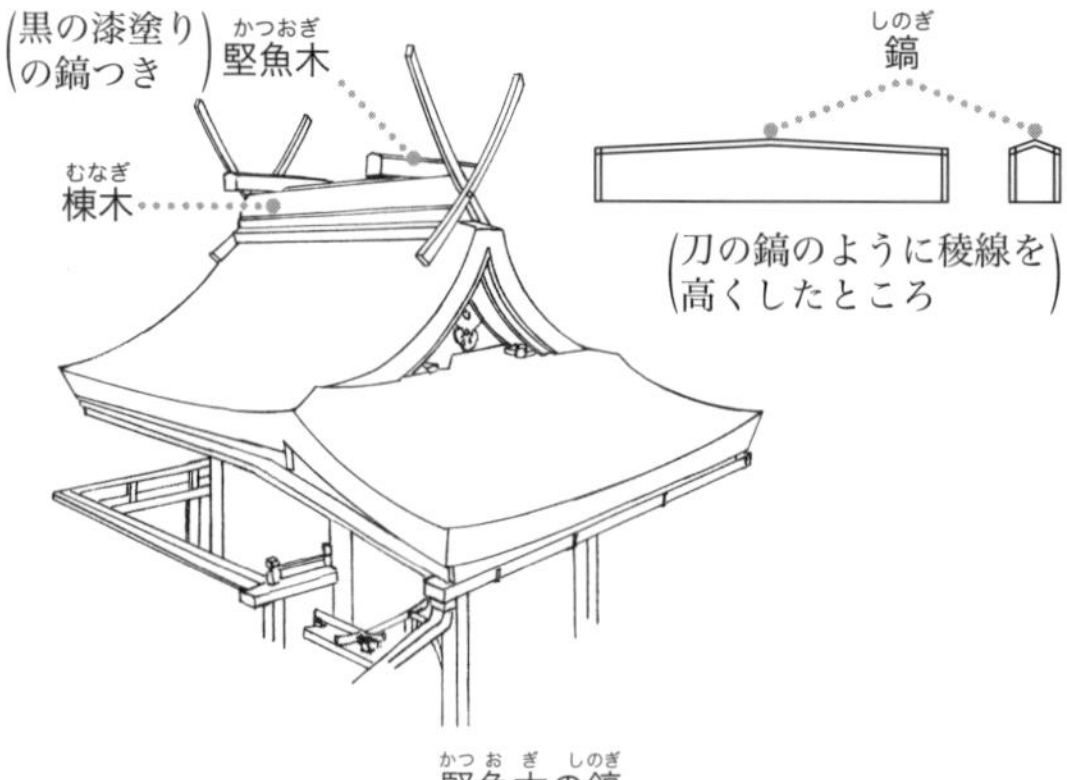

堅魚木《かつおぎ》の鎬《しのぎ》

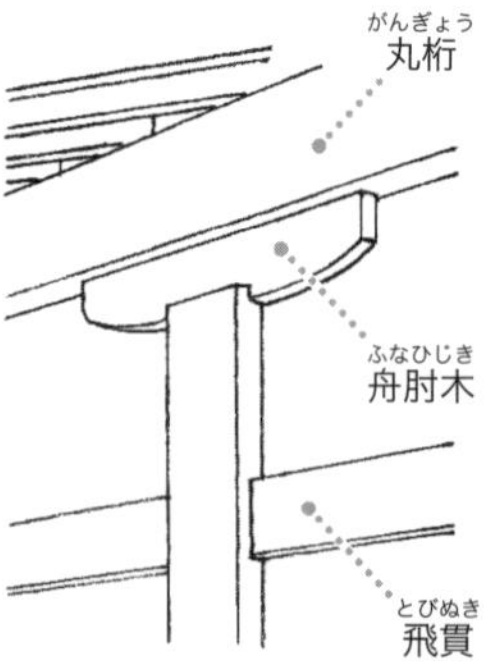

舟肘木《ふなひじき》

●屋根・庇・千木《ちぎ》の反りに見られる仏教建築の影響

千木は「置き千木」で、構造的な意味はない。

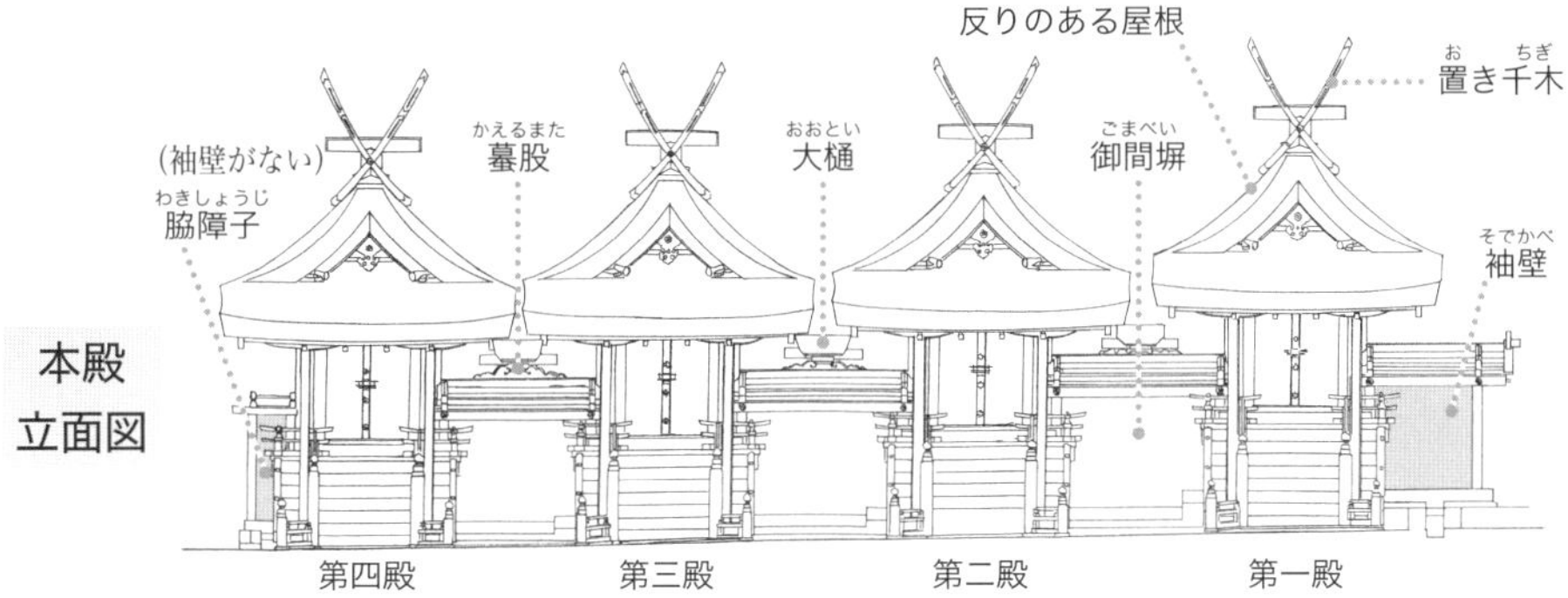

●身舎《もや》と庇で垂木が違う

神の空間と人間の空間の違いを形で表現している。

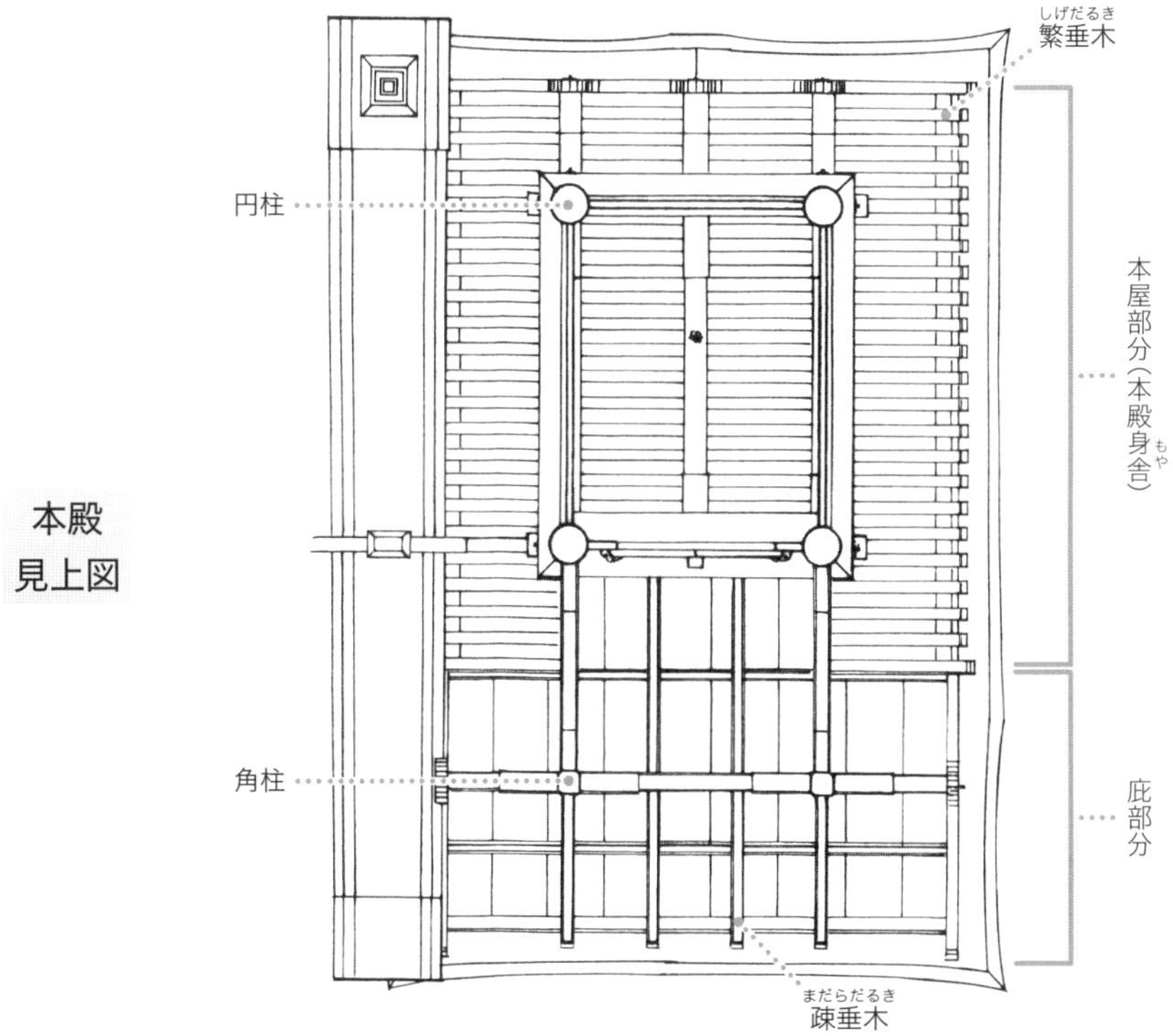

見どころ②

お神輿を思わせる構造

春日造の本殿建築の構造的な特徴は、神明造のように掘立柱《ほったてばしら》で建てられているのではなく、井桁《いげた》に組んだ**土台**の上に柱を建てて作られている点である（この点は流造と共通している）。土台があって、そこに柱を立て縁《えん》の板が高くついているこのようなつくりを「**見世棚造**《みせだなづくり》」と呼ぶ。

このようなつくりから、「春日造の本殿はお神輿のように持ち運びができたのではないか」と考えられている。実際に遷宮の際に移動している春日神社の例もある。

本殿の柱・梁《はり》等の軸部は大体朱塗りで、壁は白塗りになっており、前面には**高欄**《こうらん》付きの白木の縁《えん》板がついている。前についている六段（第一殿のみは七段）の階段は白木で、階段の側板（**雁歯**《がんし》**板**）・**品板**《しないた》は黒の漆塗り、**剣**《けん》**巴文**《ともえもん》を白胡粉《しろごふん》で描いている。

四棟の本殿は前面を板塀（**御間塀**《ごまべい》）でつないでおり、各殿の間には屋根から落ちてくる雨を受ける**大樋**《おおとい》が**蟇股**《かえるまた》（59頁参照）の上に載っている。本殿前面の土台部分は四殿とも接触している。

四棟の本殿の後はどうなっているかと言えば、第一殿と第四殿から**透**《すい》**廊**《ろう》・**菱垣**《ひしがき》を廻して背後を取り囲んでいる（東四間・西三間・北十間、20頁境内図参照）。第一殿の東側は**袖壁**《そでかべ》となっているが、第四殿の西側は**脇障**《わきしょう》**子**《じ》（23頁参照）となっている。

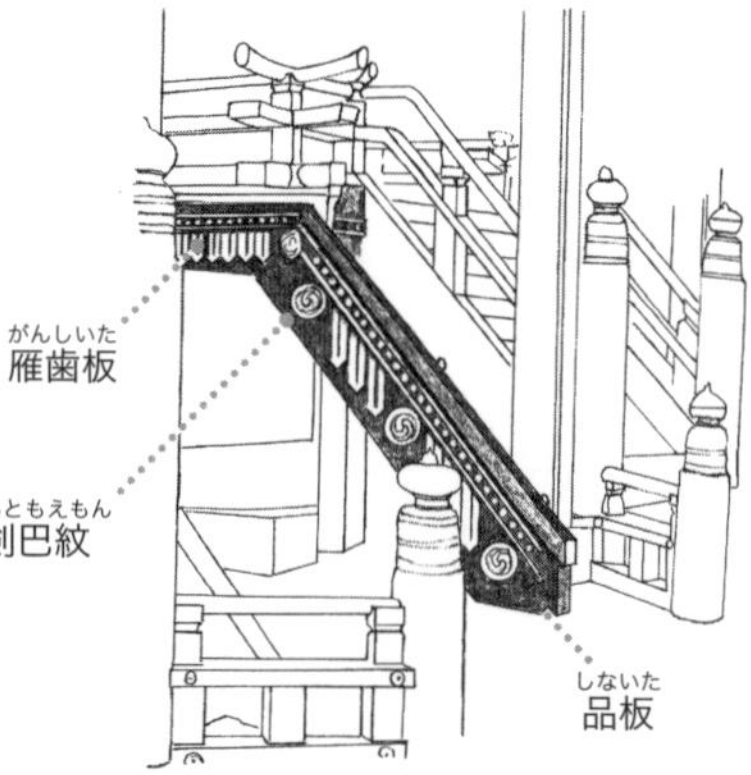

春日大社本殿　階段側板の剣巴紋

●井桁の土台の上に建つ「見世棚造《みせだな》」

春日造の本殿は、お神輿のように持ち運べたのではないかと言われている。

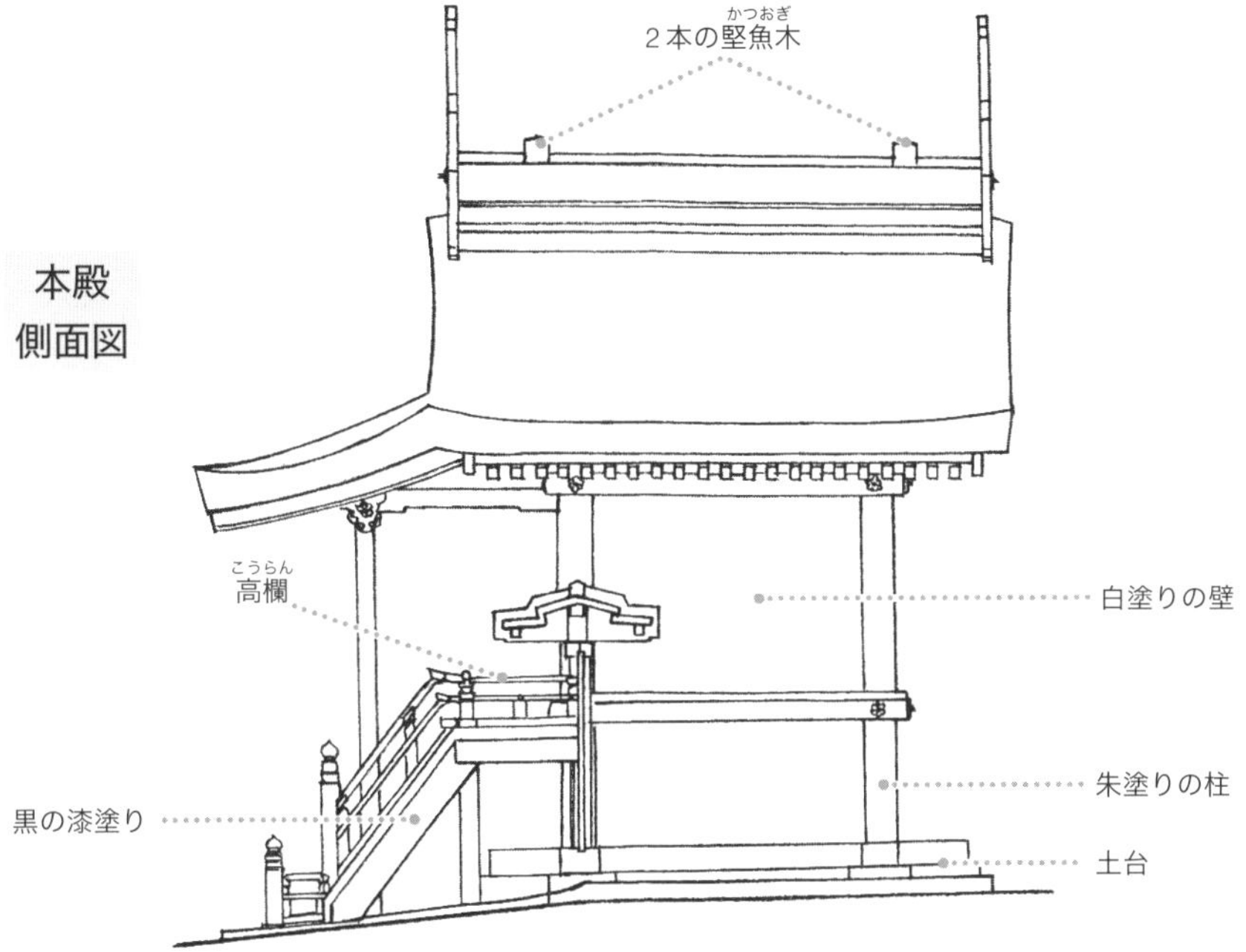

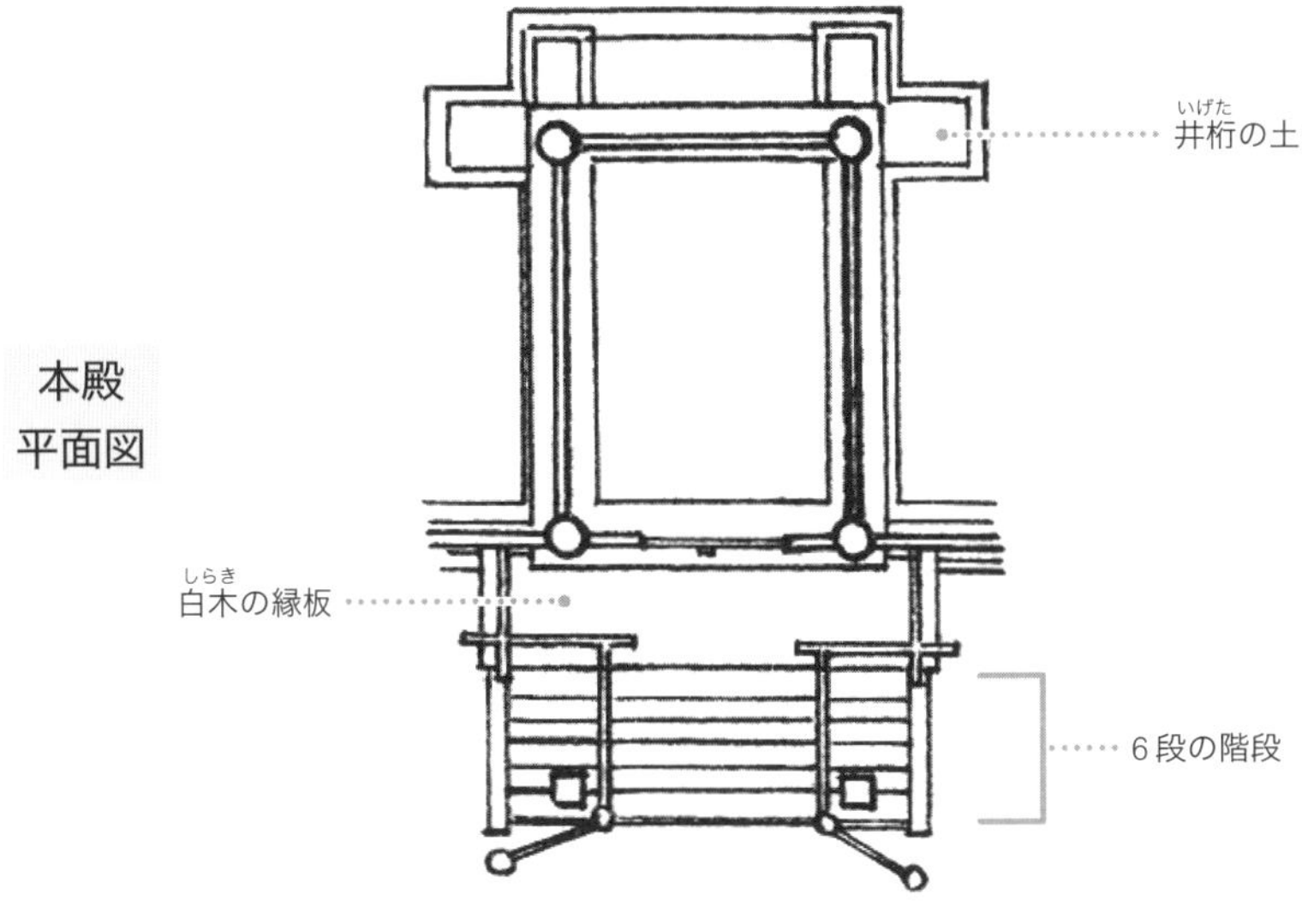

見どころ③
境内の若宮神社も必見

残念ながら春日大社の本殿を一般人がすぐ近くで見ることはできないが、春日大社本殿のある回廊の前の道を東へ行くと、三笠山を背に西向きに建ち、本社本殿と酷似した典型的な**春日造**《かすがづくり》の若宮《わかみや》神社がある。この神社は天《あめの》児屋根命《こやねのみこと》の子である天押雲根命《あまのおしくもねのみこと》を祀っている。現在の建物は文久3（1863）年の再建で、前面に鳥居が建ち、その左右から玉垣が本殿を囲んでいる。本殿は朱が鮮やかで、春日造の特徴である**剣巴文**《けんともえもん》がよくわかる。

この若宮神社で忘れてならないのは、毎年12月17日・18日に催される「遷幸・還幸の儀」である。当社から西の方角にある国立博物館南隣の「**御**《お》**旅所**《たびしょ》」に神が降臨し、ここで雅楽が奉納される。そして深夜、突然一瞬にしてすべての火が消され、神が輿に乗って若宮に帰るのであるが、人々は、真っ暗闇の中、杉の木を燃やし、それを背負いながら引きずって、それから落ちる「から消し」（炭）の明かりを頼りに行くのである。その雰囲気は他のお祭りでは味わえないものである。このお祭りは一見をおすすめするが、終わるのが深夜一時半頃となるので、その点注意が必要である。

御旅所の建物は仮設だが、春日造で、柱は太い皮《かわ》付《つ》きの**松丸**《まつまる》**太**《た》、屋根は**松葉葺**《まつばぶ》**き**、階段にはこも筵《むしろ》が敷かれ、壁は土壁で所々に**白漆喰**《しろしっくい》の三角形が散らされている。粗野な中に厳かさがあり、堂々として生命力の漲った建物である。この御旅所の建物に春日造の原点が感じられる。

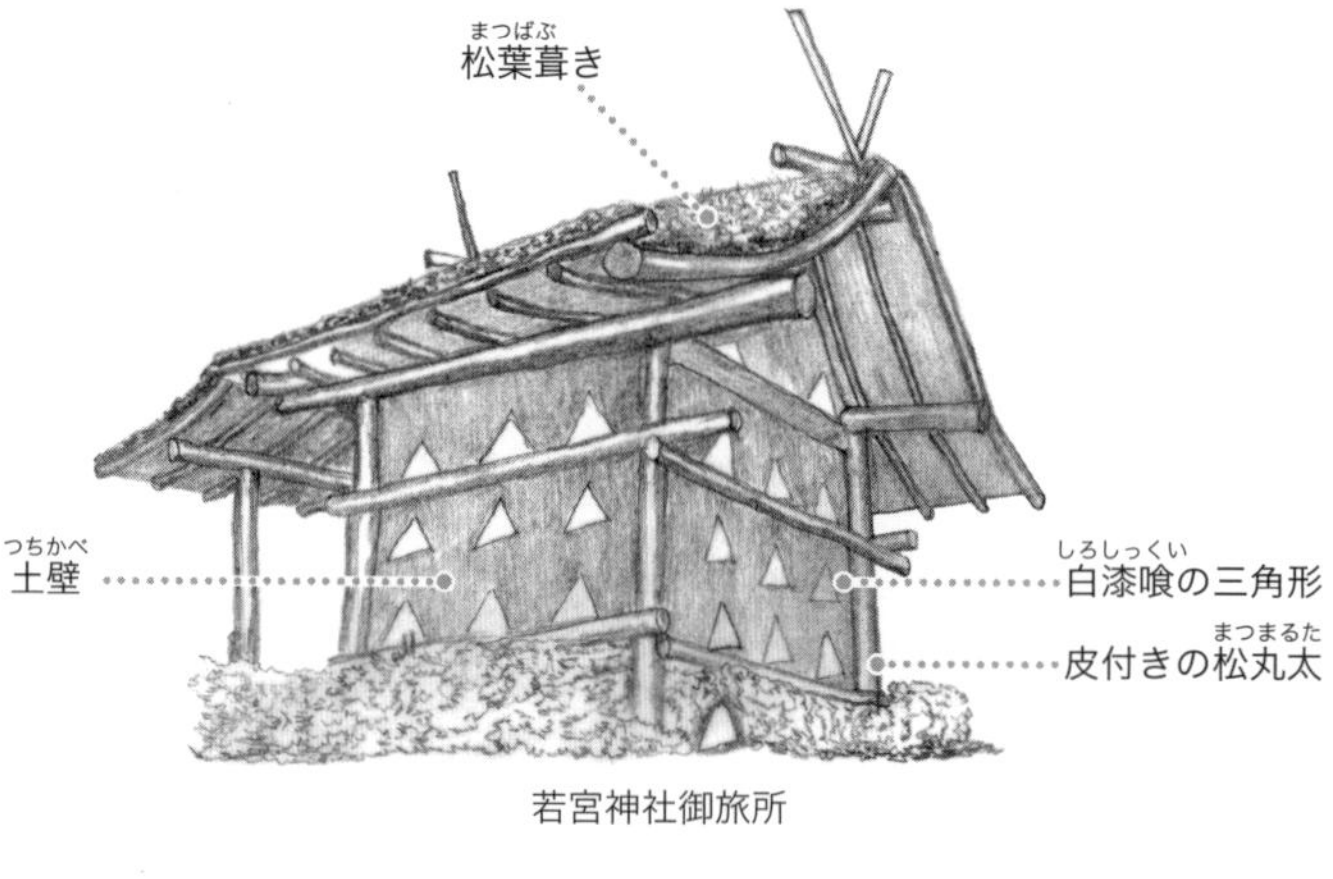

若宮神社御旅所

●典型的な春日造が見られる若宮神社

毎年 7 月～ 12 月に「春日若宮おん祭」が盛大に行われ、なかでも 12 月の遷幸～還幸の儀では、春日造の原点を感じさせる御旅所が見られる。

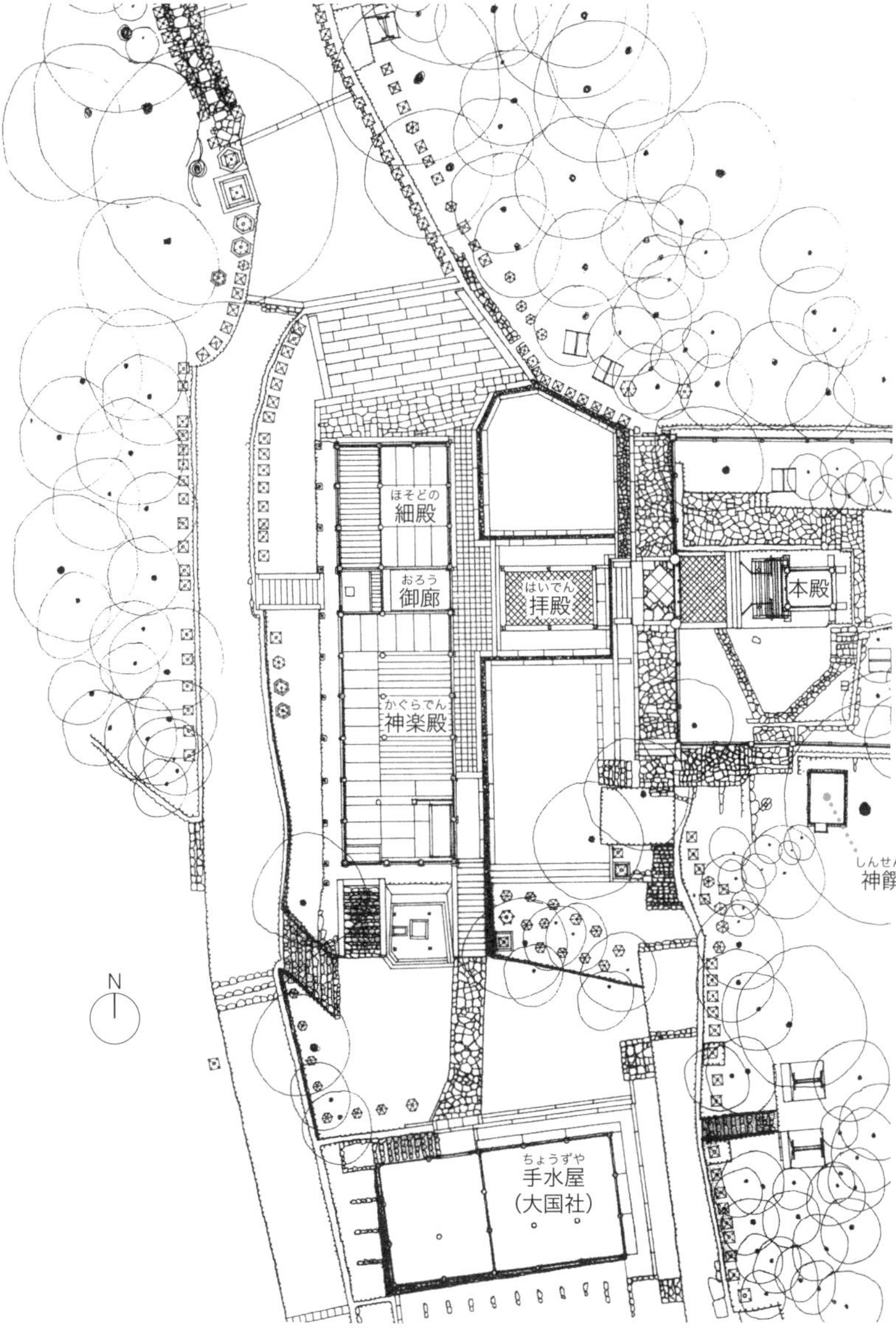

◆各地にある春日造の神社

春日造の神社は主に近畿各地に多く存在しているが、最も古いものとしては、「ポイント」で紹介した円成《えんじょう》寺《じ》の春日堂と白山《はくさん》堂がある。また、春日大社・若宮神社の春日造と後世に普及した春日造には若干であるが相違する点があり、その違いを見るのに良いのが、奈良県宇陀《うだ》市菟田野《うたの》古市場《ふるいちば》にある**宇太《うだ》水分《みくまり》神社**である。

宇太水分神社は、春日大社と同じ大きさ、形の社殿が三つ並んでいる。向かって右から第一殿、第二殿、第三殿で、それぞれ天水分《あまつみくまり》神、速秋津比古《はやあきつひこ》神、国水分《くにつみくまり》神を祭っている。建築形式は**一間《いちげん》社**、**春日造**で、屋根は**檜皮葺《ひわだぶ》き**である。

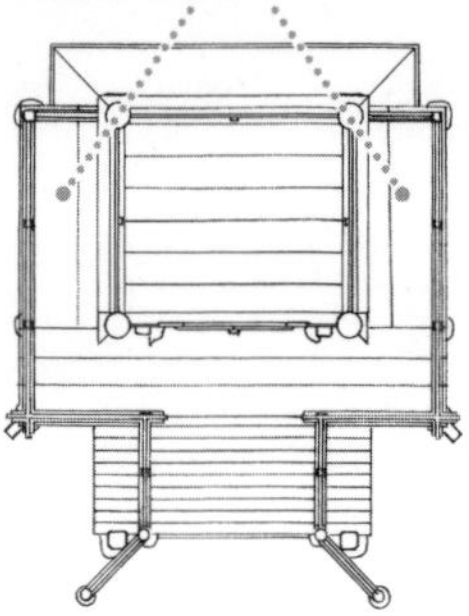
側面にも縁《えん》が付いている

宇太水分神社平面図

春日大社、若宮神社の春日造と、宇太水分神社に代表される、後世に普及した春日造には下記のような違いが見られる。

①春日大社・若宮神社の本殿の場合、正面扉の前にのみ縁《えん》がついているが、後世の春日造には**本殿の側面にも高欄付きの縁が付いている**。これは主に見栄えの問題から、後世に付加されたものと考えられる。

②春日大社・若宮神社の本殿の場合、身舎《もや》と庇の屋根をつなぐ部分には隅木が入っていないが、後世のものには身舎と庇が接続する部分に斜めに突き出た**隅木《すみぎ》**が入っているものがある。これは宇太水分神社のような大きな社殿のものに見られる特徴である。このような形式の春日造は特に「**隅木入り春日造**」と呼ばれる。

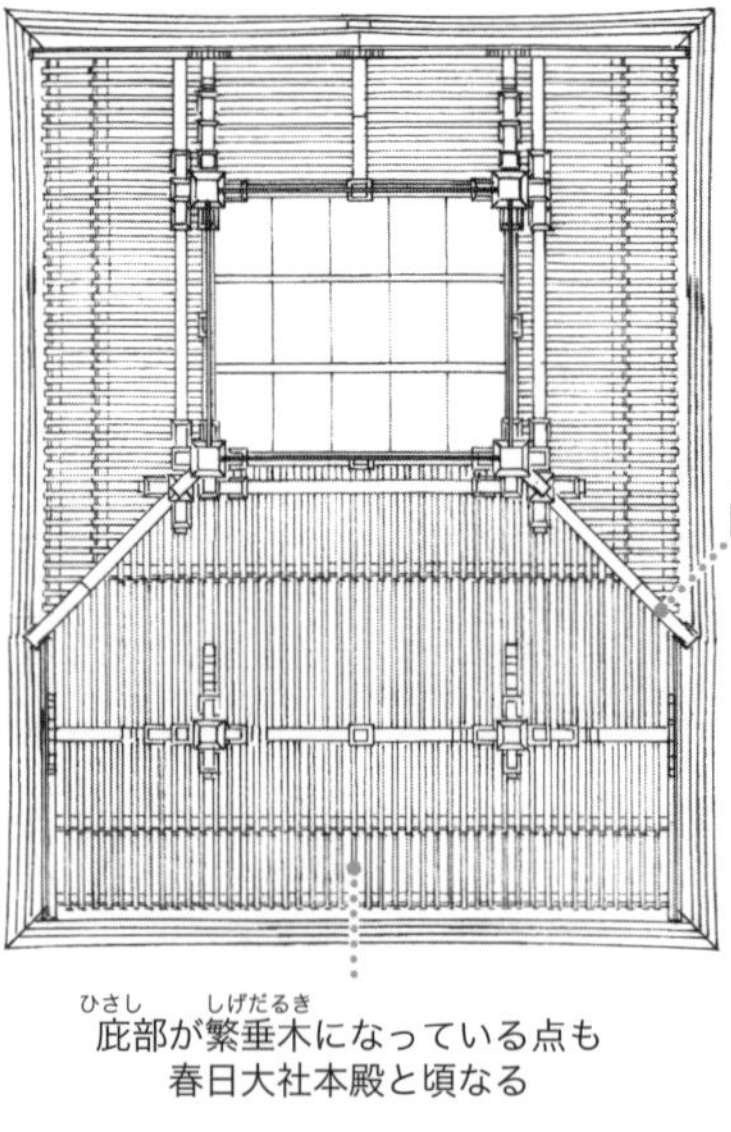
隅木《すみぎ》

隅木入り春日造見上図（宇太水分神社）

【神社③流造】

上賀茂神社本殿

片側に延びた屋根がつくる人の空間

最も普遍的な神社建築の様式

京都駅から地下鉄烏丸線に乗り、北大路駅から京都市バスで10分ほどの賀茂川沿いに、大きな鳥居と茶店と公園のような広い芝生が目印の上賀茂神社がある。

正式名を「賀茂別雷《かもわけいかづち》神社」と言い、賀茂別雷大神《かもわけいかづちのおおかみ》が祀られている。その親に当たる賀茂建角身命《かもたけつぬみのみこと》、玉依姫命《たまよりひめのみこと》が祀られている下鴨神社（正式名は「賀茂御祖《みおや》神社」）とともに、古代の氏族「賀茂氏」の氏神を祭る神社である。

上賀茂神社、下鴨神社ともに、本殿は「流造《ながれづくり》」と呼ばれる建築様式の代表的な事例として知られている。流造は、重要文化財に指定されている神社の本殿建築の内、実に55％を占めており、最も普及した神社本殿の建築様式である。

下鴨神社本殿との違いも押さえつつ、「一番よく見かける神社建築」の形式を見ていこう。

ポイント

片方の屋根が流れるように延びた流造

「上賀茂神社前」バス停から、一之鳥居をくぐり、芝生の馬場を通って二之鳥居をくぐると、御手洗川《みたらし》に抱かれるように建つ殿舎群が見えてくる。橋を二回渡って**楼門**《ろうもん》をくぐると、右手に**幣殿**《へいでん》がある。通常はこの正面の石段を登った**中門**《ちゅうもん》までだが、時期によっては本殿の特別拝観が行われていることもある。その場合、拝観料を納めれば、中門左手の**直会所**《なおらいどころ》と**透廊**《すいろう》で神職の説明を受けながら**本殿**と**権殿**《ごんでん》を間近に見ることができる。

この上賀茂神社は古来より崇敬を集め、奈良時代には繁栄を極めたことから、朝廷の干渉を招き、750年に神社を二分し、分社として下鴨神社ができたのである。平安時代になって都が京都に遷ると、皇室に祭祀権が移り、皇城鎮護の神としてさらに発展した。平安の末期には現在の景観が整備されたが、その後衰退し、江戸時代に復興して現在の姿に至っている。

上賀茂神社の本殿と権殿の建築は**流造**《ながれづくり》の典型である。これは、住吉造・春日造と同じ**切妻造**《きりつま》・**檜皮葺き**《ひわだぶ》の屋根だが、**平入り**《ひらい》で、屋根の片方が長く延びて、祭礼等の神事を行う場所を確保していることが最大の特徴で、屋根の流れるような姿から、この名前が付いたものと思われる。

この流造の現存する最も古い例は、京都府宇治市にある**宇治上神社本殿**《うじがみ》である。宇治上神社は平安時代の建立で、現存最古の神社建築である。

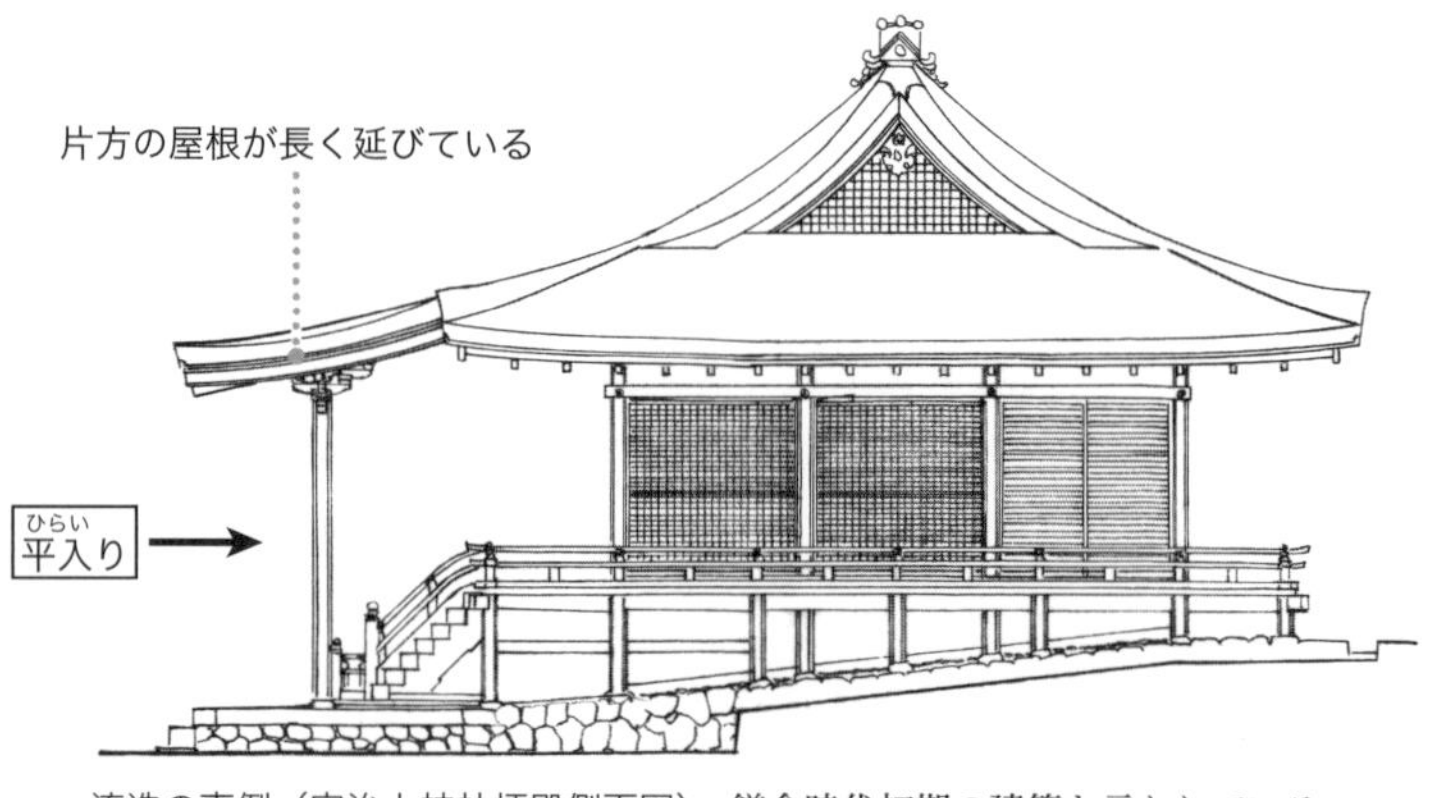

流造の事例（宇治上神社拝殿側面図）　鎌倉時代初期の建築と言われている。

●流造《ながれづくり》の本殿と権殿《ごんでん》が並ぶ上賀茂神社

境内に数多くの流造の摂社がある。

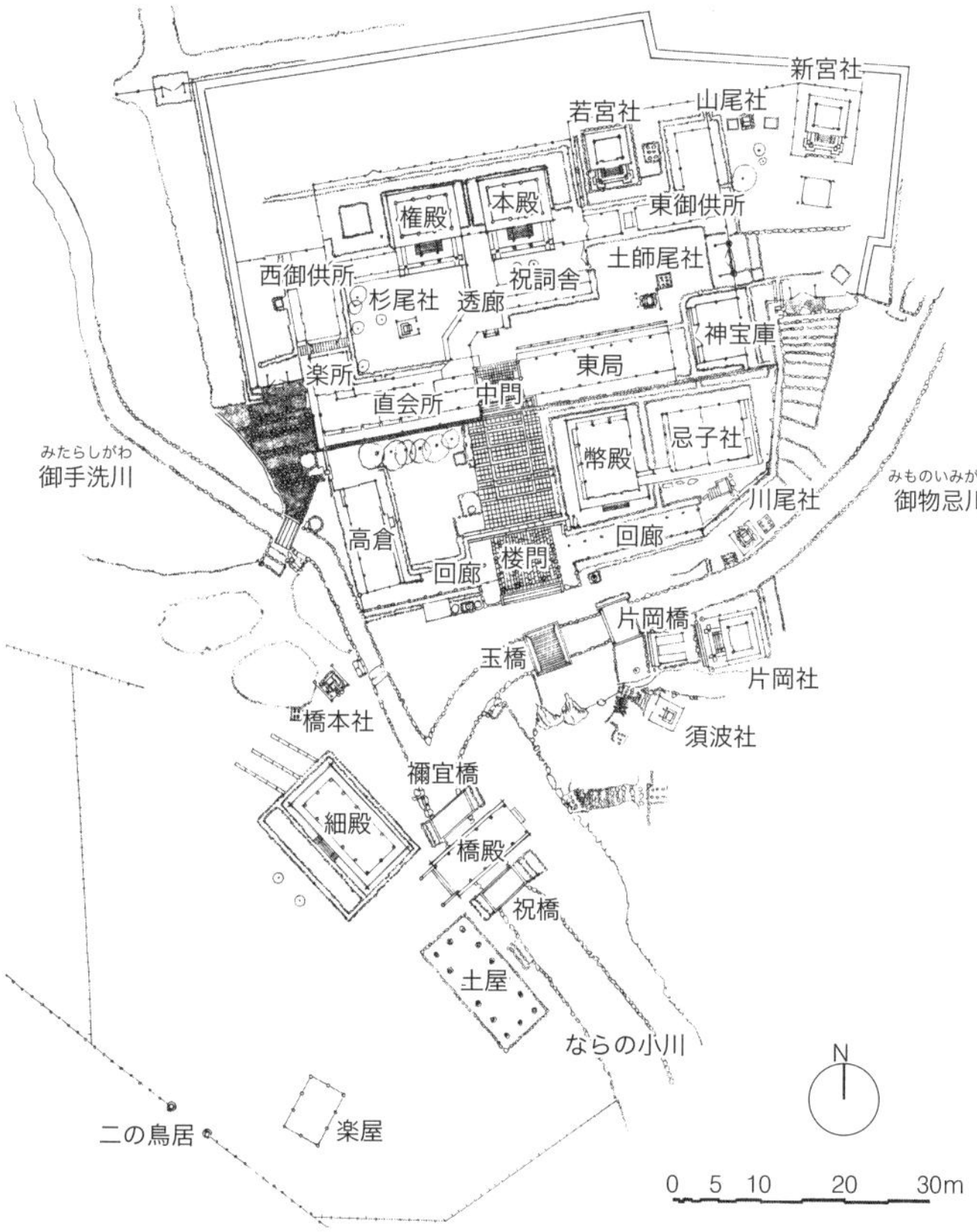

●切妻造平入《きりつまづくりひらい》りで、屋根の片方を延ばした流造

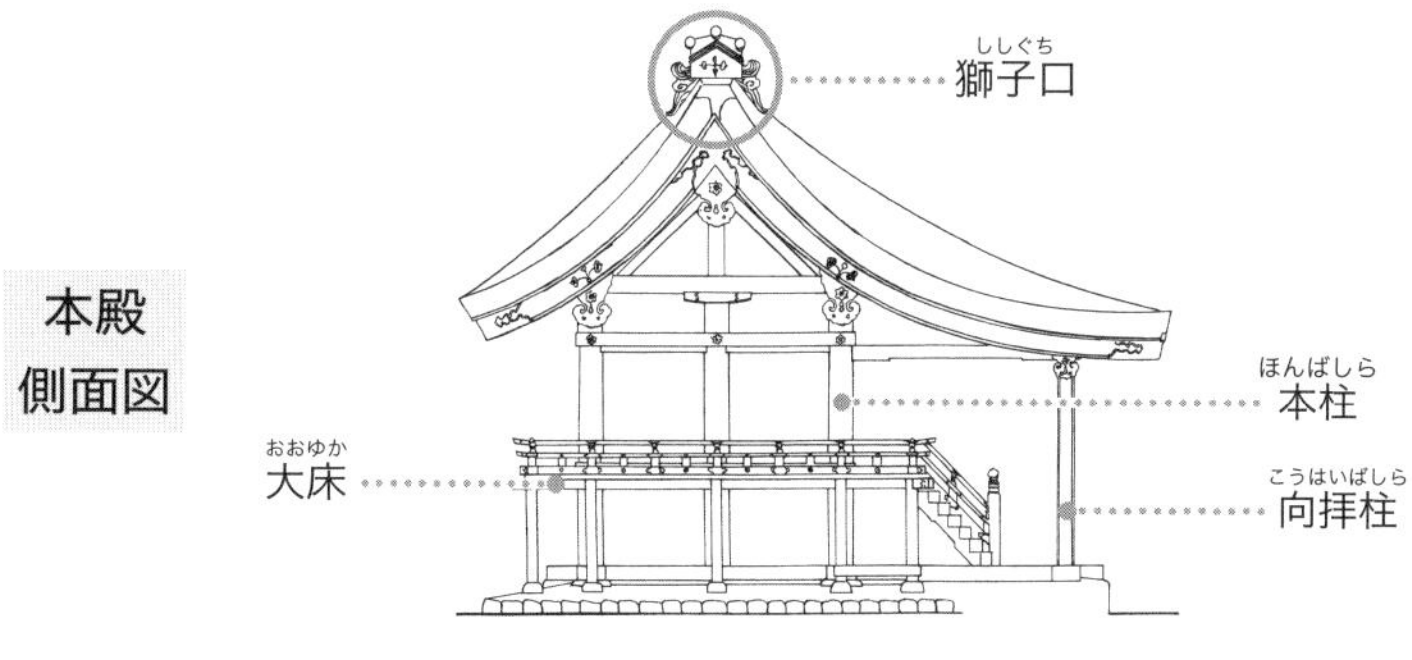

見どころ①
身舎《もや》と庇部分の違いに注目

流造は、神明造の発展したものと言われている。神明造と同じく**平入《ひらい》り**の正面に階段がついており、本殿には**高欄《こうらん》**付きの縁《えん》が廻っている。上賀茂神社本殿には**千木《ちぎ》**と**堅魚木《かつおぎ》**がないが、他の流造の社殿には千木・堅魚木の付いているものもある。伊勢神宮本殿には正面に「**幄舎《あくしゃ》**」と呼ばれる雨よけのための仮設のような板屋根の建物が置かれている（下図）が、これと流造には通じるものがあると考えられる。

上賀茂神社本殿の**身舎《もや》**は三間×二間で、それが**土台**の上に載っており、土台の上に板張りの**大床《おおゆか》**がある。この点は春日大社と共通する部分だ。また、神社には**狛犬《こまいぬ》**の彫像がつき物だが、上賀茂神社本殿の前には狛犬の像がなく、本殿中央扉両脇の壁に狩野派風の**獅子狛犬《ししこまいぬ》**が描かれている。本殿周辺建物に見られる**唐破風《からはふ》**と同様、遷宮に合わせて段々と中国風のデザインの影響を受けてきていると考えられる。

上賀茂神社本殿の身舎と庇（向拝《こうはい》）部分のつくりの違いについても注目したい。身舎部分の柱は「**円柱**」で、軒の下の垂木は「**繁垂木《しげだるき》**」となっているのに対し、庇部分の柱は「**方柱**」で、軒の下の垂木は「**疎垂木《まばらだるき》**」となっているのだ。身舎と庇部分で格に差をつけることで、神の領域と人間の領域を区別していると考えられる。庇部分をさらに発展させて一室をつくっているものに、滋賀県・三井寺《みいでら》の**新羅善神《しんらぜんしん》堂**や**苗村《なむら》神社西本殿**がある。

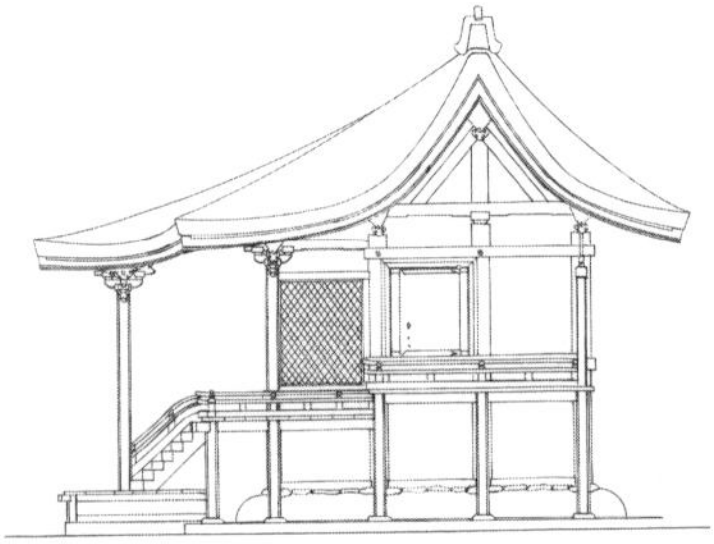

苗村神社西本殿側面図　庇部分を発展させて一室をつくっている。

幄舎《あくしゃ》

伊勢神宮内宮本殿の幄舎

●神明造《しんめいづくり》に通じる平入《ひらい》り正面階段

土台の上に建っている点は春日造と共通。

本殿
正面図

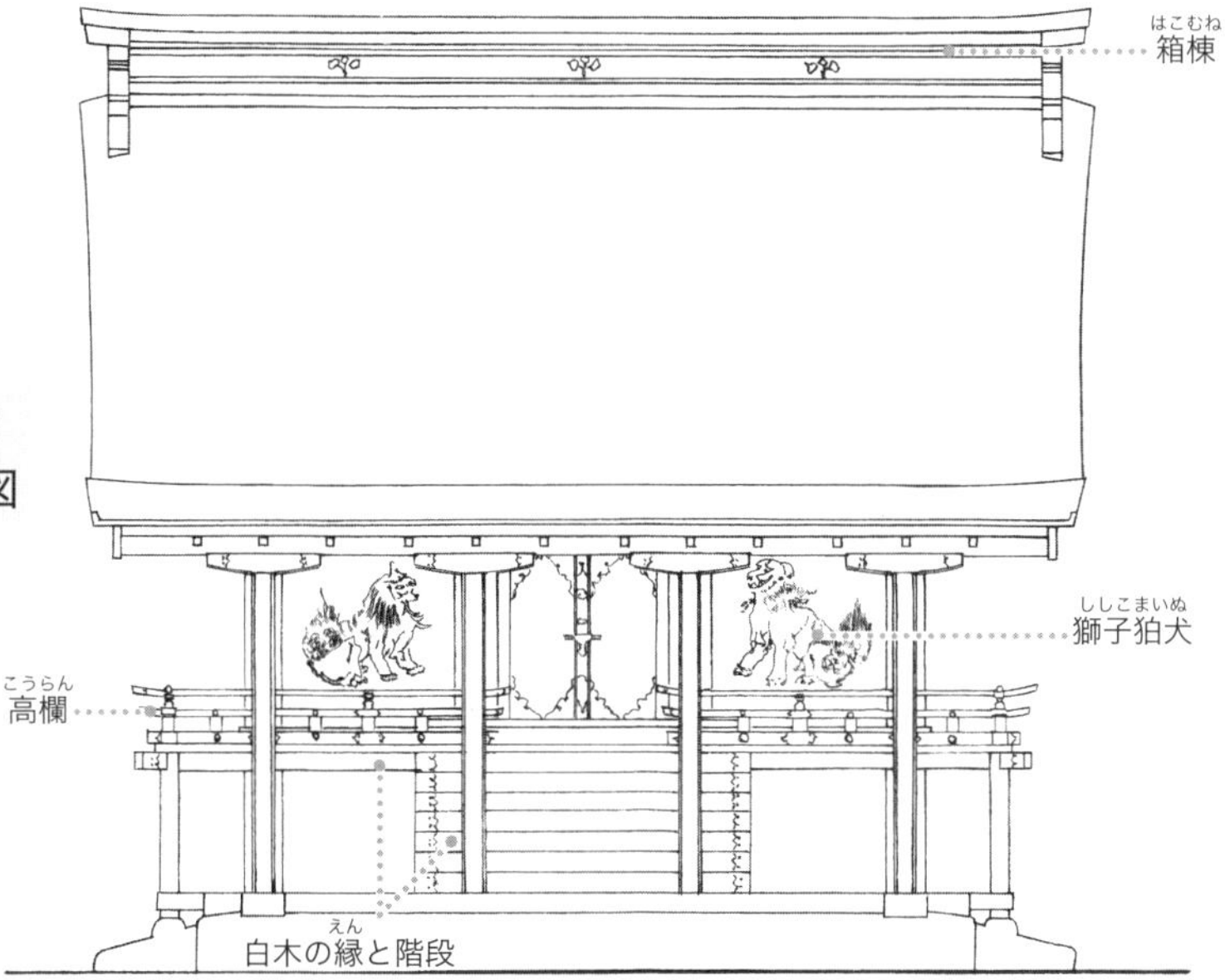

●身舎《もや》と庇《ひさし》部分の違い

柱と軒下の垂木で、神と人の空間を区別している。

本殿
平面図

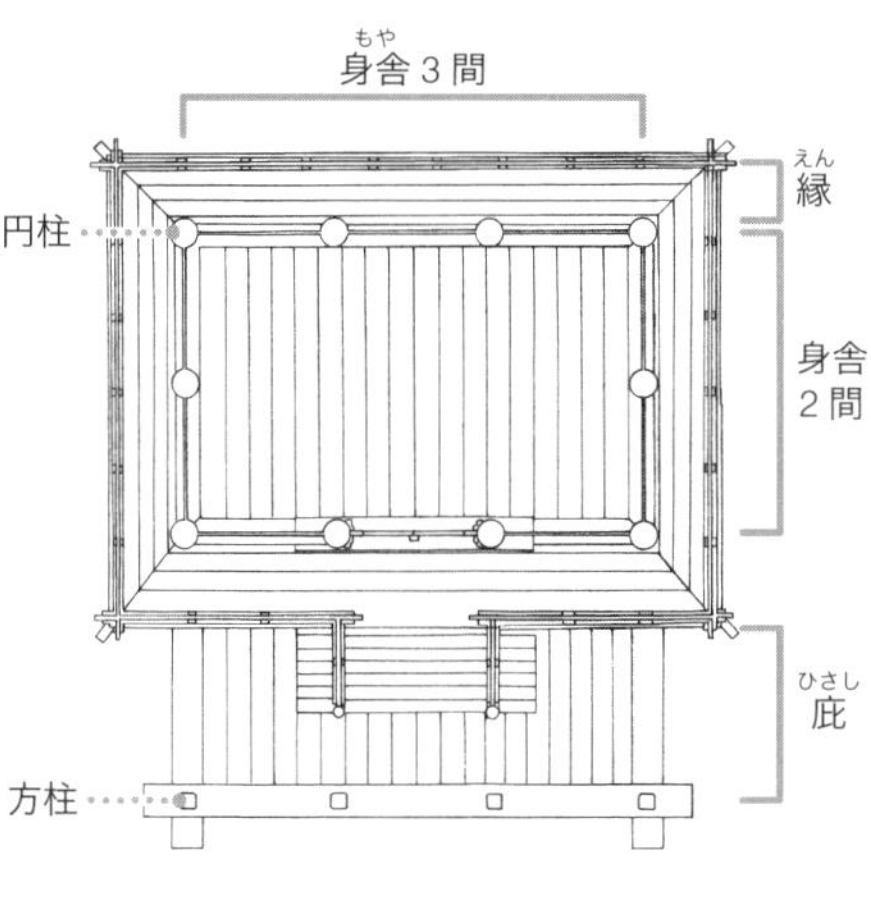

見どころ②

下鴨神社との違い

上賀茂神社と下鴨神社それぞれの本殿建築には大きな違いはなく、同型同大といって良いが、次のような微妙な違いがある。また、**遷宮の方法**については、大きな違いがある。

まず、上賀茂神社には同じ形の**本殿**と**権殿**《ごんでん》という建物が並んでいるのに対し、下鴨神社の場合は**二つの本殿**が並んでいる。これは後述する遷宮の方法とも関係している。また、上賀茂神社本殿の壁に見られた**狛犬**《こまいぬ》の絵は下鴨にはない、上賀茂は縁《えん》と階段が白木であるのに下鴨は朱に塗ってある、上賀茂の棟は板で覆われた**箱棟**《はこむね》で、両端は**獅子口**《ししぐち》であるのに対し、下鴨は**瓦棟**《かわらむね》であるといった微妙な違いがある（31、33頁図参照）。

上賀茂・下鴨で一番違うのが、**遷宮の方法**である。上賀茂神社には特に遷宮の期間について定めはなく、損傷した時に行われるのに対し、下鴨神社では21年ごとに行われる。上賀茂神社では、権殿を旧位置で建て替え、あわせて新本殿を別の場所で造る。旧本殿から新権殿への「**仮遷宮**」が終わると、直ちに旧本殿を壊し、既に完成している新本殿を轆轤《ろくろ》（コロのようなもの）で移して「**正遷宮**」が行われる。対して、下鴨神社では、東西本殿に接した場所に仮殿を建て、**仮遷宮**を行った後、東西本殿を壊し、二日後に本殿の立柱を行い、上棟となる。ご神体は20日間仮殿に置かれるのをやむをえないとするところが上賀茂と最も異なるところである。

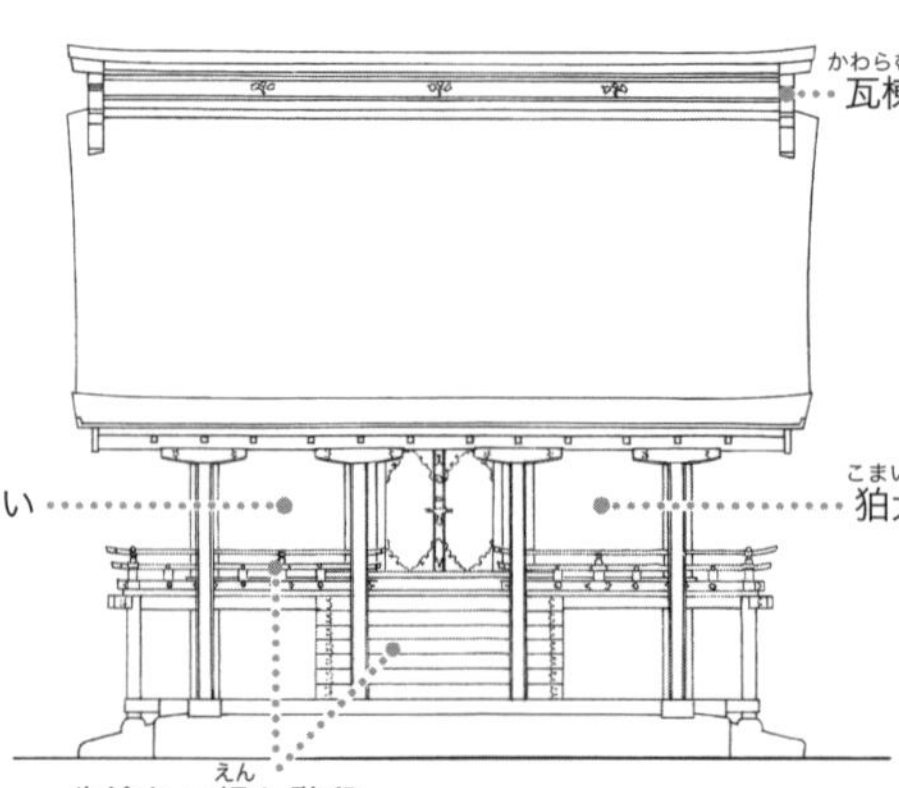

瓦棟《かわらむね》になっている
狛犬の絵がない
狛犬《こまいぬ》の絵がない
朱塗りの縁《えん》と階段

下鴨神社本殿立面図

●上賀茂神社と下鴨神社で異なる遷宮の方法

本殿の数、権殿（仮殿）を常設しているかどうかで遷宮の方法に違いがある。

上賀茂神社の場合

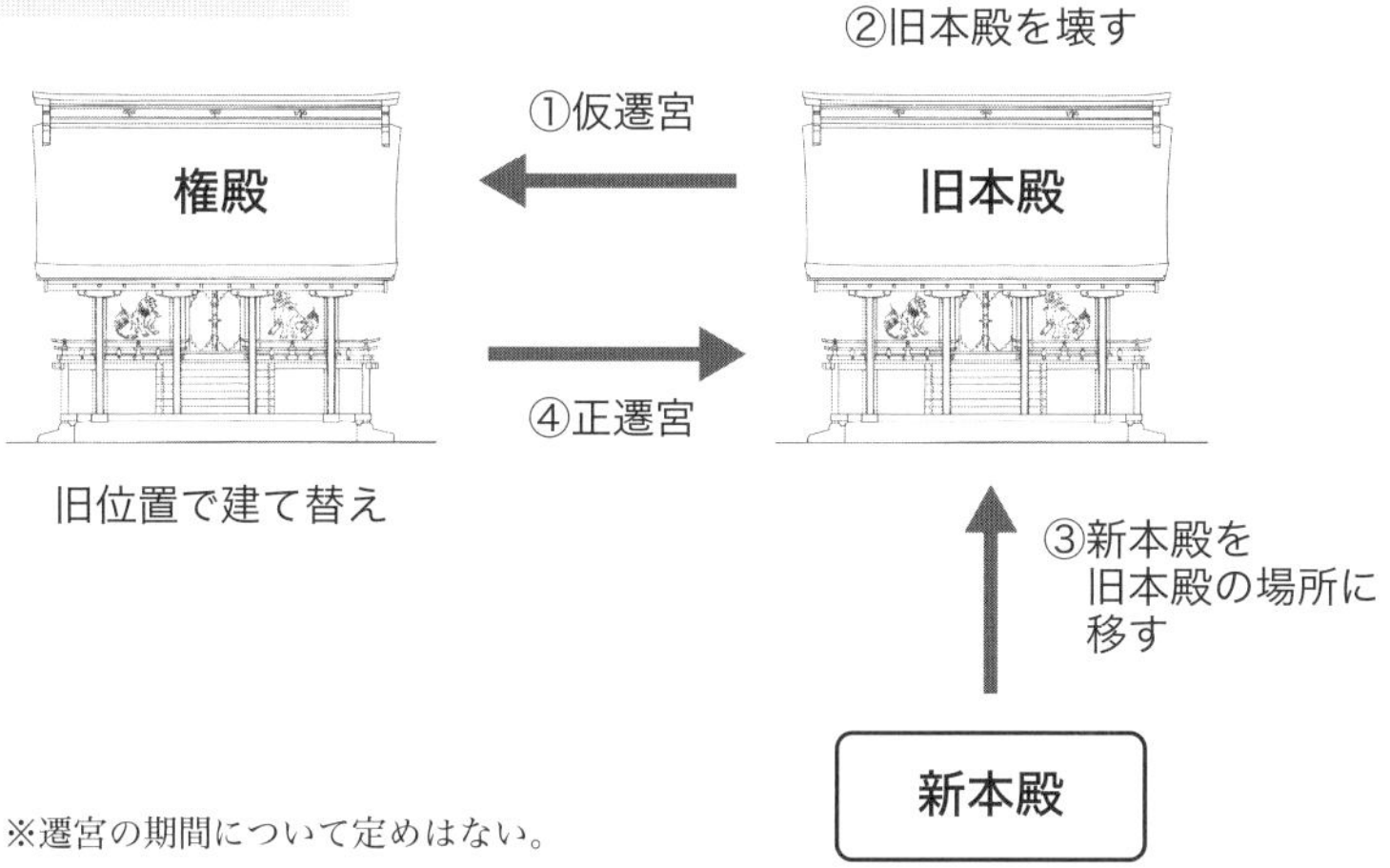

※遷宮の期間について定めはない。

下鴨神社の場合

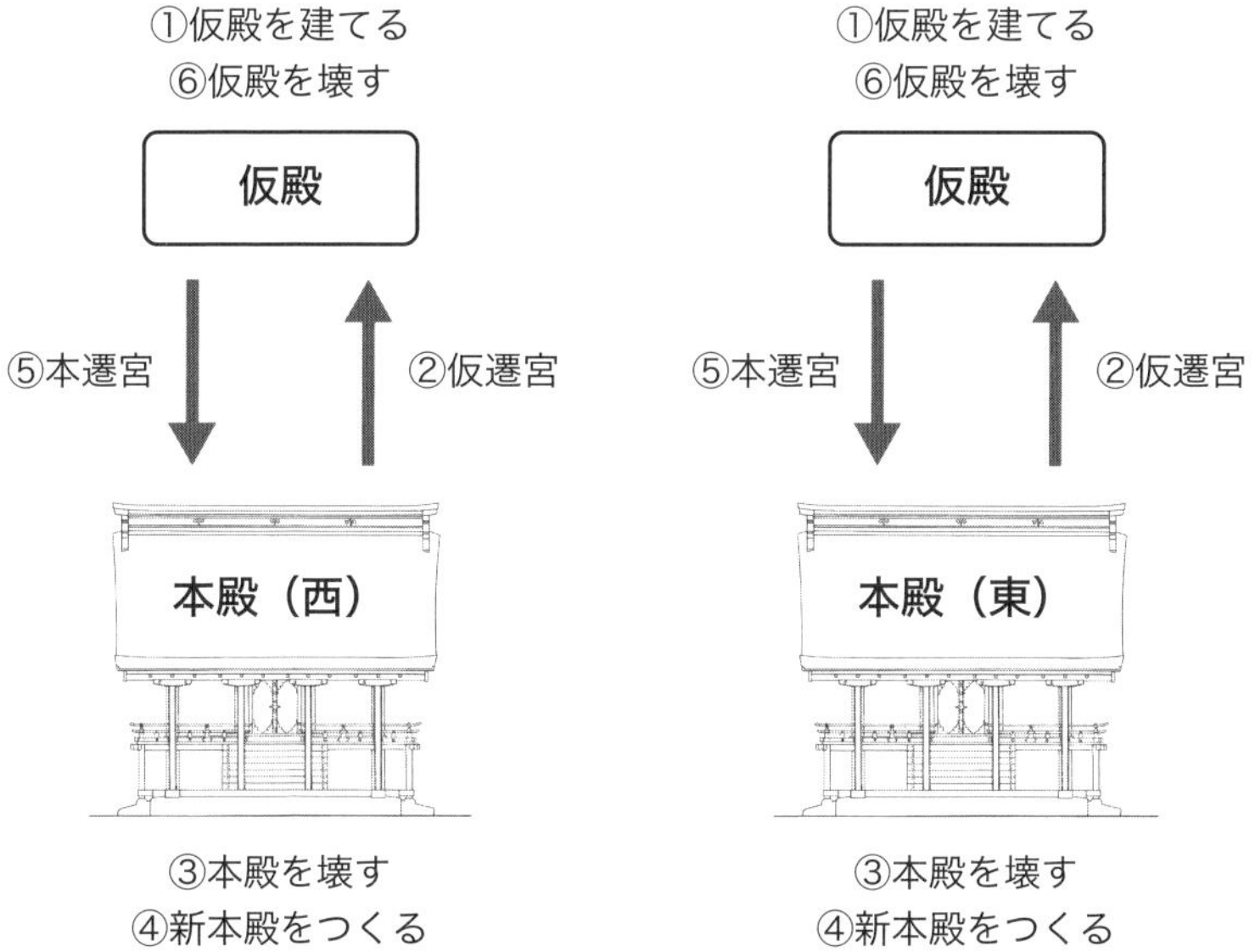

※遷宮は21年ごとに行われる。
※近年は全面建て替えではなく、一部修理で遷宮とすることもある。

◆本殿周辺も必見

上賀茂神社本殿が見られなかった場合、境内には、片山御子《かたやまみこ》神社（片岡社）や、新宮社、奈良社など、流造の**摂社**《せっしゃ》がたくさんあるので、それらを見れば流造を理解することができる。

また、上賀茂神社の建築的な見どころは流造だけではない。御手洗《みたらし》川・ならの小川が流れる境内と、境内の南にある、上賀茂神社に仕えてきた**社家**《しゃけ》の町並みも必見である。境外の明神川は、賀茂川から堰を設けて取水した流れで、御手洗川、御物忌《みものいみ》川と合流し、境内では区間によって「ならの小川」と呼ばれている。御手洗川とは、その名の通り参拝する人が手を清めるための水である。境内を出ると、明神川として、川の一部は社家町の北側を東へ向かって流れる。

一般的に日本庭園の源流については、石立ての歴史に注目しがちだが、水をどのように引き込むかという視点で考えると、上賀茂神社の清々しい水利用の方法は間違いなく日本庭園の原初の姿を伝えていると言えるだろう。１９６０年に中根金作氏が作庭した渉渓園《しょうけいえん》では曲水《きょくすい》の宴《えん》が行われるので、一見をおすすめしたい。

上賀茂神社境内にはこのような流造の摂社が多く見られる

【神社④日吉造】

日吉大社本殿

三方に出た庇と神仏習合の影響

ここでしか見られない「日吉造《ひよしづくり》」

滋賀県湖西地方を走る京阪電車石山坂本線の終点・坂本駅で下車し、西に向かって10分ほど歩いたところに日吉《ひよし》大社はある。境内は比叡山の山岳信仰に由来する**東本宮**《ひがしほんぐう》の諸社と天智天皇の頃に奈良の三輪《みわ》山から大巳貴《おおなむち》神を勧請したとされる**西本宮**《にしほんぐう》の諸社に大きく分けられる。

日吉大社は比叡山延暦寺と一体で発展し、神仏習合の影響を最も強く受けた神社の一つとされる。度々災害や焼き討ちに遭ったが、戦国時代末期に再建を果たし、現在に至っている。明治元年の神仏習合禁止令とそれに続く激しい排仏毀釈騒動により、境内の仏教建築の大部分が撤去され、延暦寺から完全に独立した。

日吉大社は「**日吉造**」と呼ばれる独特の社殿建築で知られている。これまでの様式との違いを押さえつつ、日吉造の特徴を見ていこう。

見どころ

本殿の三方に庇がついた日吉造

神社建築の歴史において、神のための空間だけでなく、祭祀を行う人間のための空間が付加されてきたことは、春日造・流造の項で見てきた通りだ。春日造・流造では屋根の一方が延びて庇《ひさし》・向拝《こうはい》部分をつくっていたが、本殿の三方に庇がついたのが日吉造だ。これは日吉大社の**東本宮《ひがしほんぐう》・西本宮《にしほんぐう》・宇佐宮《うさぐう》**でしか見られない形式である。日吉造が成立した時期については資料がなく確定的なことは言えないが、平安時代中頃とされている。

東本宮は、五間×三間の**入母屋造《いりもやづくり》・檜皮葺《ひわだぶ》き**の本殿である。前面に「**向拝《こうはい》**」と呼ばれる大きな庇のついた礼拝空間があり、側面には庇とかなり高めの**縁《えん》**が廻っている。縁に関して特徴的なのは、背面の中央三間分だけ縁が一段高くなっていることである。また背面は庇・屋根が途中で切れたような形になっていることも特徴的である。本殿の内部は身舎を**内陣《ないじん》**、**廂《ひさし》**部分を**外陣《げじん》**と言うが、内陣の高さが外陣より一尺八寸も高くなっており、これが背面の縁の段差になっている。また東本宮だけでなく日吉大社の七つの社殿すべてにおいて、床下に**下殿《げでん》**と呼ぶ祭場があるのも日吉造の特徴だ。下級の僧が参籠したものと言われている。

東本宮と西本宮を比べると、西本宮本殿では、四周の縁が同じ高さである、東本宮では廂の四隅と身舎の四隅の柱にしか**舟肘木《ふなひじき》**（22頁参照）がないのに対して、西本宮ではすべての柱に舟肘木があるといった違いがある。

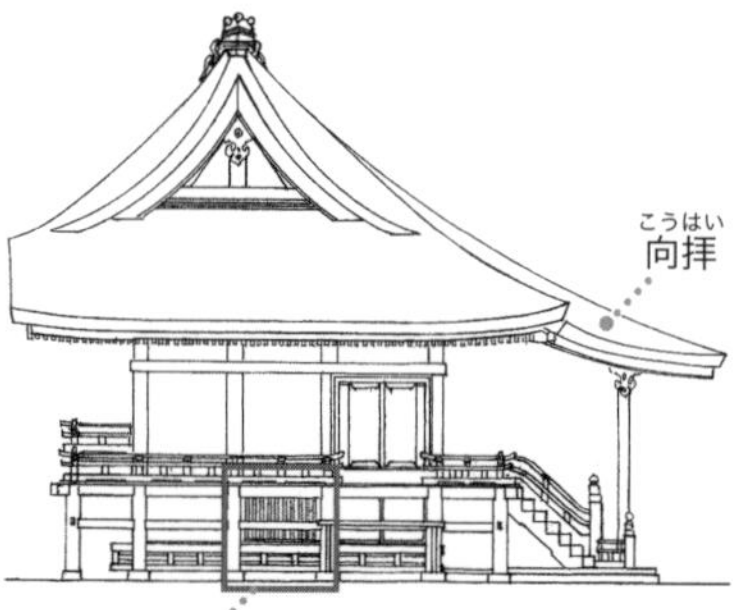

日吉大社東本宮本殿側面立面図

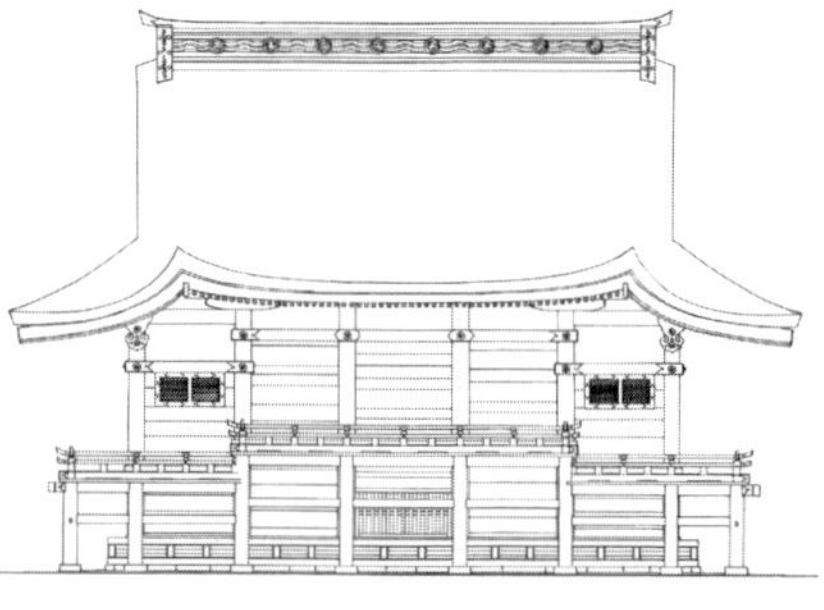

日吉大社東本宮本殿背面立面図

● 三方に出た庇

本殿が僧による修行の場として寺院化していたことを示している。

東本宮

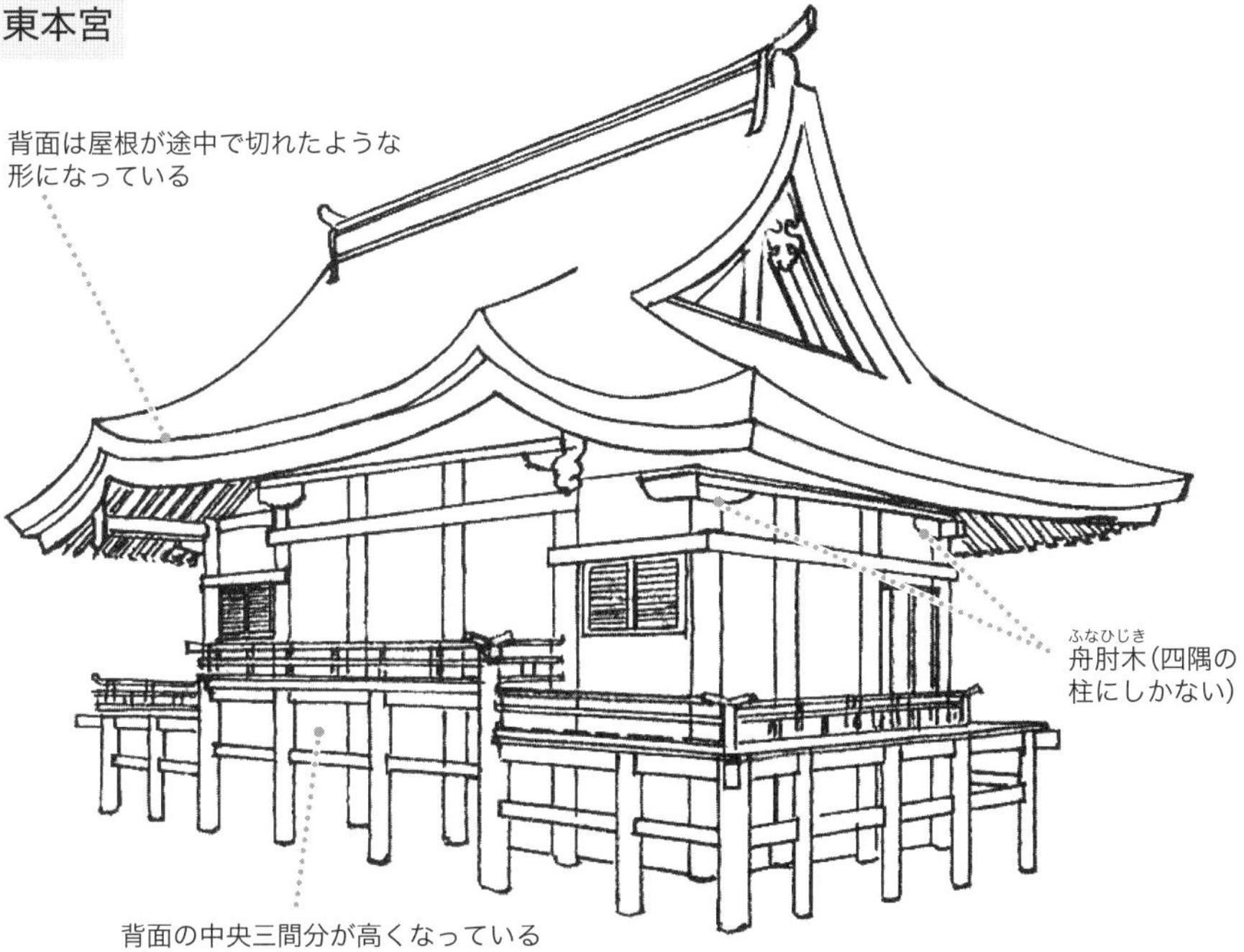

● 本殿の形に影響を与える内陣と外陣

内陣は外陣より高くなっており、それがそのまま背面の縁の段差につながっている。

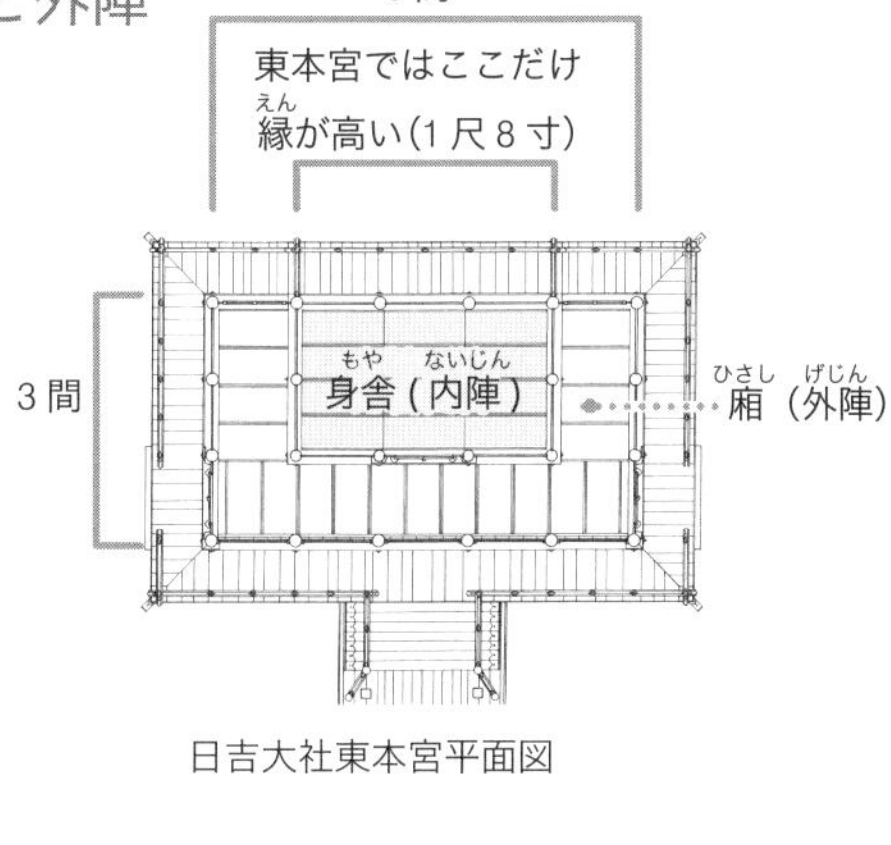

日吉大社東本宮平面図

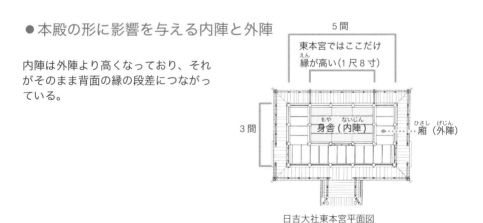

◆本殿が二つに分かれた八幡造

大分県宇佐市の宇佐《うさ》八幡宮《はちまんぐう》本殿、京都府八幡《やはた》市の石《いわ》清水八幡宮《しみずはちまんぐう》に代表される重要な神社建築の形式として「**八幡造**《はちまんづくり》」がある。

これまで見てきた神社建築の形式では、基本的に本殿は一つの建物であったが、八幡造では独立した二つの建物が前後に結合して一つの社殿になっているのが最大の特徴である。**前殿**《ぜんでん》と**後殿**《こうでん》に分かれており、両方とも正面は三間であるが、前殿の側面は一間、後殿の側面は二間となっており、その間に「相《あい》の間《ま》」を設けて前後殿をつないでいる。

前後殿はそれぞれ**切妻**《きりつま》**造**、**檜皮葺**《ひわだぶ》**き**の屋根で、**平入**《ひらい》**り**の構造になっており、両殿の間に大きな樋を通して雨水を受けている（これを**陸谷**《ろくだに》と言う）。

八幡造は宇佐八幡宮が本家であるが、上宮・下宮ともに楼門や塀に囲まれていてなかなか本殿全体を見渡すのは難しい。京都の石清水八幡宮の方も囲われていて本殿の全体を直接拝見することは難しいので、各地の八幡神社を訪ねてみよう。

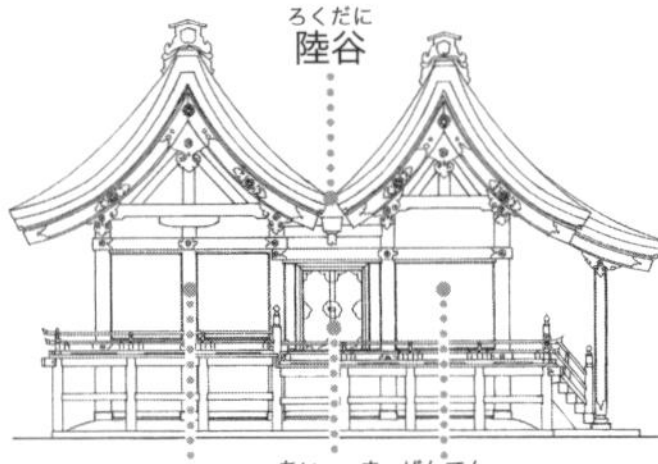

八幡造側面図

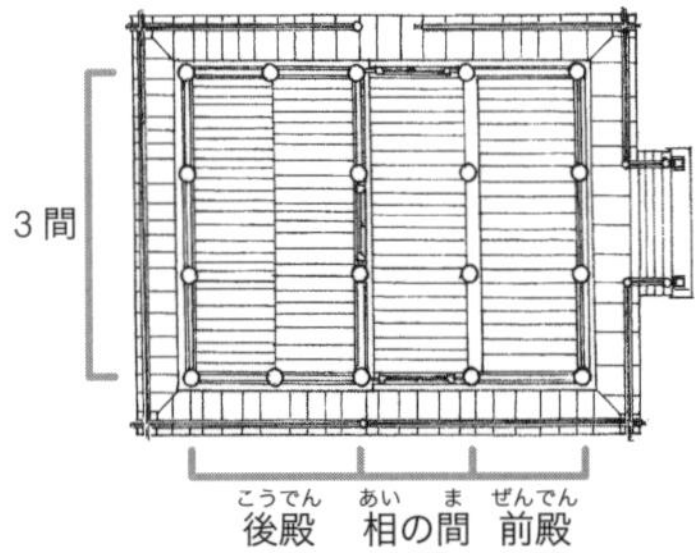

八幡造平面図

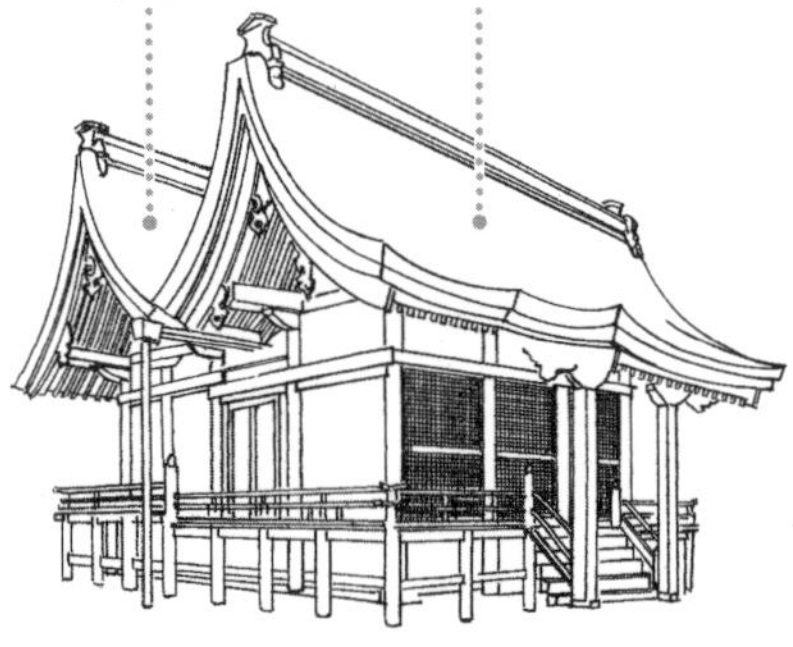

八幡造

【神社⑤八坂造】

八坂神社本殿

神と人の空間の一体化

神仏集合を象徴する神社建築

京都市の中心部、四条河原町から四条通りを東へ進み、鴨川を渡って祇園の街を抜けると東の突き当たりに八坂神社の西の楼門が見えてくる。

八坂神社の草創についてははっきりとはわからないが、一説に平安時代に僧・円如《えんによ》や藤原基経《もとつね》が関わったとされる。この神社は古くは祇園天神堂、祇園感神院等と呼ばれ、中世以降は感神院祇園社と呼ばれていた。明治元（1868）年太政官布告によって八坂神社と改称される前は、牛頭天王《ごずてんのう》というインドの祇園精舎の守護神を祭神としており、平安時代の設立当初から、農耕を基盤とした他の神社と異なり、神仏が強く結びついた異色の存在だったことがわかる。

八坂神社本殿に代表される建築様式が八坂造である。神仏習合の神社建築の代表例を見ていこう。

見どころ

本殿と礼堂《らいどう》が一体になっている

承平5（935）年の記録によると、土地一町（約99a）の中に堂と礼《らい》堂《どう》、これと同規模と見られる神殿と礼堂があった。この神殿が後の八坂神社本殿となったと言われている。その後倒壊や焼失、そして再建を繰り返して、正保3（1646）年火災により焼失したのを、承応3（1654）年に再建したのが現在の本殿である。

本殿は、一見複雑な仏殿のような平面だが、創建当時の形式をとどめている。正面五間、側面二間の**身舎**《もや》の周囲に庇をめぐらせて**本殿**をつくり、その前に正面七間、側面二間の**礼堂**《らいどう》を付加した形式で、その外にさらに**向**《こう》**拝**《はい》や**孫庇**《まごひさし》をつけて現状のようになっている。

本殿がどうしてこのような平面になったのかは一見理解しがたいが、これは「**双堂**《ならびどう》」の一種であると考えるとわかりやすい。「双堂」とは、本来仏の空間である本堂に礼拝する人間用の空間を付け足し、二つの堂が並んでいるような形式のこと言うが、神社本殿に大きな庇が付く流造や後に見る拝殿と本殿が一体化していく神社建築様式と同じ考え方である。八坂神社の場合は、御霊会《ごりょうえ》等の陰陽道《おんみょうどう》系の祭事や大規模な仏事が神前で行なわれたこともあり、そのための施設が初めから組み込まれていたのである。

また、平面上、身舎と庇に分かれることから、平安後期の公家の住宅であった寝殿造の影響があると考える説もある。

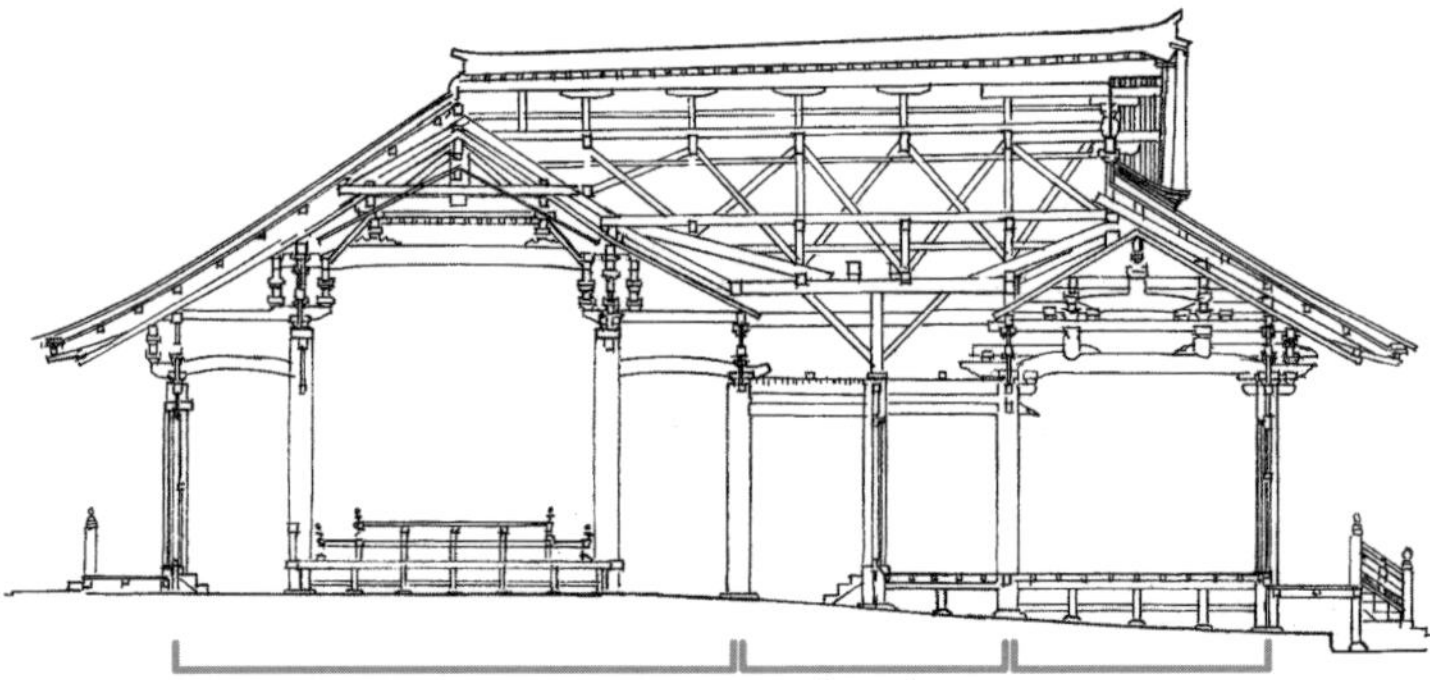

双堂《ならびどう》の例（東大寺法華堂［三月堂］）

● 本殿と礼堂《らいどう》が一つの屋根の下に入っている

本堂と礼堂が並ぶ「双堂《ならびどう》」の一種と考えられる。

本殿
正面立面図

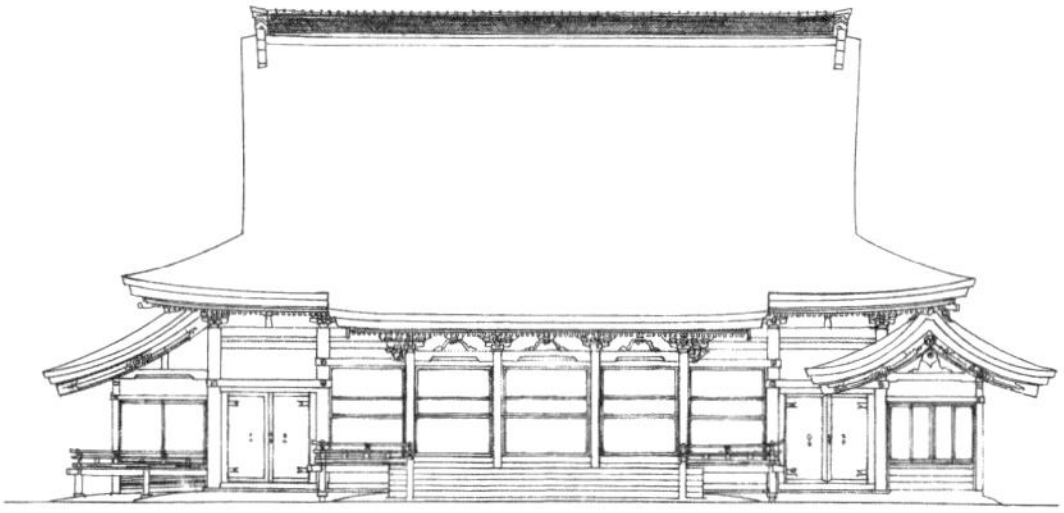

本殿
平面図

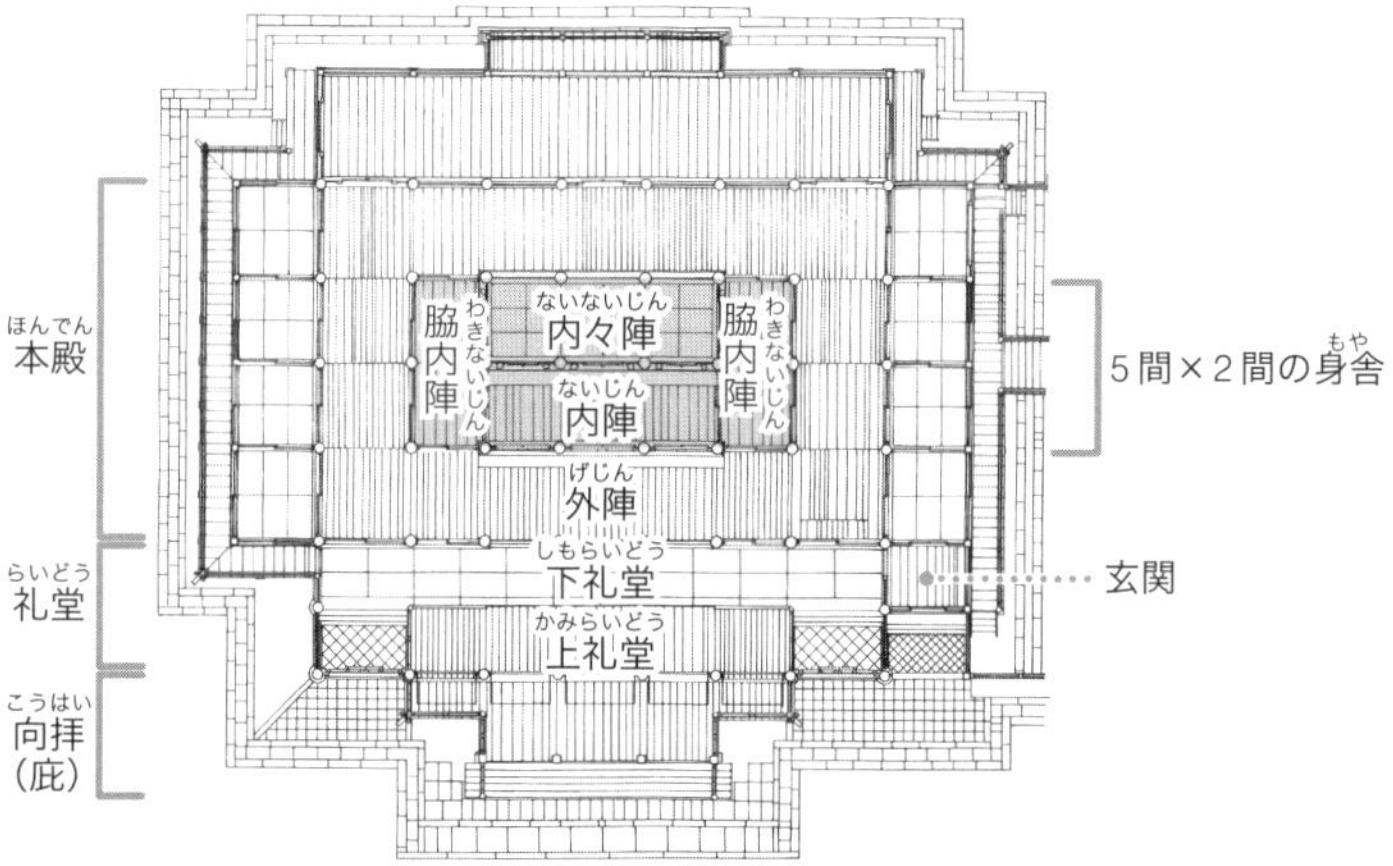

本殿
断面図

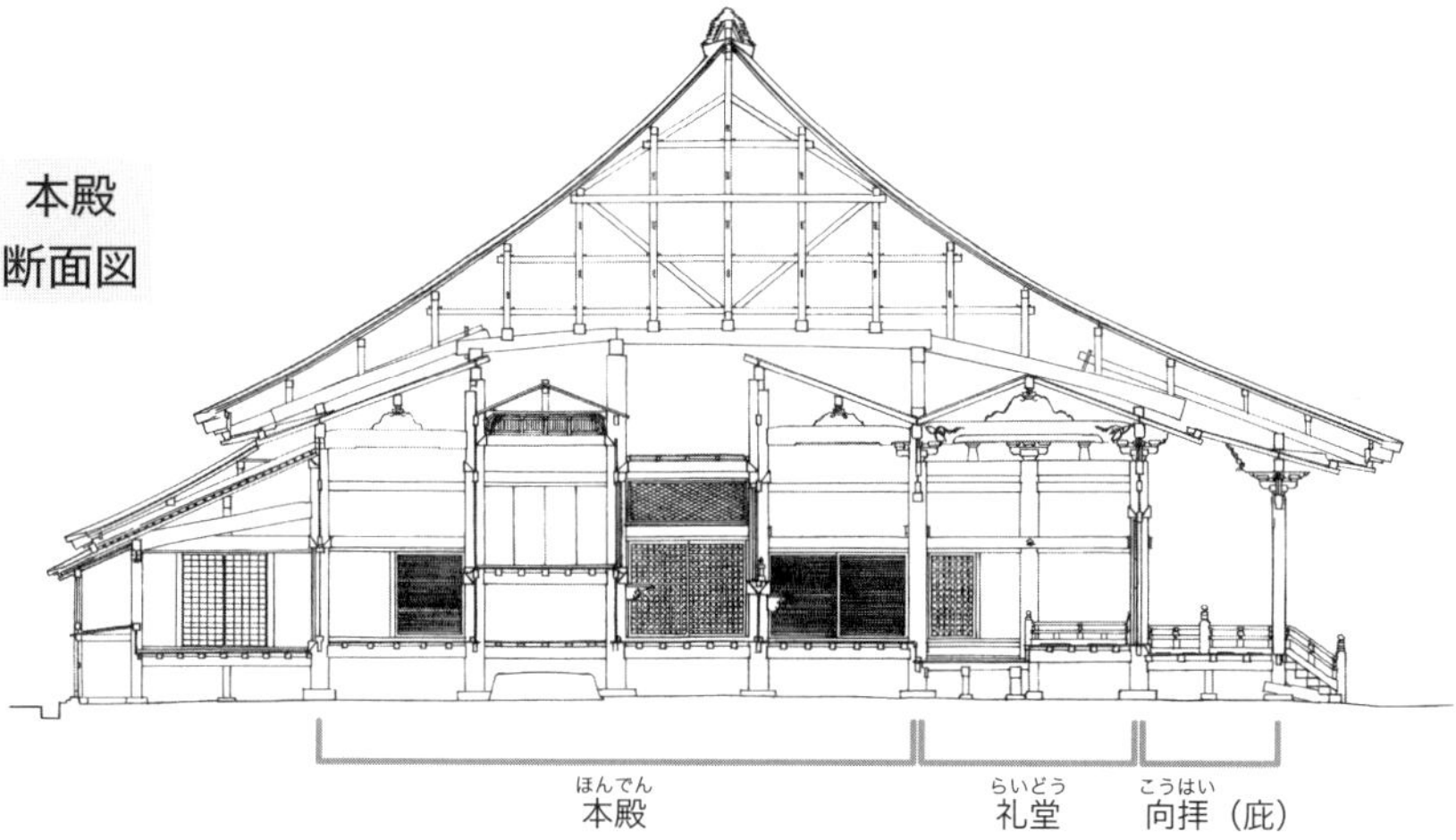

◆神の空間と人の空間が一体化していく過程

ここまでで神社の主要な建築様式を見てきたが、残る重要な様式で、特徴的な発展を遂げたものに「**吉備《きび》津造《づくり》**」「**香椎造《かしいづくり》**」「**権現造《ごんげんづくり》**」がある。いずれも仏教寺院建築の影響を受け、神の空間（**本殿**）と人の空間（**拝殿**）が一体化する過程の中で生まれたものである。

吉備津造《きびつづくり》は、吉備津神社（岡山市）本殿に見られる特異な形式で、中央に内陣《ないじん》・内々陣《ないないじん》、その四周に中陣《ちゅうじん》、さらにその外側に外陣が巡り、全部で正面七間、側面八間となっている。言い換えると三間社流造の周囲に二重の庇を巡らせた形である。建物の発展過程の中で、仏教の影響を受け、拝殿が組み込まれている。

香椎造《かしいづくり》は福岡市の香椎宮の形式で、内々陣・内陣・外陣に分かれている。屋根に千木《ちぎ》・堅魚木《かつおぎ》があることで神社とわかるが、仏教建築の影響が各所に見られる。

権現造《ごんげんづくり》は、安土桃山時代以降盛んになった形式で、拝殿と本殿の収め方の一つの結論的な形式である。本殿と拝殿の間に**幣殿《へいでん》**（**石の間**、**相《あい》の間**）を設け、屋根は拝殿を入母屋《いりもや》とし、この棟と直角に幣殿の棟をつける。屋根が多く見えるため、「**八棟《やつむね》造**」とも呼ぶ。

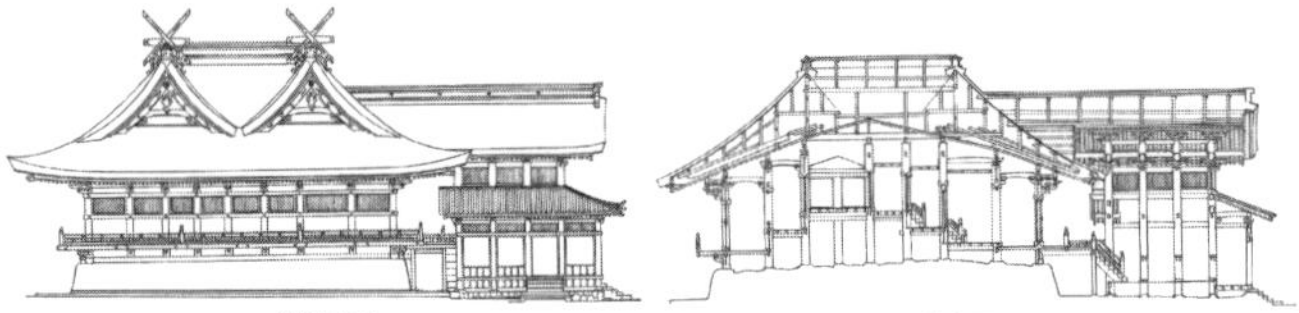

側面図　断面図

吉備津造

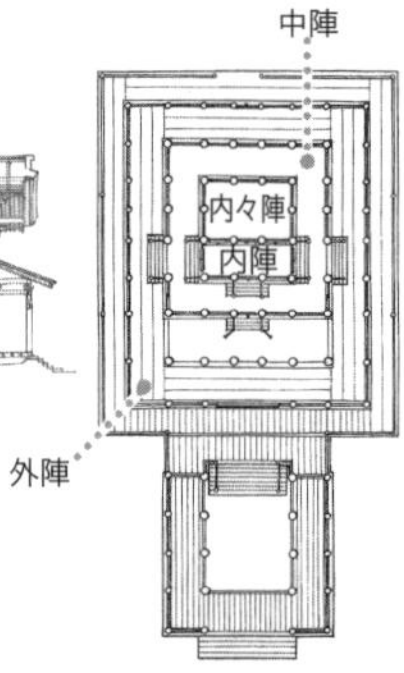

吉備津造　平面図

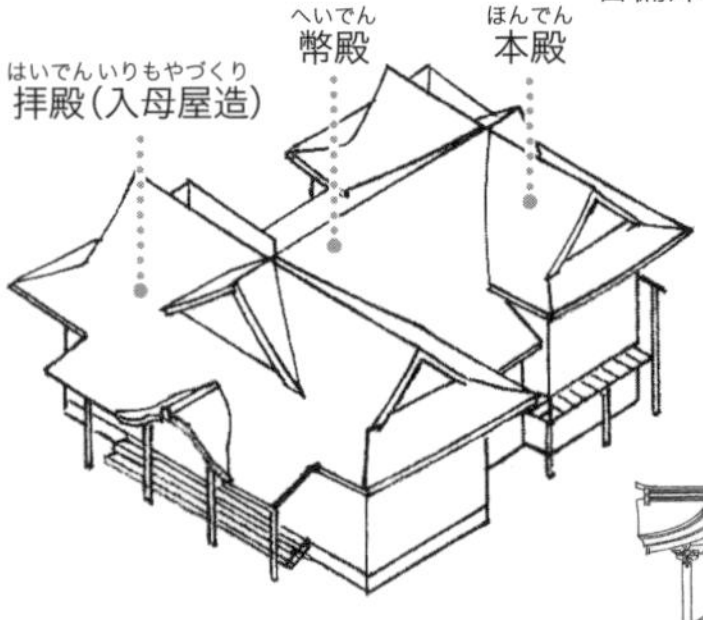

権現造

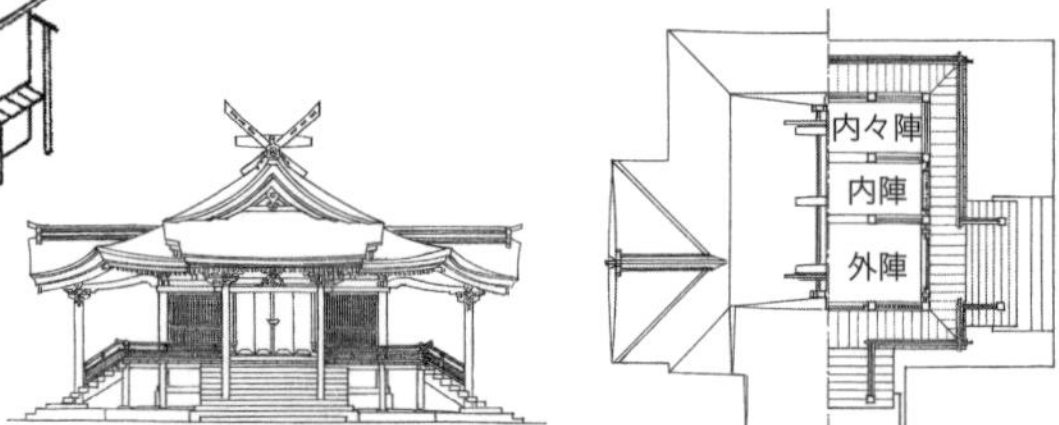

正面図　屋根伏図　平面図

香椎造

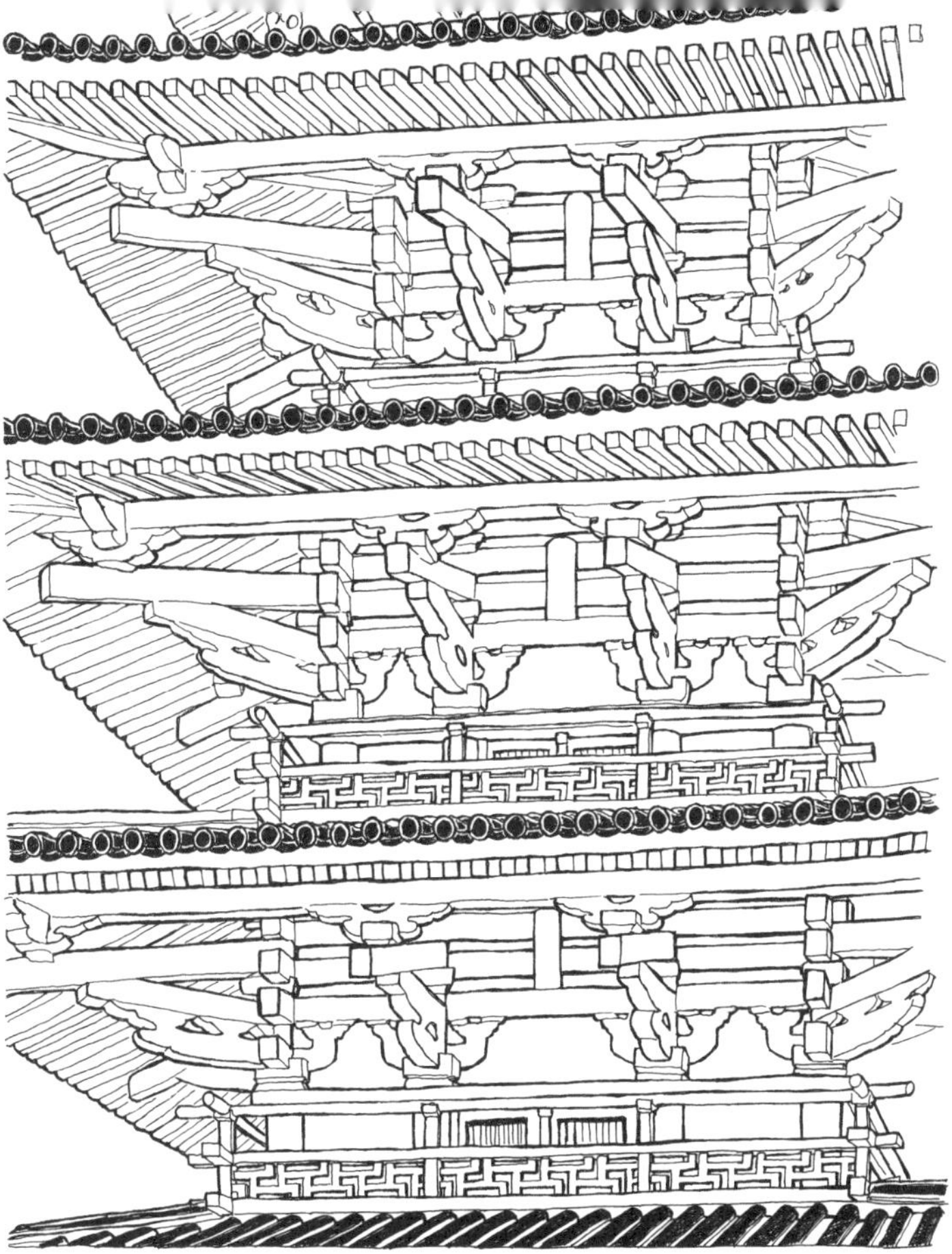

【寺院①飛鳥様式】

法隆寺西院伽藍

仏の教えを運んだ雲形の組物

日本建築史の博物館

　ＪＲ関西本線の法隆寺駅から奈良交通バスに乗り、法隆寺前バス停で下りて松並木の参道を進むと、法隆寺西院伽藍《さいいんがらん》に通じる**南大門**《なんだいもん》が見えてくる。

　法隆寺は**金堂**《こんどう》・**五重塔**《ごじゅうのとう》のある**西院伽**《さいいんが》**藍**《らん》と**夢殿**《ゆめどの》のある**東院伽藍**《とういんがらん》に分かれている。白鳳《はくほう》・弘仁《こうにん》・貞観《じょうかん》時代を除くほぼすべての時代の建物がある「日本建築史の博物館」とでも呼ぶべき寺院で、金堂や五重塔が現存する世界最古の木造建築物であるだけでなく、他の建物もほとんど国宝か重要文化財に指定されている。

　法隆寺の見どころは多いが、中でも金堂・五重塔・大講堂・中門を回廊で囲む西院伽藍は「**飛鳥**《あすか》**様式**」と呼ばれる古い建築様式の唯一の遺構であり、薬師寺に代表される**白鳳**《はくほう》**様式**に先立つ時代の建築として必見である。続く時代との関連に注意しつつ、法隆寺の建築を見ていこう。

ポイント

後の「和様」につながる飛鳥様式

飛鳥様式とは、奈良の飛鳥に都があった飛鳥時代（西暦600年前後）を中心に見られた仏教建築の様式のことで、西暦645年の大化改新以降の白鳳《はくほう》和様《わよう》（代表例・薬師寺）、710年の平城京遷都以降の天平《てんぴょう》和様（代表例・唐招提寺《とうしょうだいじ》）に先立つものである。

白鳳様式や天平様式が唐から伝わった様式であるのに対して、飛鳥様式は朝鮮半島から伝わった様式であると言われている。つまり、朝鮮半島や中国から仏教とともに寺院建築が入ってきて、後の和様と呼ばれる建築様式ができていったというわけだ。

飛鳥様式の特徴（主に後の和様との違い）としては、

①柱（円柱）に**胴張《どうば》り**と呼ばれるふくらみがある。一時これはギリシャ神殿の「エンタシス」と通じているなど言われたが、証明されていない。
②高欄に「**卍《まんじ》崩し**」の彫り物がある（左図）
③高欄に人字型の束（**人形束《にんぎょうづか》**・**割束《わりづか》**。後世の**蟇股《かえるまた》**の原型とされている）がある。
④軒下の組物が**雲形**をしている。

以上の4点が挙げられるが、建築の歴史の流れにおいて特に重要なのは④の「**雲形の組物**」である。したがって、まず飛鳥様式の軒下の組物について説明し、次いで、飛鳥様式を代表する西院伽藍の金堂《こんどう》・中門《ちゅうもん》・五重《ごじゅうの》塔《とう》と鎌倉時代の改造跡が一見の価値ある回廊を見ていこう。

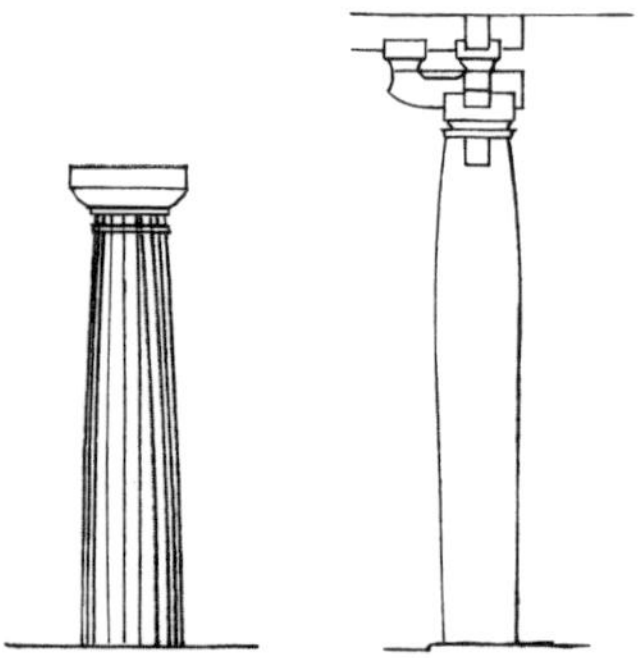

胴張りとエンタシス

● 雲形の組物と高欄・束《つか》

飛鳥様式の特徴の中で建築史的に重要なのは雲《くも》斗《と》雲肘《くもひじ》木《き》。

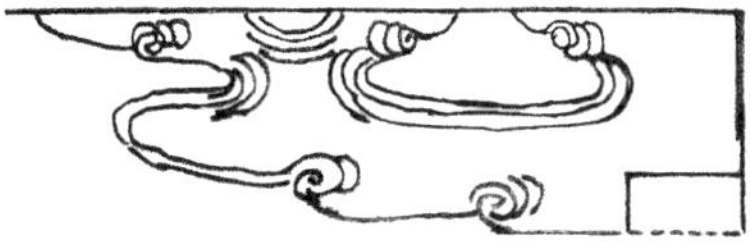

法隆寺金堂

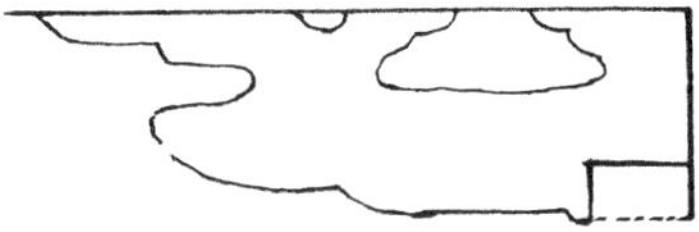

法輪寺三重塔

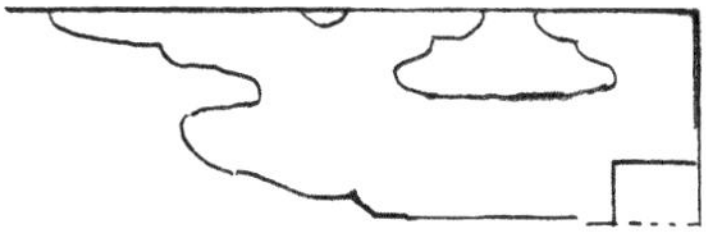

法隆寺五重塔

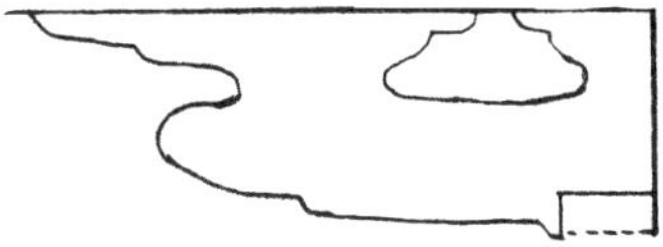

法起寺三重塔

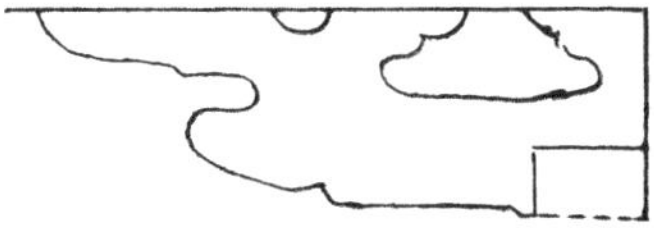

法隆寺中門

雲肘《くもひじ》木《き》の例

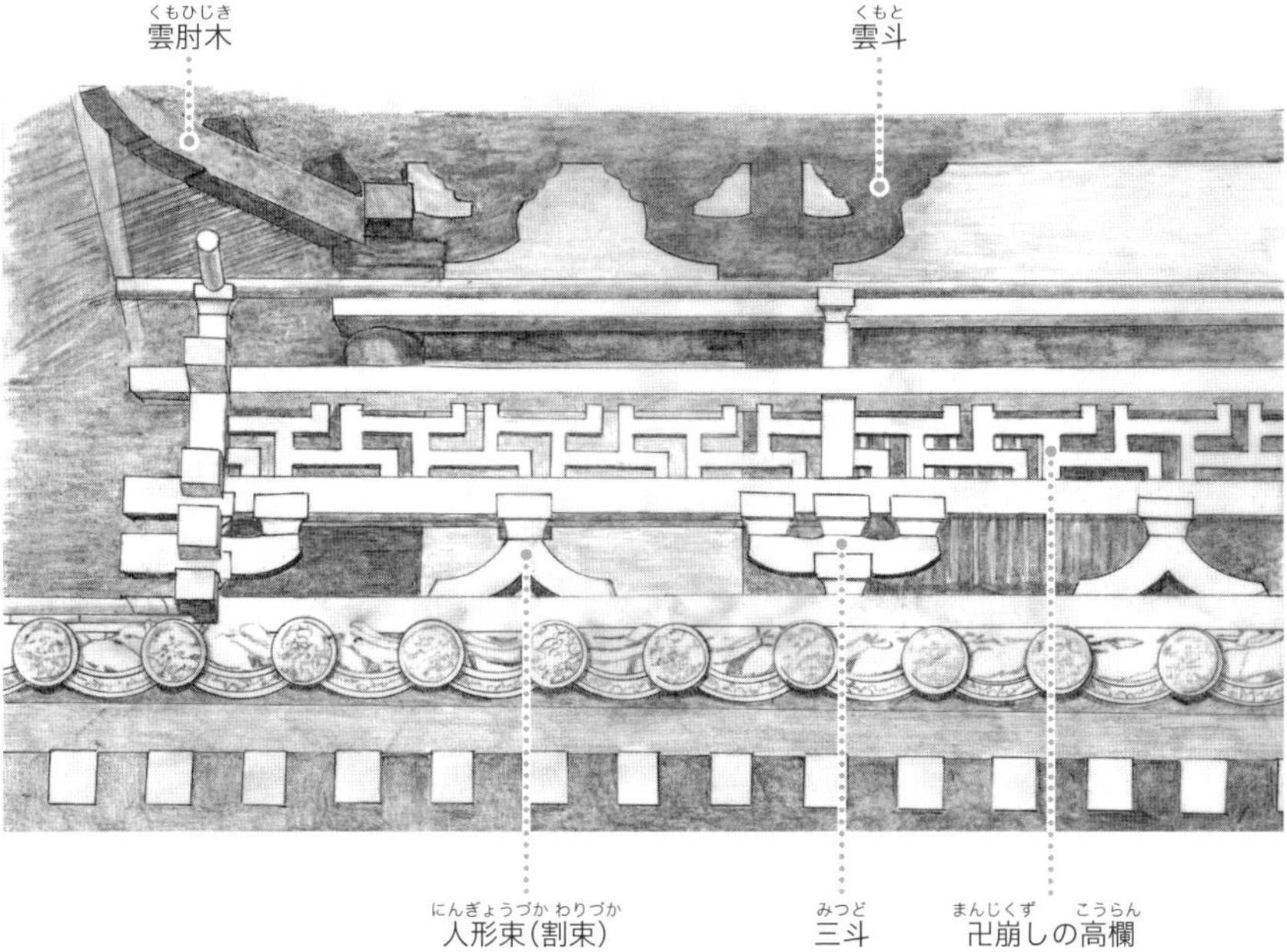

見どころ①

軒下を見れば飛鳥様式がわかる

西院伽藍の金堂《こんどう》・中門《ちゅうもん》・五重塔《ごじゅうのとう》・回廊《かいろう》の軒下には共通の特色があり、それがすなわち飛鳥様式の特徴となっている。

まず、胴張りを持つ円柱の上部には、**大斗**《だいと》と呼ばれる斗《ます》型の部材があり屋根の荷重を受けて柱に伝えている。大斗の上には**肘木**《ひじき》と呼ばれる横の部材があり、それをセットで「**手先**《てさき》」と言う。この斗と肘木が雲形《くもがた》をしているのが飛鳥様式の最大の特徴である（**雲斗雲肘木**《くもとくもひじき》）。後の和様の建築である薬師寺・唐招提寺《とうしょうだいじ》の軒下組物は「手先」を三回重ねる「**三手先**《みてさき》」となっており、朝鮮由来の飛鳥様式と唐直輸入の和様では軒下が異なっていることがわかる。

深い軒を支えるためのしくみについても、飛鳥様式とそれに続く白鳳・天平和様以降の寺院建築とでは違いがある。それは、法隆寺西院伽藍建物の軒下の**垂木**《たるき》が一段（**一軒**《ひとのき》）であるのに対し、白鳳和様を伝える海龍王寺《かいりゅうおうじ》五重小塔《ごじゅうしょうとう》、天平和様を伝える唐招提寺金堂以降では、より深く軒を支え、屋根に反りをつけられるように垂木が二段（**二軒**《ふたのき》）になっているという点である。また、垂木を軒先で支える桁《けた》（横材）である**丸桁**《がんぎょう》についても、法隆寺が一本であるのに対して唐招提寺は二本となっており、より安定した構造と言える。このようなことから、法隆寺金堂の軒下は構造的に無理があり、後世に支え棒を入れなければならなかった。

平行垂木と扇垂木《おおぎだるき》

本来、中国由来の寺院建築では、屋根の隅の垂木は放射状に配する「**扇垂木**」が普通で、構造的にも合理的であった。日本でも四天王寺では扇垂木が採用されたが、法隆寺以降は軒の隅でも平行に短い垂木が配される「**平行垂木**」になった。これは従来の日本の切妻造が平行垂木で馴染みがあったからとも、日本人の美意識に合ったからとも言われている。その後の大仏様では軒の隅の一部だけ、禅宗様では全体に放射状にする扇垂木が取り入れられている。

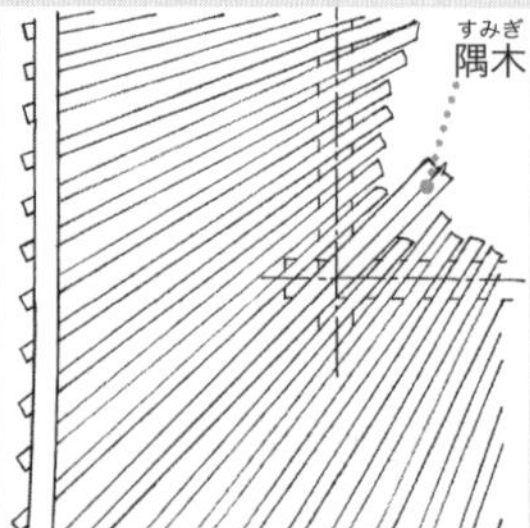

扇垂木

●組物《くみもの》・軒《のき》・丸桁《がんぎょう》の変遷

飛鳥様式は、後世の和様と異なり、組物は雲斗《くもと》雲肘木《くもひじき》で、軒は一軒《ひとのき》、丸桁は一本。

雲斗雲肘木《くもとくもひじき》

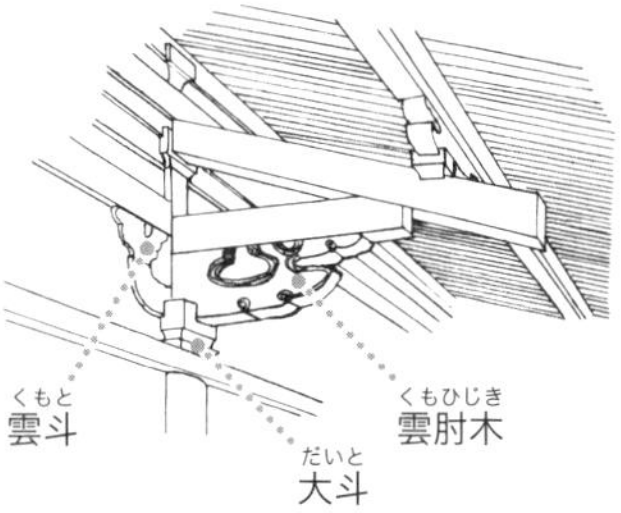

法隆寺金堂《こんどう》
（飛鳥時代）

三手先《みてさき》（一部未完成）

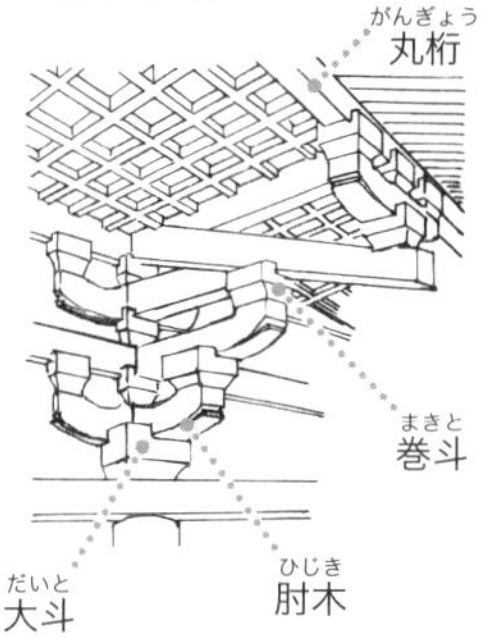

薬師寺東塔
（奈良時代前期）

三手先《みてさき》

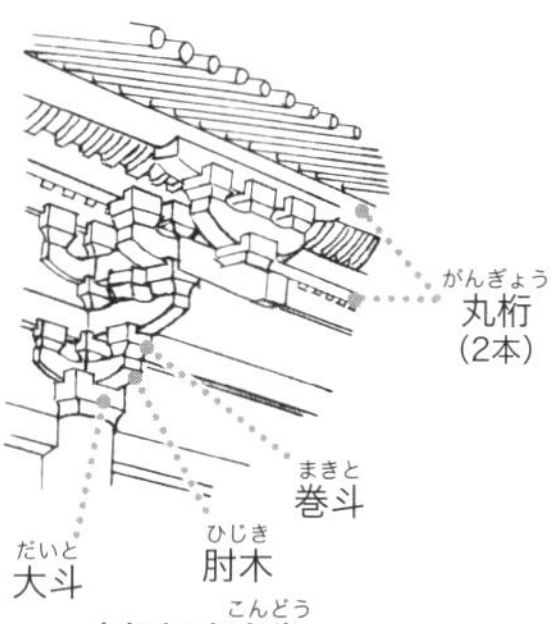

唐招提寺金堂《こんどう》
（奈良時代後期）

●軒下の時代別比較

一軒《ひとのき》・丸桁《がんぎょう》１本

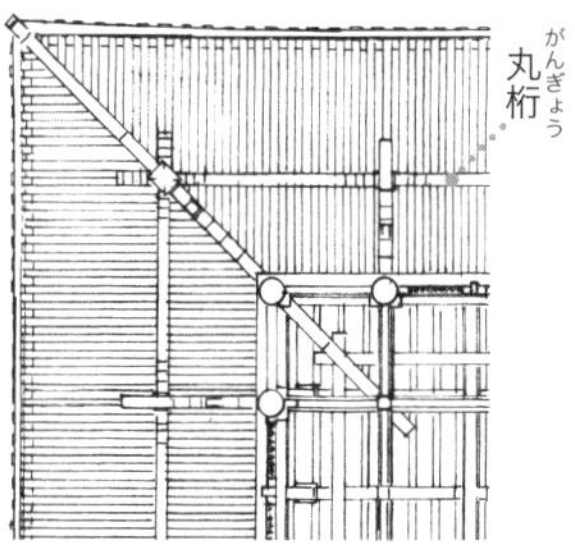

法隆寺金堂《こんどう》
飛鳥様式
（飛鳥時代）

二軒《ふたのき》・丸桁《がんぎょう》１本

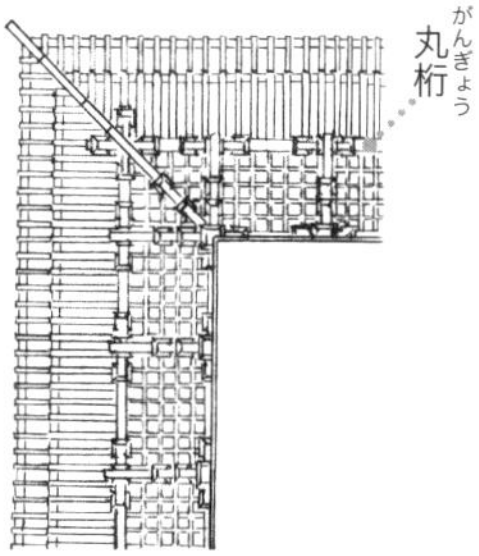

海龍王寺《かいりゅうおうじ》五重小塔
白鳳和様
（奈良時代前期）

二軒《ふたのき》・丸桁《がんぎょう》２本

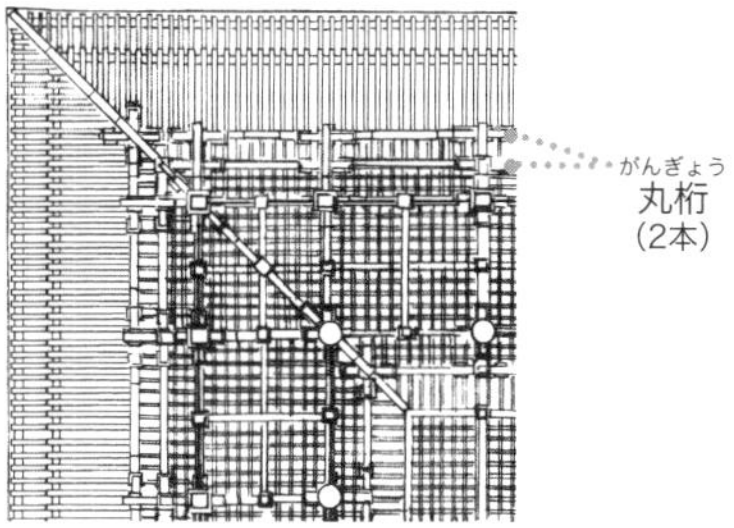

唐招提寺金堂《こんどう》
天平和様
（奈良時代後期）

白鳳和様と天平和様

白鳳和様（代表例：薬師寺）においては、**三手先《みてさき》**と呼ばれる組物の形式が未完成で、軒下の横材「**丸桁《がんぎょう》**」が１本であるのに対し、**天平和様**（代表例：唐招提寺）においては、**三手先**が完成しており、「**丸桁**」が２本で、より深い軒を支えられるようになっている、という違いがある。

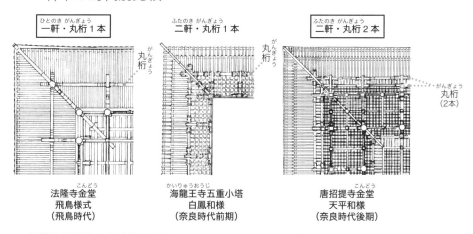

見どころ②
最も飛鳥様式の特徴が揃う金堂

西院伽藍の金堂《こんどう》・中門《ちゅうもん》・五重塔《ごじゅうのとう》はいずれも飛鳥様式を伝えている。

金堂は重層（二階建て）で、**入母屋《いりもや》造・本瓦葺《ほんかわらぶ》き**の屋根を持つ。正面五間、奥行四間のつくりである。二階部分は正面・奥行がそれぞれ一間少なく、中門と比べて**逓減率《ていげんりつ》**（下階に比べて上階の幅が減少する比率）が大きく、腰がキュッとしまった形だ。一階部分の外回りに**裳階《もこし》**（軒下の庇）と**連子窓《れんじまど》**が付いているが、これは奈良時代後期に壁画を守るために作られたものだ。また、出隅《ですみ》の雲斗雲肘木《くもとくもひじき》を支えるために裳階の屋根の上に力士像があり、上層では龍の彫刻のある柱が屋根を支えている。

中門は、金堂と同じく**重層**（二階建て）で、**入母屋造・本瓦葺き**の屋根を持ち、正面四間、奥行三間のつくりである。通常、門は真中を人が通るため、正面は奇数間になるが、この中門は偶数間のため、真中に柱が立っており、他に類例を見ない。

五重塔は方三間、五層、本瓦葺きの建物である。**逓減率が大きく、最上層では方二間**となっている。雲斗雲肘木に金堂に見られるような彫り物が見られないことなどから、金堂より少し遅れて建てられたと考えられている。また、各層の高欄には金堂・中門に見られた**人形束《にんぎょうづか》と三斗《みつど》がない**。この塔の心柱《しんばしら》の下には空洞があるが、これはこの塔の心柱が掘立柱であったからで、心柱が掘立《ほったて》だった塔は現在ではこの塔だけである。

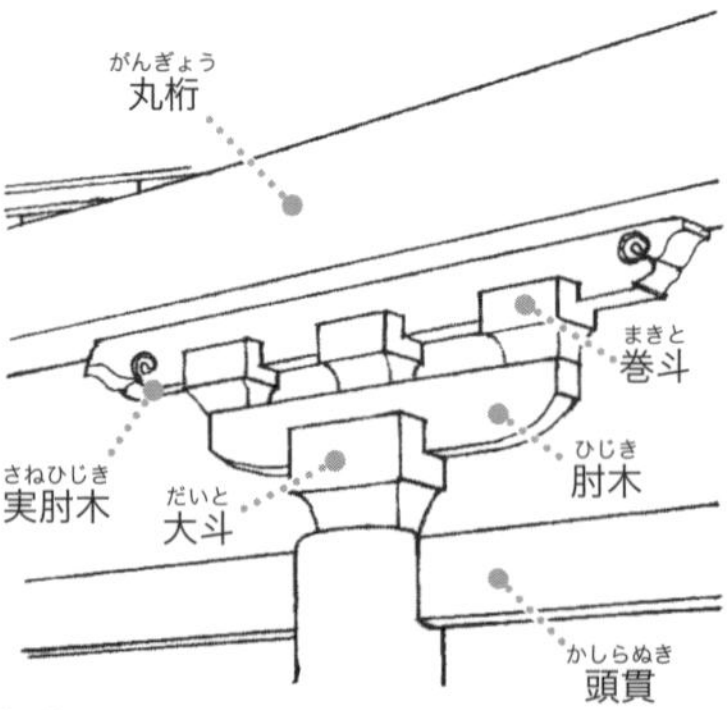

三斗《みつど》　大斗の上に肘木があり、その上に巻斗が三つ並んでいる組物の形式（47頁参照）。

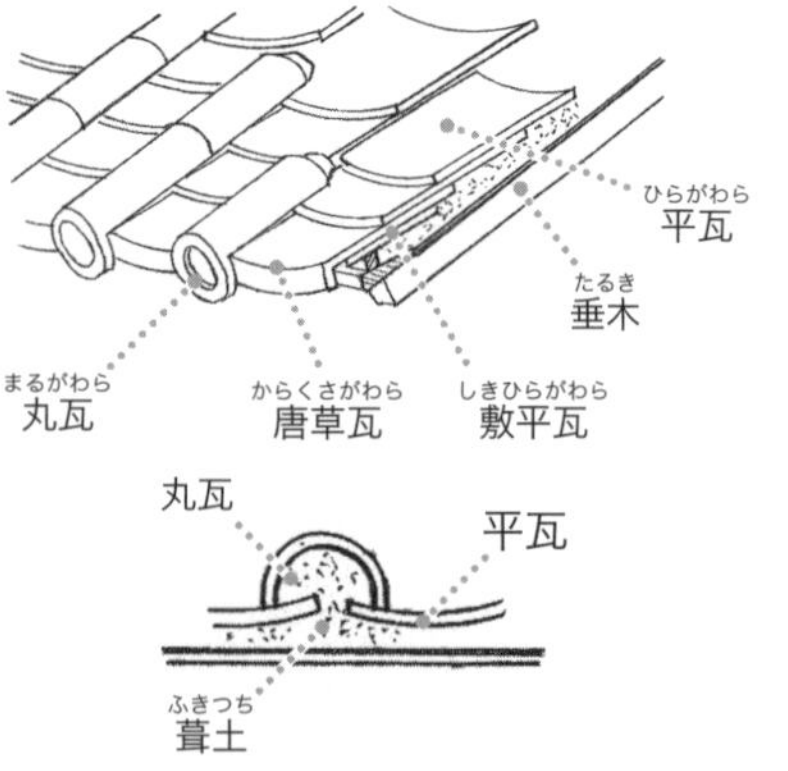

本瓦葺き

●金堂・中門・五重塔の見どころ

彫物付きの雲斗《くもと》雲肘木《くもひじき》と人形束《にんぎょうづか》・三斗《みつど》が揃っているのは金堂。

金堂
立面図

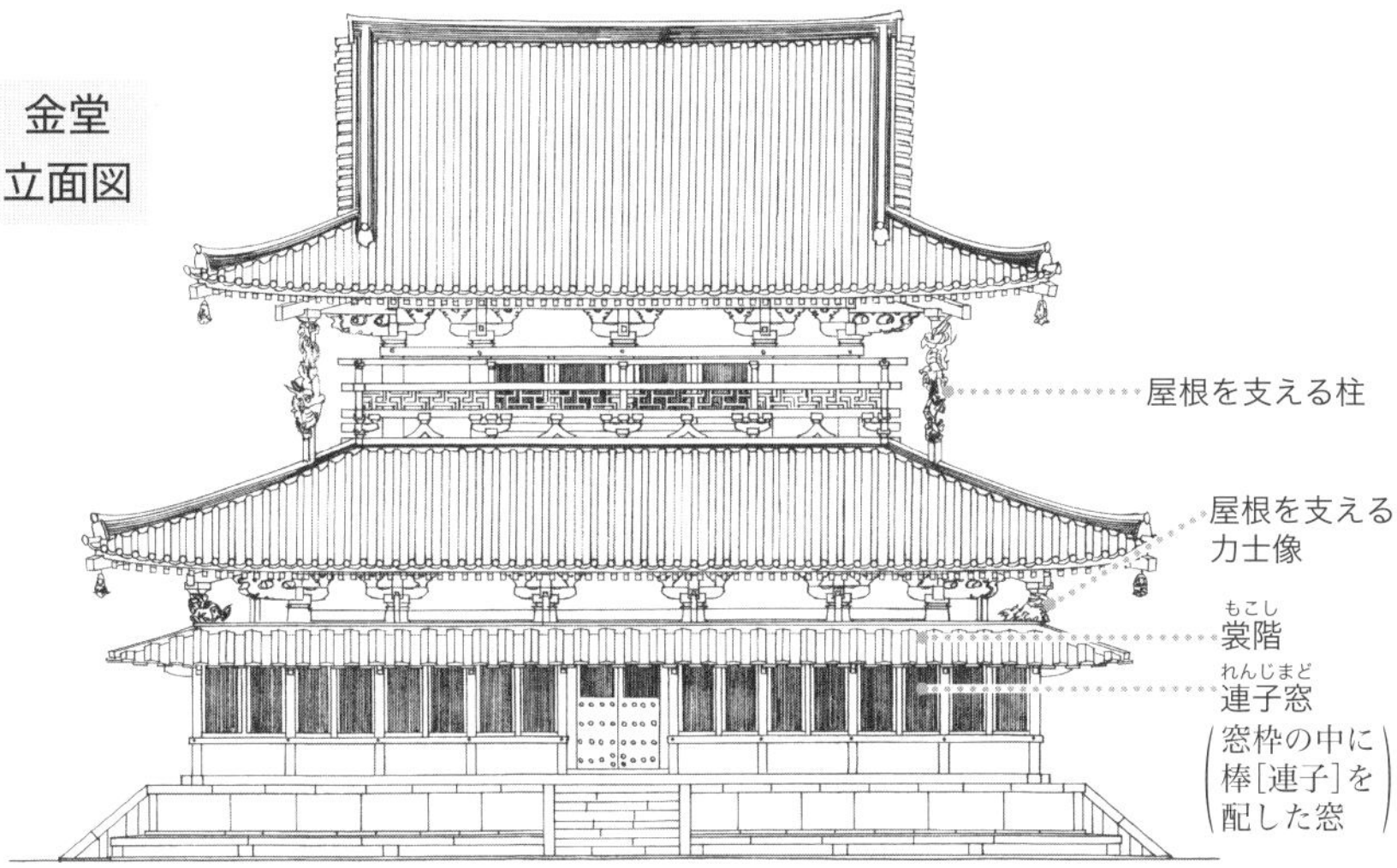

五重塔
立面図

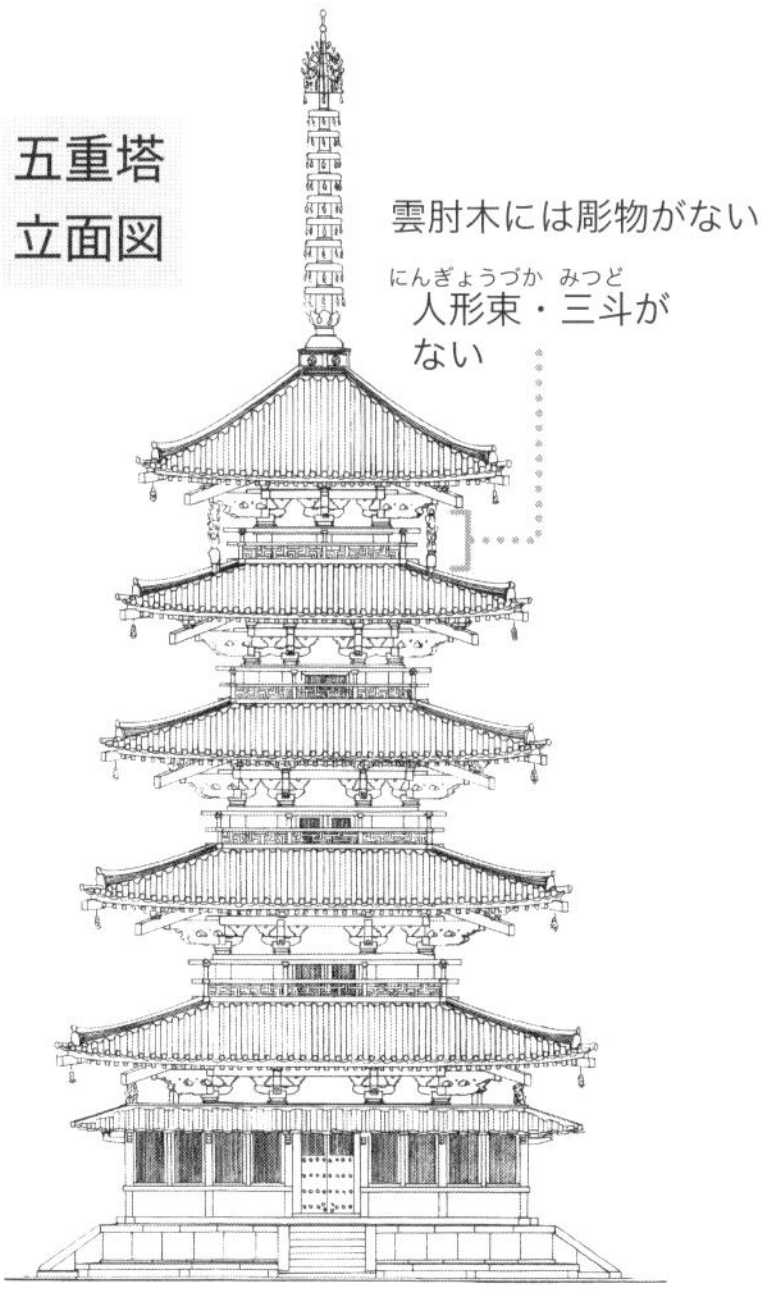

中門
立面図

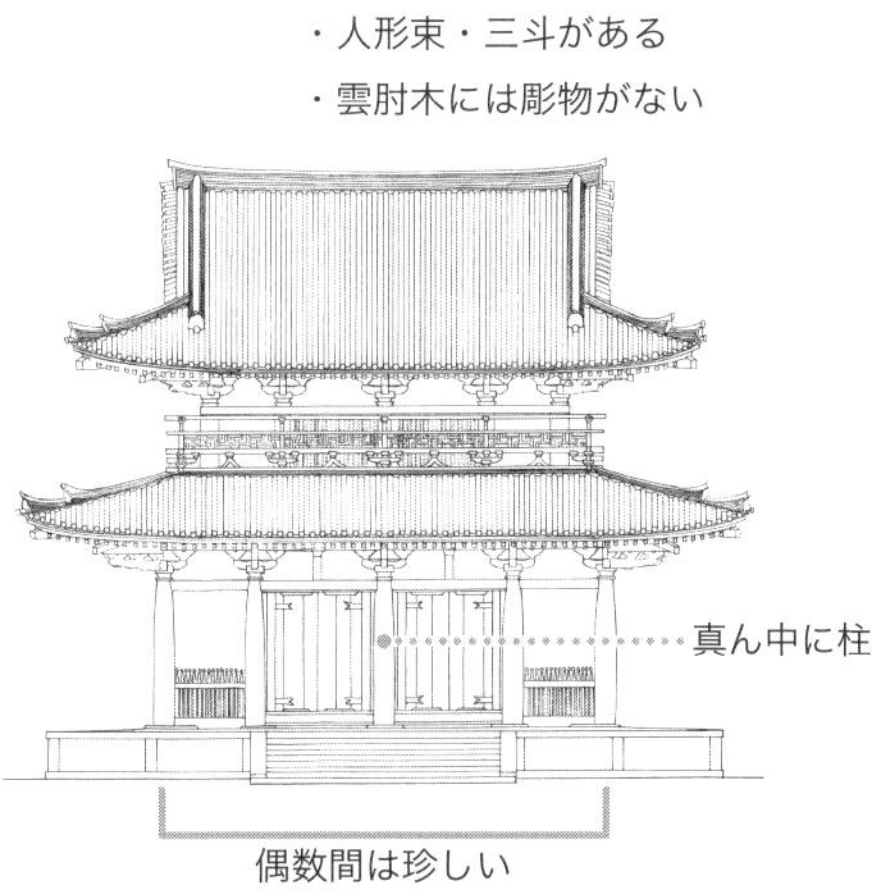

見どころ③
鎌倉時代の大工が適当に？改造した「回廊」

法隆寺西院の中心伽藍を囲んでいるのが飛鳥時代につくられた回廊であり、現在は凸字型になっていて、中門・金堂・五重塔に加えて経蔵《きょうぞう》・鐘《しょう》楼《ろう》・講堂をも囲んでいるが、本来回廊は長方形で、経蔵・鐘楼・講堂は回廊の外にあった。

回廊は単回廊（一重の回廊）で、胴張《どうば》りのある柱の上に**皿斗《さらと》つきの大斗《だいと》**が乗り、組物は**三斗《みつど》**、軒は**一軒《ひとのき》**で、**垂木《たるき》**がそのまま**化粧屋根裏《けしょうやねうら》**となっているのは中門・金堂・五重塔と同様である。通路にまたがって柱と柱をつなぐ横の部材を**虹梁《こうりょう》**（文字通り虹のように湾曲している）というが、この回廊の場合、虹梁の上に**叉首《さす》**と呼ばれる二本の材を合掌型に組み合わせた部材を置き、その上に**三斗**を置いて**棟木《むなぎ》**を支えるという構造になっている。

この回廊の北へ折れ曲がって出っ張っている部分は鎌倉時代に改造されたもので、飛鳥時代の建築様式を伝えているものではないので、見学する際には注意が必要である。**皿斗《さらと》**、**大斗《だいと》**、**虹梁《こうりょう》**、**叉首《さす》**とも、すべて本来の形とは趣を異にしている。

これは、鎌倉時代の大工には既に飛鳥様式がよくわからないものになっていたことを示している。現代的な感覚では文化や技術は進歩していくものだと考えがちであるが、一時花開いた文化が忘れ去られ、退化することもあるということを教えてくれる事例である。

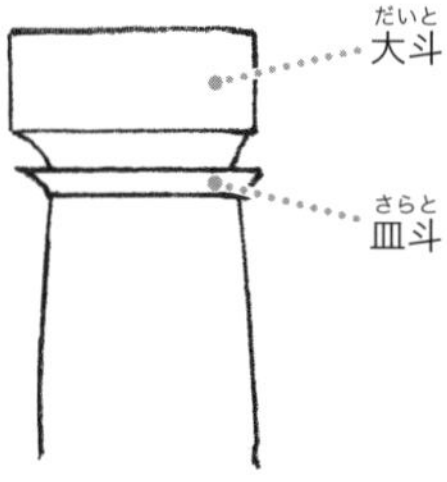

皿斗《さらと》つきの大斗　皿斗は飛鳥様式に限られるが、大仏様でも斗尻《ますじり》の繰形として似た形が出てくる（69頁参照）。

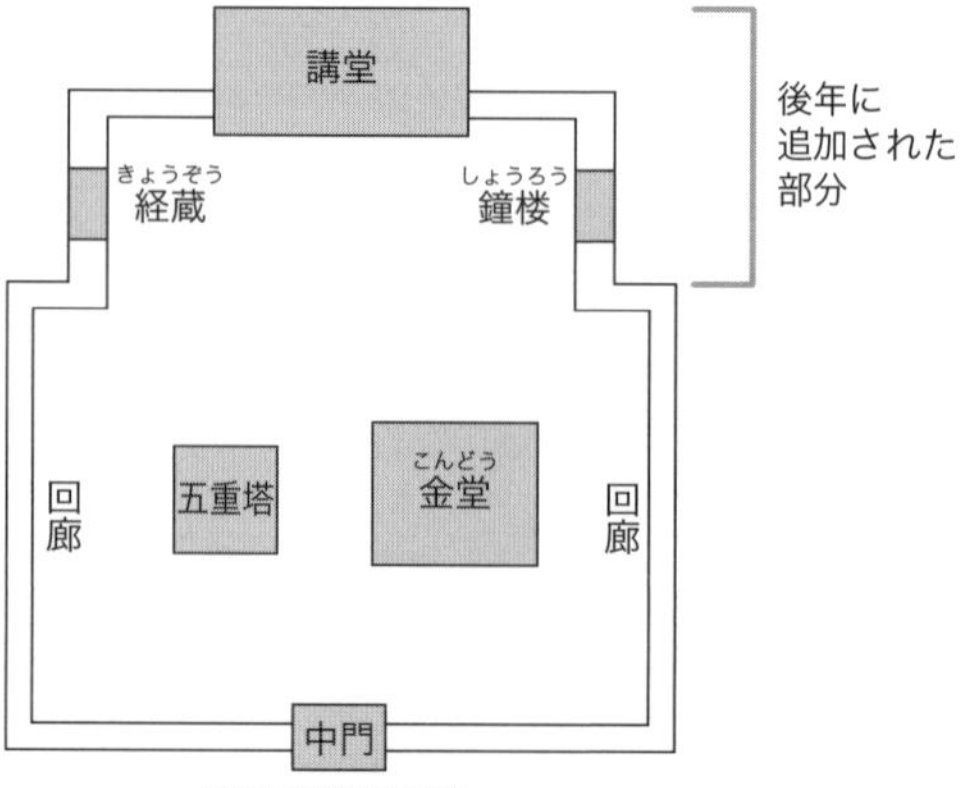

西院伽藍配置図

●飛鳥時代の回廊

柱の上の皿斗《さらと》、曲がった虹梁《こうりょう》、合掌型の叉首《さす》などが特徴。

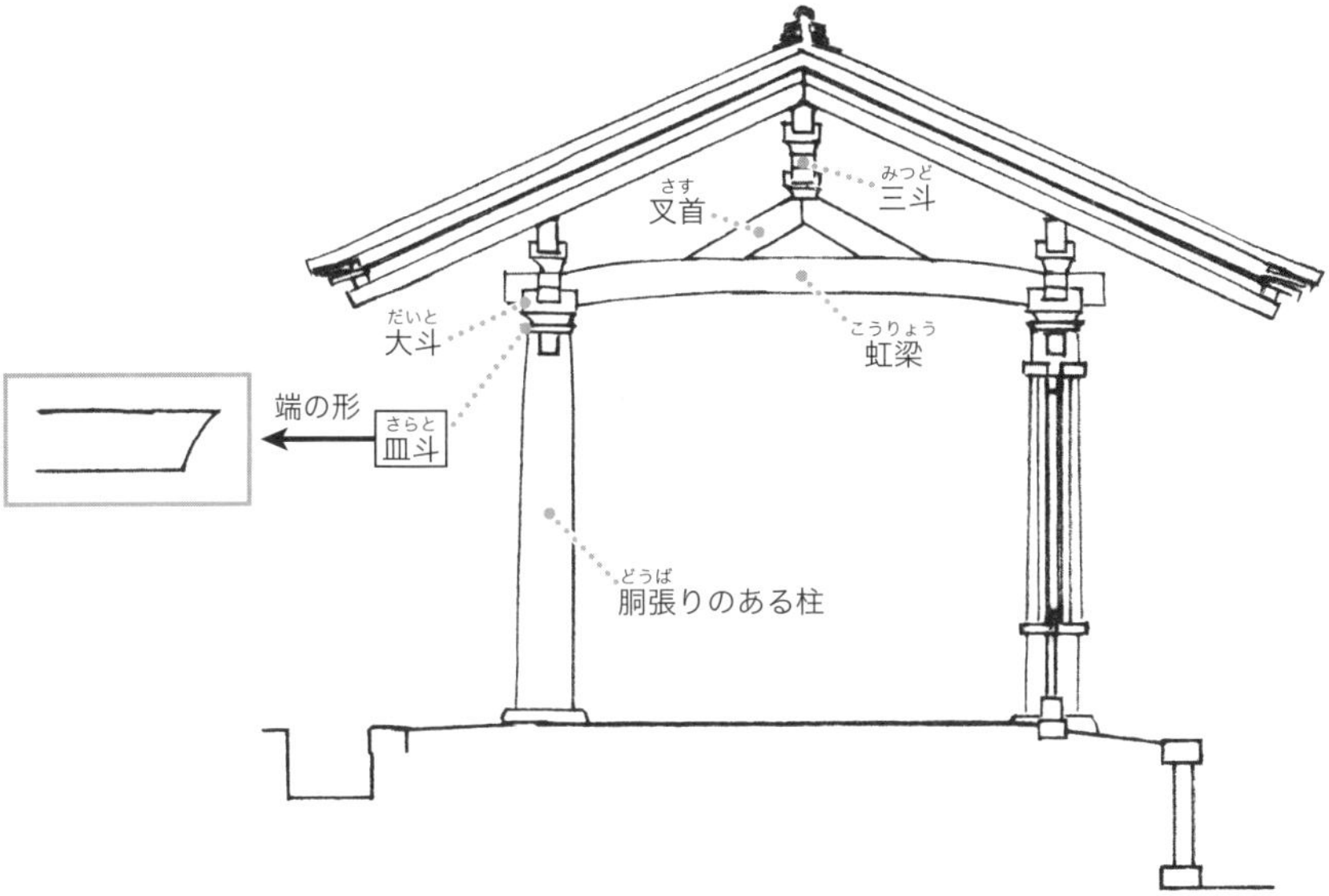

●北の出っ張り部分（鎌倉時代の改造）

皿斗、虹梁、叉首とも、本来とは違う形になっている。

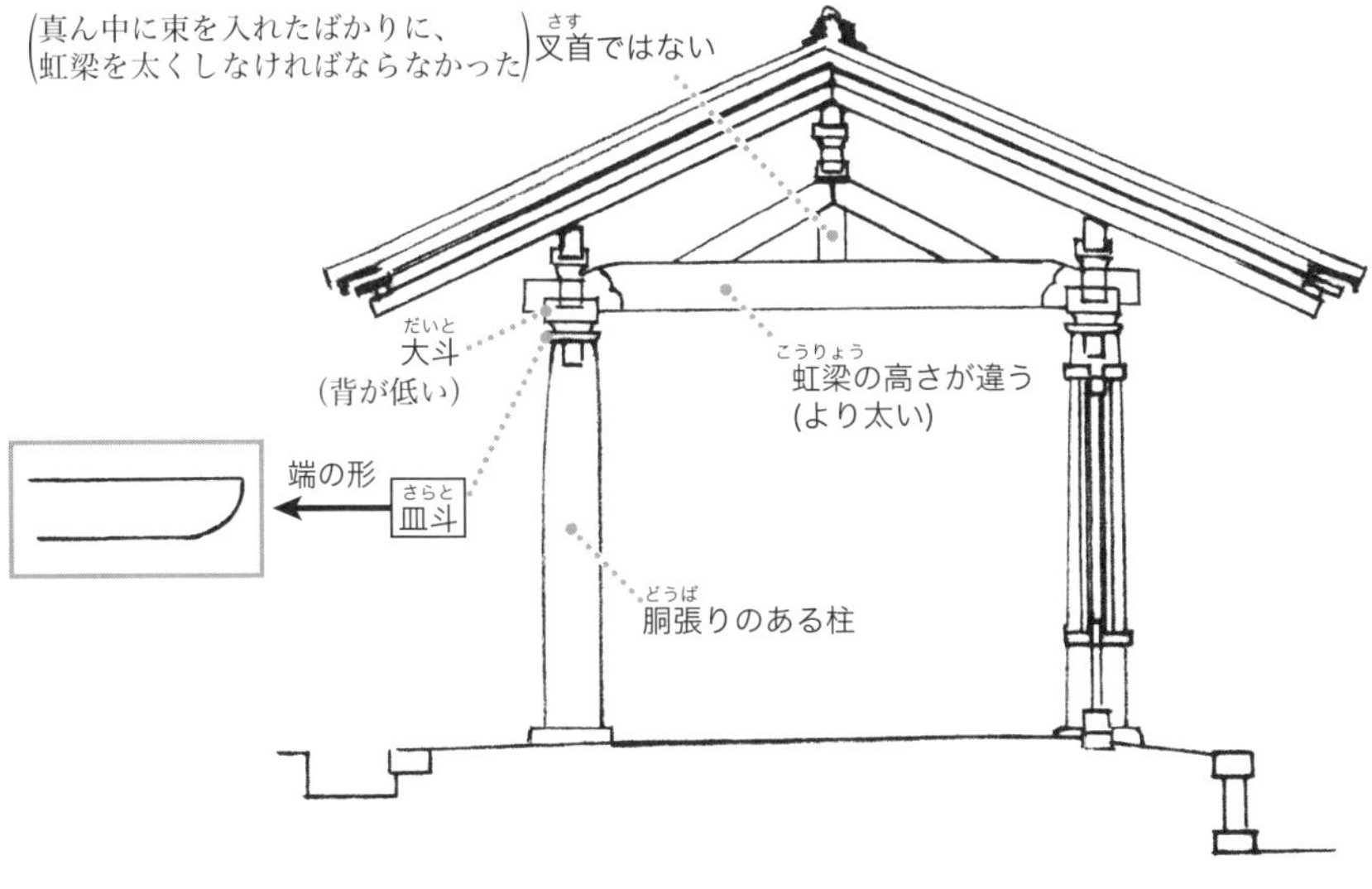

◆伽藍配置の変遷——重点は塔から金堂へ

神社篇では神社本殿の形が、祭祀する側の人間の都合にあわせて段々と変化してきたことを見たが、寺院建築においても、拝む側の人間の都合にあわせて伽藍《がらん》配置が変化している。

初期の寺院の伽藍は、飛鳥寺や四大王寺に見るように、仏舎利《ぶっしゃり》（釈迦の骨とされるもの）を納めた**仏塔**が中心で、それ以外の施設はその周辺に配置されていたのだが、法隆寺においては**金堂**《こんどう》が塔の横に対等に配置されている。さらに、後の薬師寺では塔が二つに分かれて伽藍の中心からはずれ、興福寺に至っては**金堂**が中心で、塔は回廊の外に追いやられてしまっている。

これは、精神性の高い仏塔よりも、よりありがたみがわかりやすい仏像という偶像を崇拝する傾向が日本人の間で強くなってきたことの表れと考えられる。また、僧侶の修行・学問の場である**講堂**が伽藍の中心に配置されていくのも、人間本位の考え方の表れと言えるだろう。

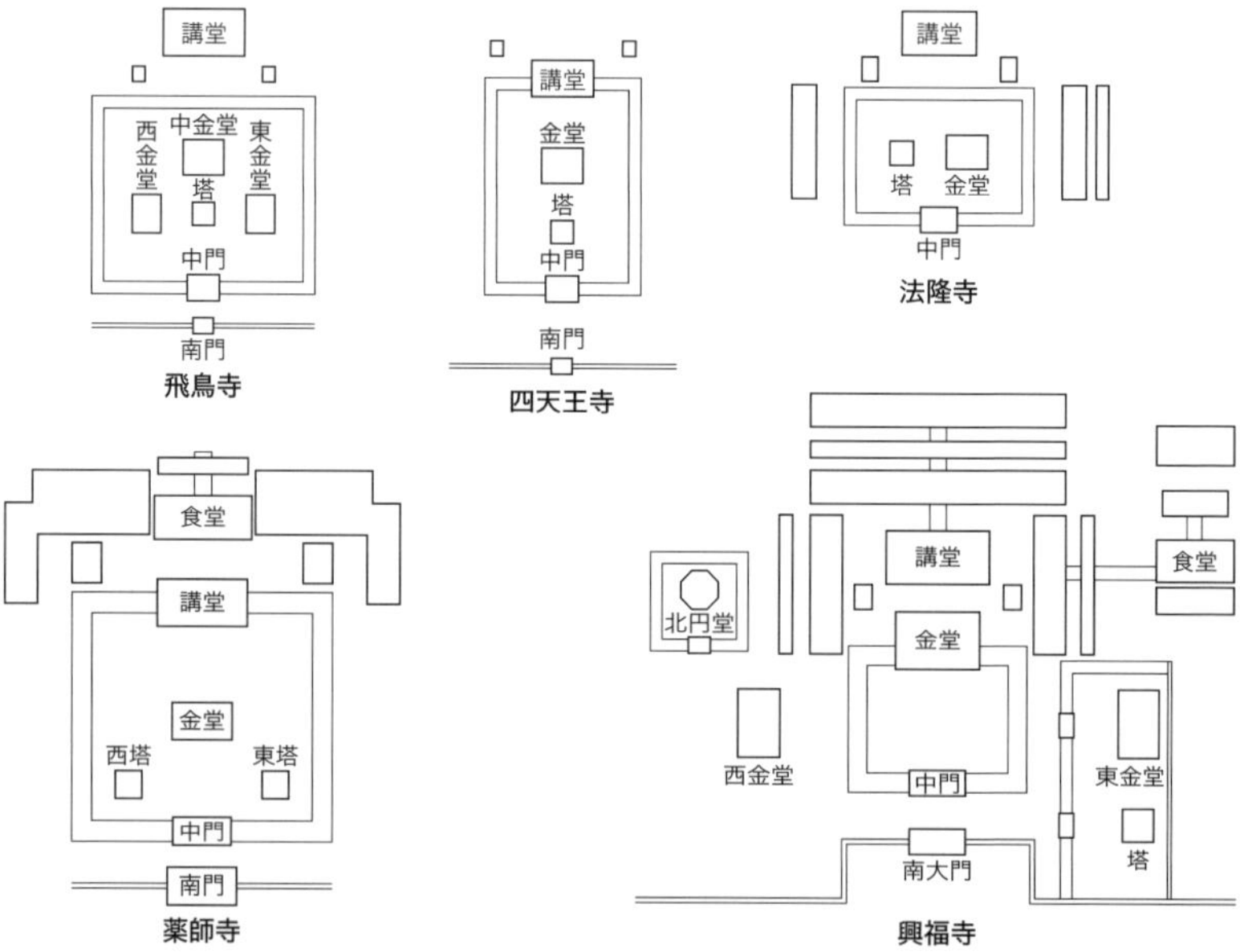

古代寺院の伽藍配置

【寺院②和様】

興福寺五重塔

三手先組物の典型

純粋な和様を伝える五重塔

近鉄奈良駅東口から東向商店街を抜け、東に折れると、猿沢池の向かいに興福寺の塀が見えてくる。東寺五重塔に次いで日本で二番目に高い興福寺五重塔は境内の南側中央に位置している。

興福寺は天智８（６６８）年に藤原鎌足の妻・鏡《かがみの》女王が建立した山階《やましな》寺が始まりで、後に飛鳥に移って厩坂《うまやさか》寺といい、平城京遷都に際して現在の場所に移されたものだ。多くの戦乱・火災によって再建を繰り返し、明治維新の廃仏毀釈で荒廃したが、明治14（１８８１）年から保存が図られて現在に至っている。

現在の興福寺五重塔は、室町時代に再建されたものだが、純粋な和様建築を伝えている例だ。和様自体も歴史の中で変遷を経ており、そういった点にも注意しながら、興福寺五重塔の建築の特徴を見ていこう。

ポイント

「和様」にもいろいろある

朝鮮半島や中国からもたらされた建築様式が後に「和様」と呼ばれる様式に発展していったことは先に見た通りであるが、一口に和様と言っても、奈良時代、平安時代、鎌倉時代以降それぞれに違いがある。

そもそも、鎌倉時代に入る直前の治承4（1180）年に平重衡《たいらのしげひら》の南都焼き討ちによって焼失した東大寺を**重源**《ちょうげん》が再建する際、後に「**大仏様**《だいぶつよう》」と呼ばれる様式を中国から取り入れたが、この大仏様と天平時代から行われてきた様式を区別するために「**和様**」という捉え方ができた。

和様の変遷を知るために重要なのは、宇多天皇の寛平6（894）年に菅原道真の建議によって遣唐使が廃止されたこと、そして久安6（1150）年頃に平清盛が南宋と貿易を開始したことである。その間、実に280年にわたって公的にはいわゆる鎖国状態にあったわけだ。江戸時代の鎖国状態が180年なので、いかに長いかがわかる。その間、大陸からもたらされた建築・美術・工芸は平安貴族の好みに合わせて優美・繊細な方向へ発展・変化していったのである。

しかし、武士の世になると、建築も天平の和様に範を求めて、木柄が太い豪快なものに変わっていった。室町時代の1426年に再建された興福寺五重塔もこの流れにある。もちろん、天平の和様を再現したわけではないが、天平時代を思わせる堂々とした建築である。これを**鎌倉和様**と呼ぶ。

和様の展開

時代	代表例	柱と組物の特徴
弘仁・貞観時代	室生寺	・柱の枡が縦長 ・柱が細い
藤原時代	平等院・醍醐寺	・入母屋屋根が小さい
鎌倉時代	興福寺・三十三間堂	・柱の枡が正方形に近い ・柱が太い

●和様《わよう》の組物

代表的な和様の出組（一手先《ひとてさき》）の例。大仏様《だいぶつよう》に対して、従来の組物が「和様」と捉えられるようになった。

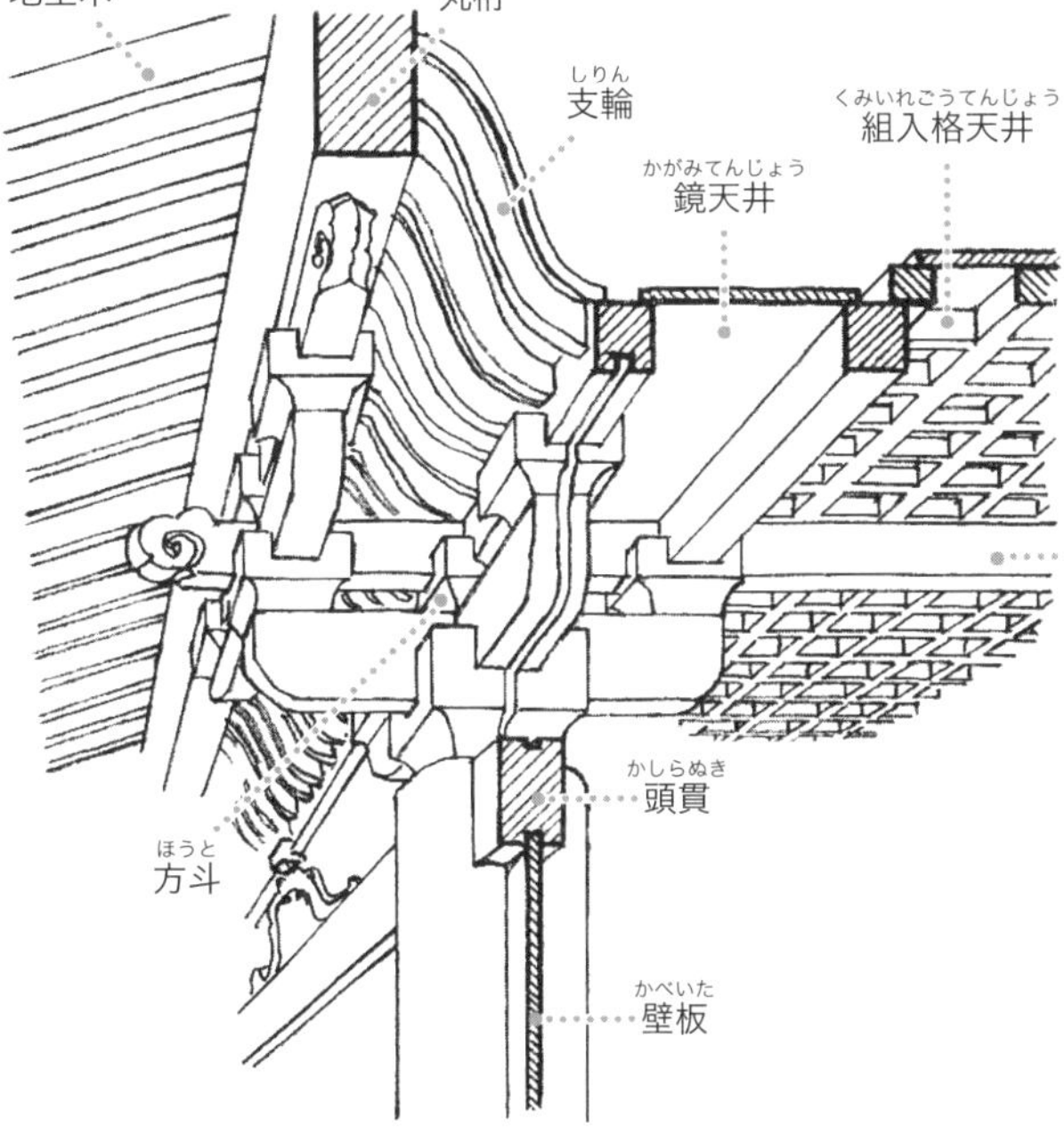

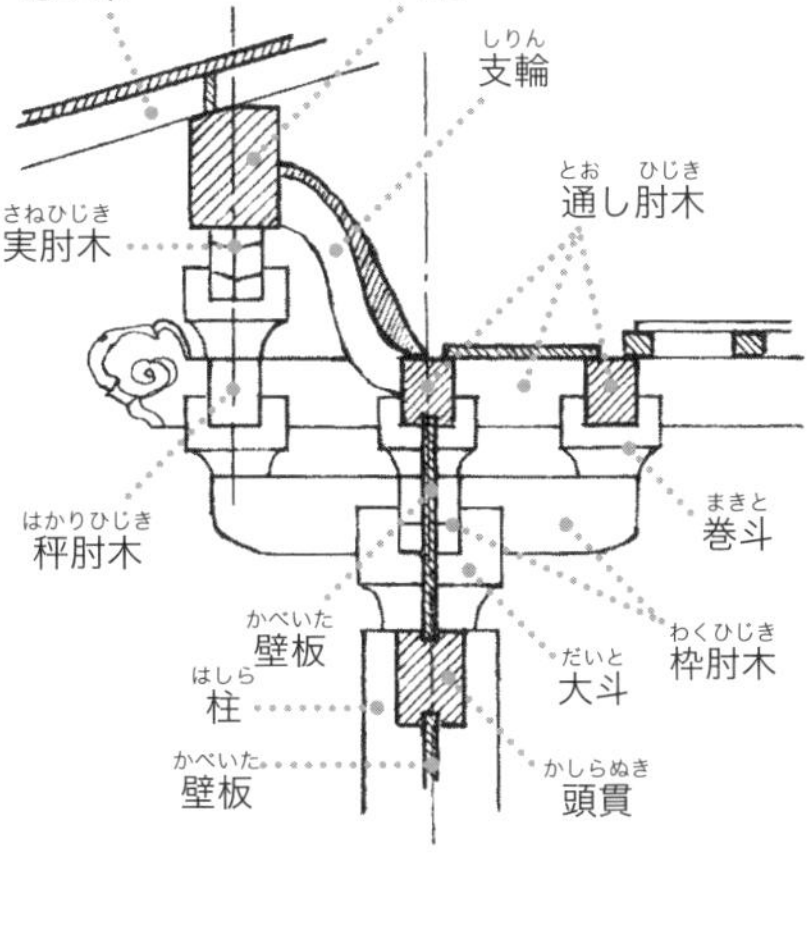

見どころ①
柱の上に「組物《くみもの》」、梁の上に「間斗束《けんとづか》・蟇股《かえるまた》」がある

興福寺五重塔は、壇上《だんじょう》積《づ》みと呼ばれる基壇《きだん》の上に建ち、各部とも純和様で、木柄の太い堂々たる塔である。和様の特徴は柱の上の組物と、柱と梁をつなぐ部材の使い方にある。柱の上の部分から見てみよう。

和様においては、柱の上には大斗《だいと》が載っており、その上には肘木《ひじき》という横の部材が載っている。これをセットで「手先《てさき》」と言い、このセットが二段あるものを二手先《ふたてさき》、三つあるものを三手先《みてさき》と言い、格の高い寺院に多く見られる。興福寺の場合も三手先組物であるが、尾垂木《おだるき》が大きく外に出て、先端部（木鼻《きばな》）が太く反っており、軒支輪《のきしりん》が立ち上がっている（平安時代までの軒支輪は寝ていた）などの中世的な特徴が見られる。また、肘木と斗《ます》が、（先端の巻斗《まきと》を除いて）一本の木からつくり出されており、方斗《ほうと》と巻《まき》斗《と》の間は胡粉で壁に見せかけている。

また、柱と柱を結ぶ梁の真ん中部分に「中備《なかぞなえ》」と呼ばれる部材が載っており、その上の屋根の荷重を受けているが、この中備部分に間斗束《けんとづか》と呼ばれる部材が使われているのも和様の特徴である。平安時代末期以降の建物になると、この中備の部分に「蟇股《かえるまた》」と呼ばれる、蛙の這《は》いつくばったような形の彫り物を施してある場合も多い。

この組物と中備こそが、和様の最も重要な見どころであり、それぞれの寺院において工夫を凝らしているところなので、注目していただきたい。

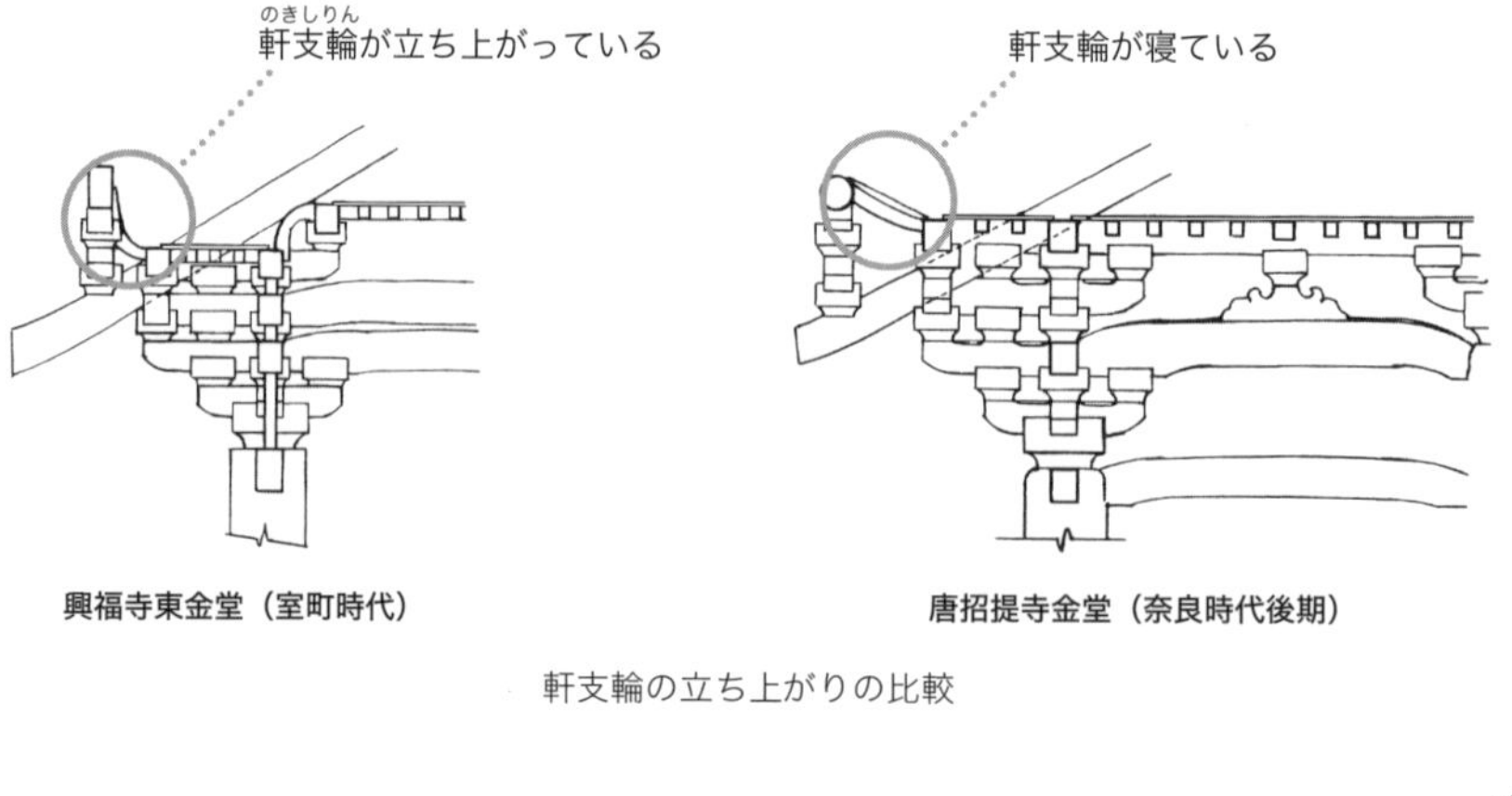

興福寺東金堂（室町時代）　　唐招提寺金堂（奈良時代後期）

軒支輪の立ち上がりの比較

●一般的な和様の三手先《みてさき》

「三手先」は格の高い寺院の象徴。「中備《なかぞなえ》」に間斗束《けんとづか》(または蟇股《かえるまた》)があるのが和様の特徴。

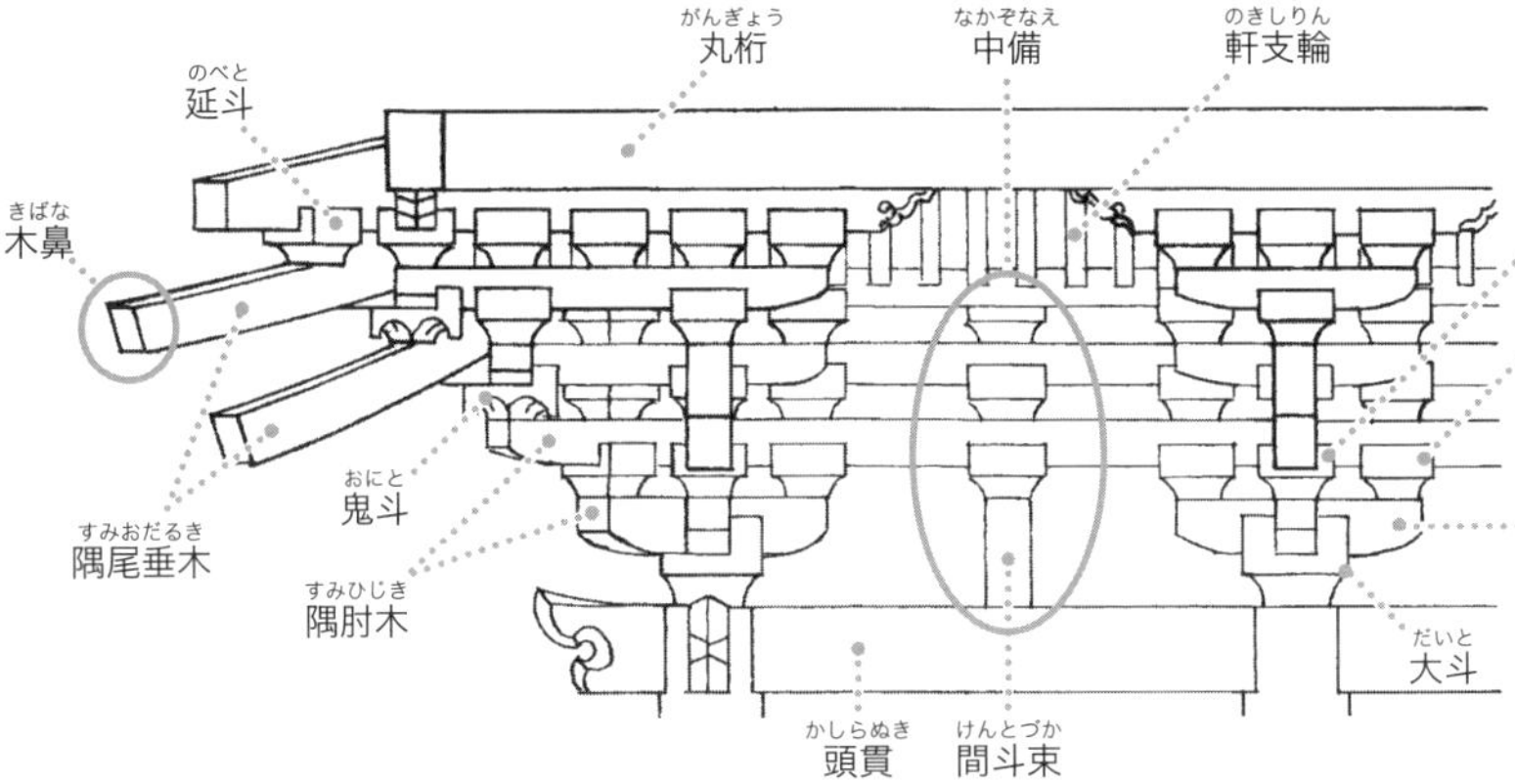

●基壇《きだん》、壇上積《だんじょうづ》みと乱石積《らんせきづ》み

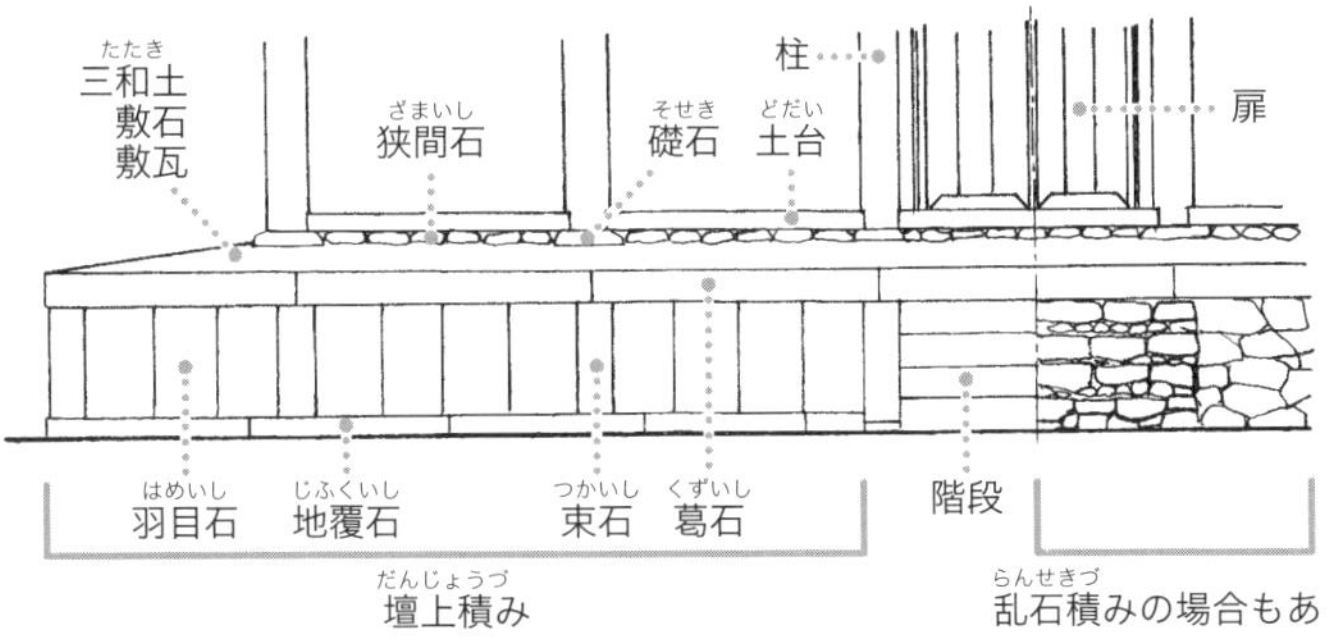

●中備《なかぞなえ》によく使われる部材

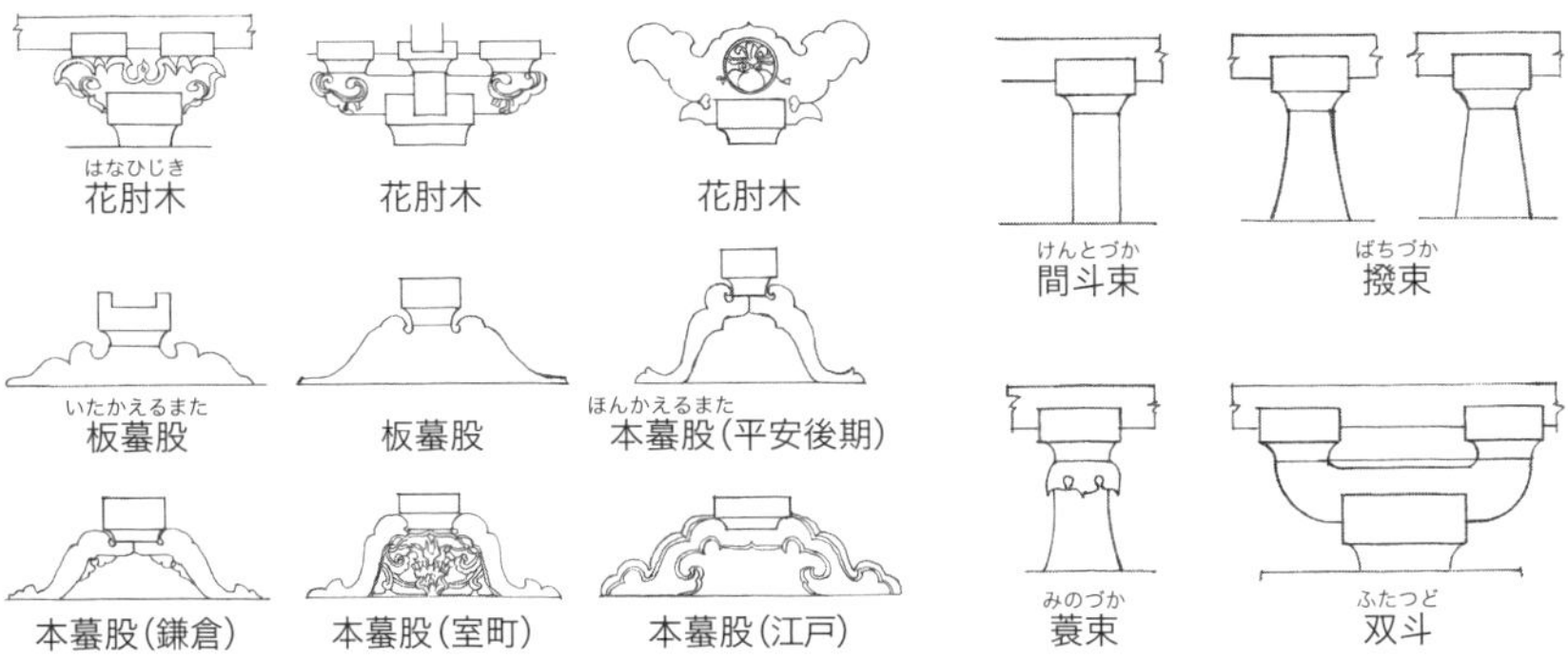

見どころ② 柱を「長押《なげし》」で連結

和様のもう一つ大きな特徴として、柱はすべて**円柱**で、「**長押《なげし》**」と呼ばれる、柱を挟むように釘で打ち付ける横材でつないでいる点が挙げられる。大仏様や禅宗様では、柱に穴を開けて「**貫《ぬき》**」などの横の部材を通す方法が採られ、長押は見られない。和様の寺院建築以外では書院造や神社にも用いられる。これは地震の多い日本の風土にあわせて変化していったものと考えられる。長押には、その部位に応じて、下から順に**地長押《じなげし》**・**腰長押《こしなげし》**・**内法長押《うちのりなげし》**などがある。

興福寺五重塔の場合、初層に注目すると、長押の使い方がよくわかる。**基壇《きだん》**のすぐ上の**地長押《じなげし》**、**連子窓《れんじまど》**の下を支え正面の扉で途切れている**腰長押《こしなげし》**、**連子《れんじ》**窓の上部をめぐる**内法長押《うちのりなげし》**がきている。柱の一番上には柱を貫通する**頭貫《かしらぬき》**がある。その上に「**台輪《だいわ》**」が来ている点は、天平和様には見られない点で、後世の和様の特徴である。

醍醐寺五重塔など平安時代の五重塔が建物の幅に比べて高さが低くどっしりと落ち着いて見えるのに対し、興福寺五重塔の場合少し高くなっていてやや不安定に見えるのも、中世的な特徴である。

しかし、最上層の屋根の勾配が急で、重々しい印象を与えていることから、室町時代の塔としては、落ち着いて古風な塔であると言える。

天平和様と鎌倉和様

唐招提寺に代表される天平和様と、興福寺五重塔などに代表される鎌倉和様では、尾垂木の**木鼻《きばな》**の「反り」や「増し」、柱の上の「**台輪《だいわ》**」という横材、屋根裏の「**野垂木《のだるき》**」など、様々な工夫が追加されているという違いがある。鎌倉和様の例としては、他に**興福寺北円堂**・**興福寺三重塔**、**蓮華王院三十三間堂**がある。

●柱と長押《なげし》

柱を挟むように釘を打ちつける長押が和様の特徴。

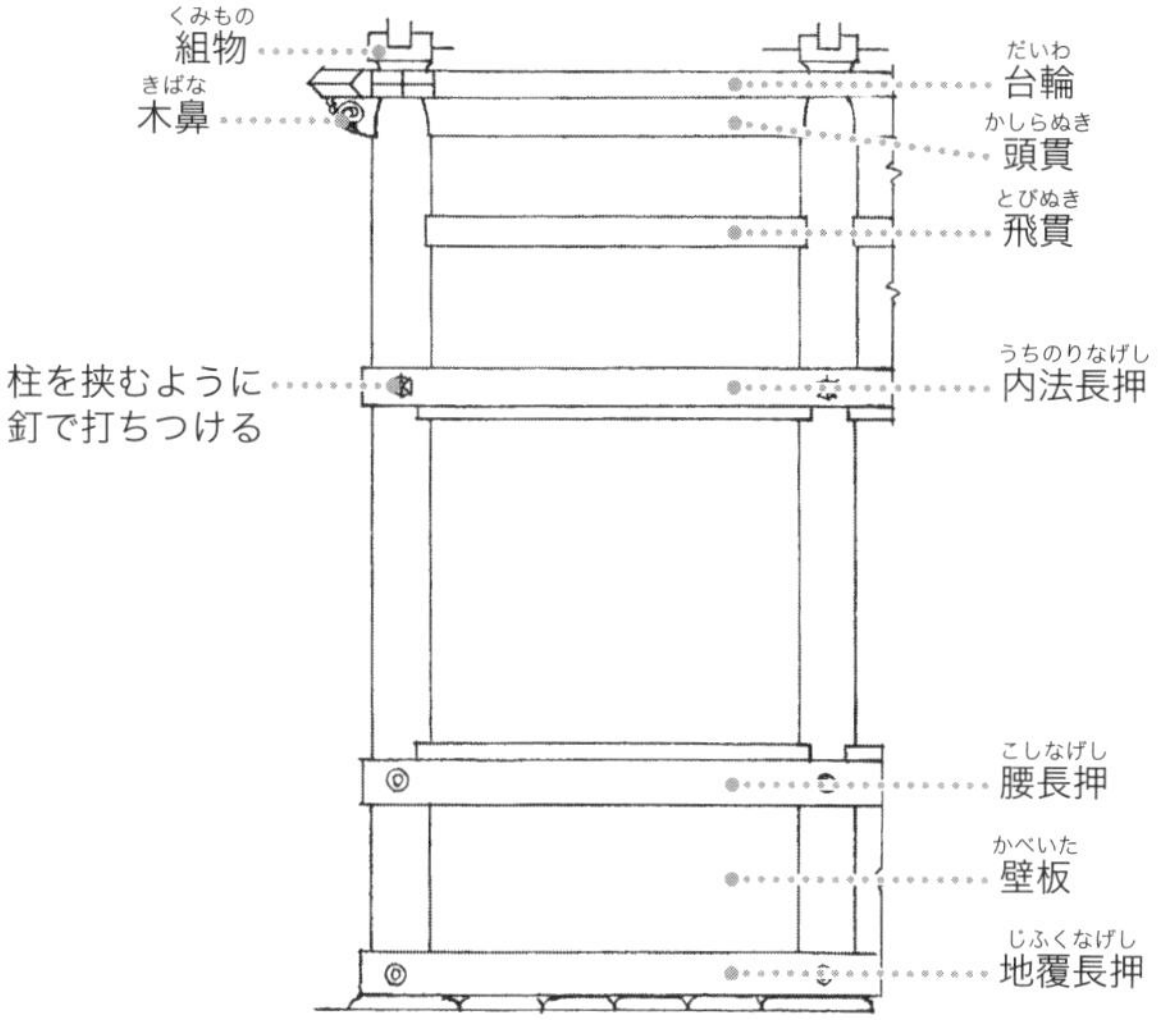

●興福寺五重塔の初層部分

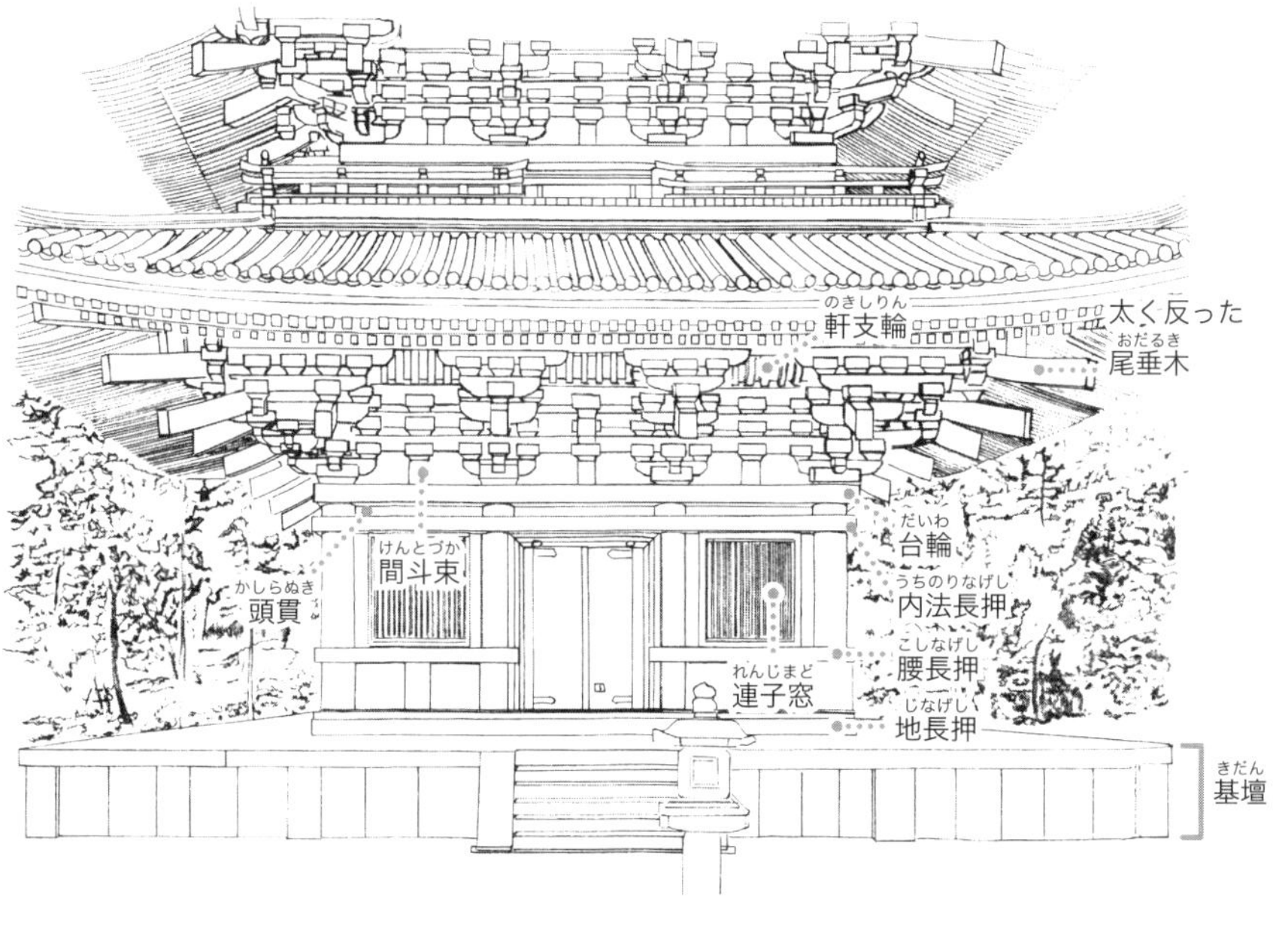

見どころ③ 垂木《たるき》と「野屋根《のやね》」

ここでは軒から上の部分を見ていこう。軒の下にある「垂木《たるき》」のあり方によって、その建築の様式や時代を知ることができる。

興福寺五重塔の軒は二軒《ふたのき》といって、垂木が二段になっている。法隆寺金堂や四天王寺金堂など飛鳥時代の寺院は一軒《ひとのき》だが、天平時代以降の和様の寺院の軒は二軒となっており、興福寺五重塔もその流れにあるが、興福寺北円堂のような三軒《みのき》の建物もある。

また、二軒《ふたのき》の場合、下の段の垂木を「地垂木《じだるき》」、上段の垂木を「飛檐垂木《ひえんだるき》」と言い、地垂木の断面が丸、飛檐垂木の断面が角であるという「地円飛角《ちえんひかく》」の原則が多くの建築で当てはまるが、興福寺五重塔の場合は地垂木が完全な丸ではなく、四角の角を丸くした形である。

法隆寺と同じく興福寺五重塔でも、軒の隅の垂木は平行垂木で、構造的には不利である。ただし、法隆寺の場合は構造的に無理があったが、興福寺の場合は「野屋根《のやね》」（野小屋《のごや》）という方法で構造上の問題を解決しており、もはや二軒の垂木は構造的な意味を持たない。野屋根とは、化粧垂木《けしょうだるき》（地垂木と飛檐垂木）とは別に，その上にあって屋根を支える垂木（野垂木《のだるき》）を使う方法で、大陸渡来の建築にはなく、地震の多い日本で平安時代に考案されたものだ。このおかげで化粧垂木のデザインの自由度が高まり、また、雨対策のために屋根の勾配を急にすることが可能になったのである。

深い軒を支える工夫－桔木《はねぎ》

鎌倉末～室町時代にかけて考案された方法で、**化粧垂木**と**野垂木**の間の空間に入れる太い材。尾垂木と同じく、図のように建物の重みで軒をはね上げることで、軒を深くすることに貢献した。

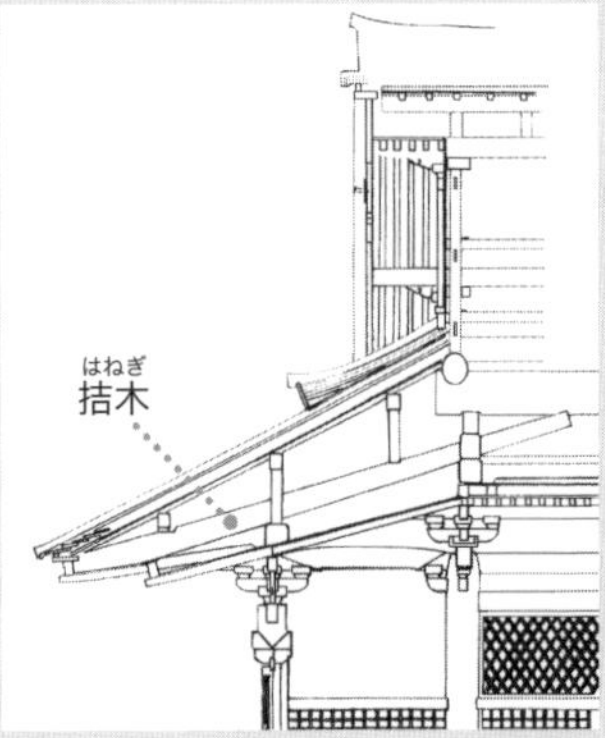

●二軒《ふたのき》の納まり

一般に地垂木の断面が丸、飛檐垂木の断面が角であるため、「地円飛角」の原則が当てはまるが、例外もある。

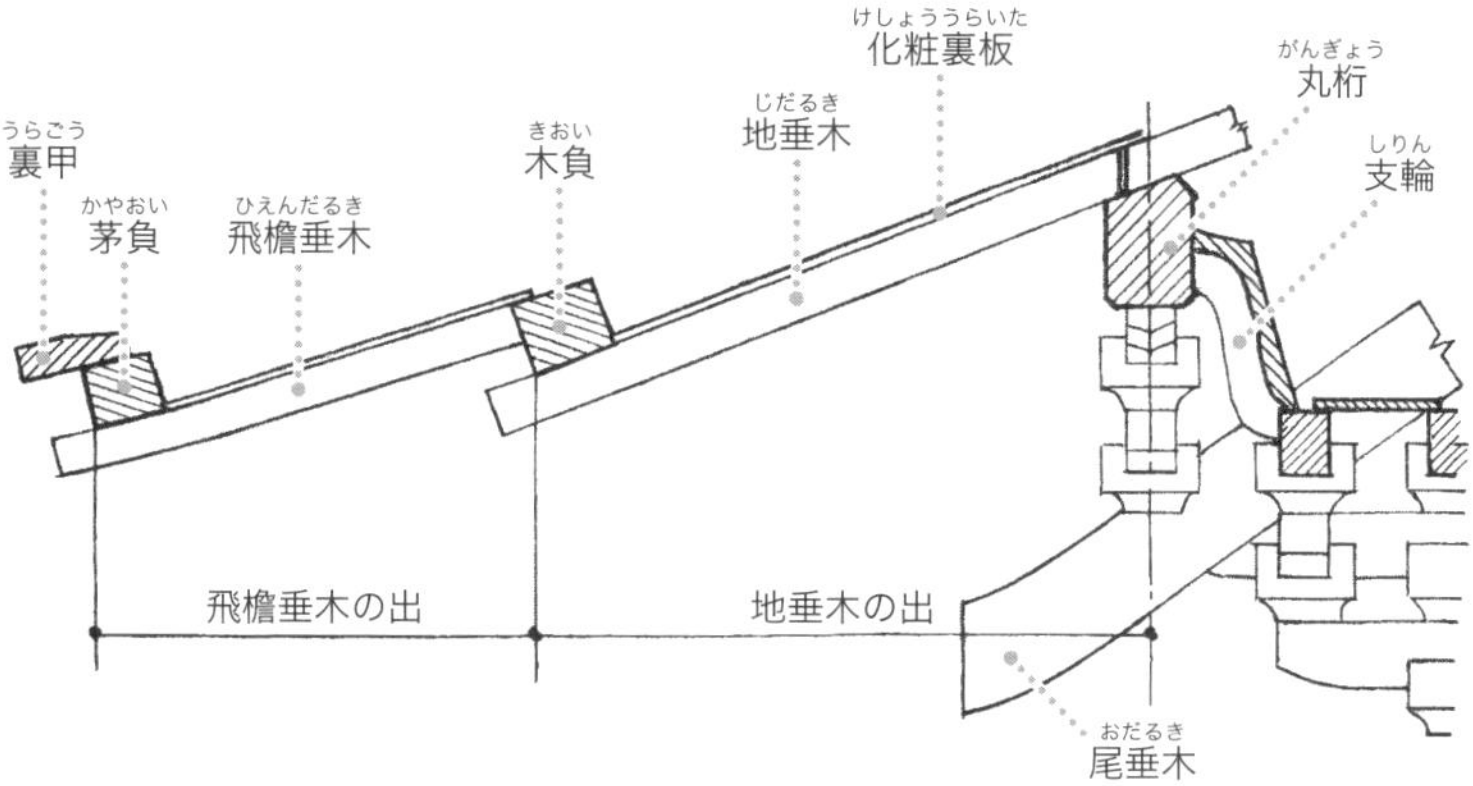

●野小屋《のごや》の例（平等院鳳凰堂）

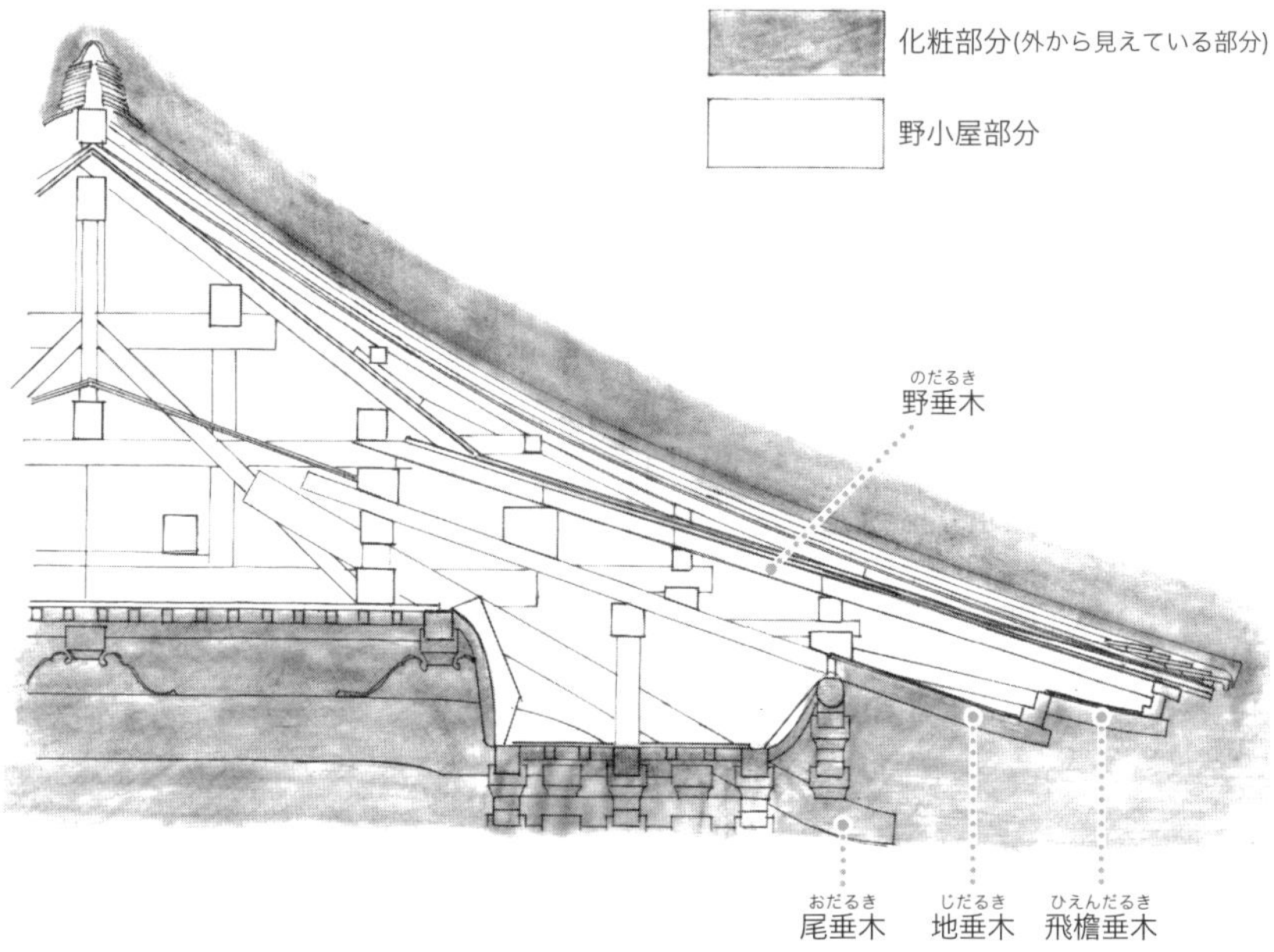

◆平安時代の和様の展開

和様についてはこれまで見てきた通りだが、和様の流れにあるものの、密教や浄土教など教義の中身を反映して個性的な建築になったものや鎌倉時代以降の本堂建築につながるものなど、様々な展開があった。

・**醍醐寺**（京都市伏見区）

真言宗醍醐派の総本山で、醍醐山頂の上醍醐《かみだいご》と山麓の下醍醐《しもだいご》に分かれている。**上醍醐**は山地に寺院が点在する**密教の堂塔伽藍**《どうとうがらん》の特徴をよく伝えている。

下醍醐にある五重塔の組物は**三手先**《みてさき》**の完成形**と言われている。また、塔の下から上への逓減率が程よく、わが国でもっとも良い形の五重塔ではないかと言われている。塔内部には彩色が施され、平等院鳳凰堂内部の彩色に影響したと考えられている。同じく下醍醐にあり、平安時代後期に建築された醍醐寺金堂（和歌山県湯浅から移築）は、広めの**内陣**《ないじん》（仏像と修行者の空間）と狭い**外陣**《げじん》（礼拝者の空間）がはっきり区別されており、鎌倉時代の**本堂**建築に至る古い形を思わせる。

・平等院鳳凰堂（京都府宇治市）

藤原氏の別荘があった地にあり、藤原頼通により建立された。鳥が羽ばたく姿のような**大棟**《おおむね》の両端に一対の青銅製の鳳凰を上げる。堂を観る人が西方極楽浄土を念じることができるよう、堂と仏像が東を向く形でつくられており、堂の東側の池には橋がないなど、現世と極楽の距離を強調している。阿弥陀信仰を建築に具現化した**浄土建築**の典型である。

組物は「**三手先**《みてさき》」、軒は「**地円飛角**《ちえんひかく》」の**二軒**《ふたのき》、**中備**《なかぞなえ》には**間斗束**《けんとづか》があるなど、従来の和様だが、屋根には「**野屋根**《のやね》」工法が採用されており（外からは見えない）、平安時代の特徴を伝えている（63頁参照）。

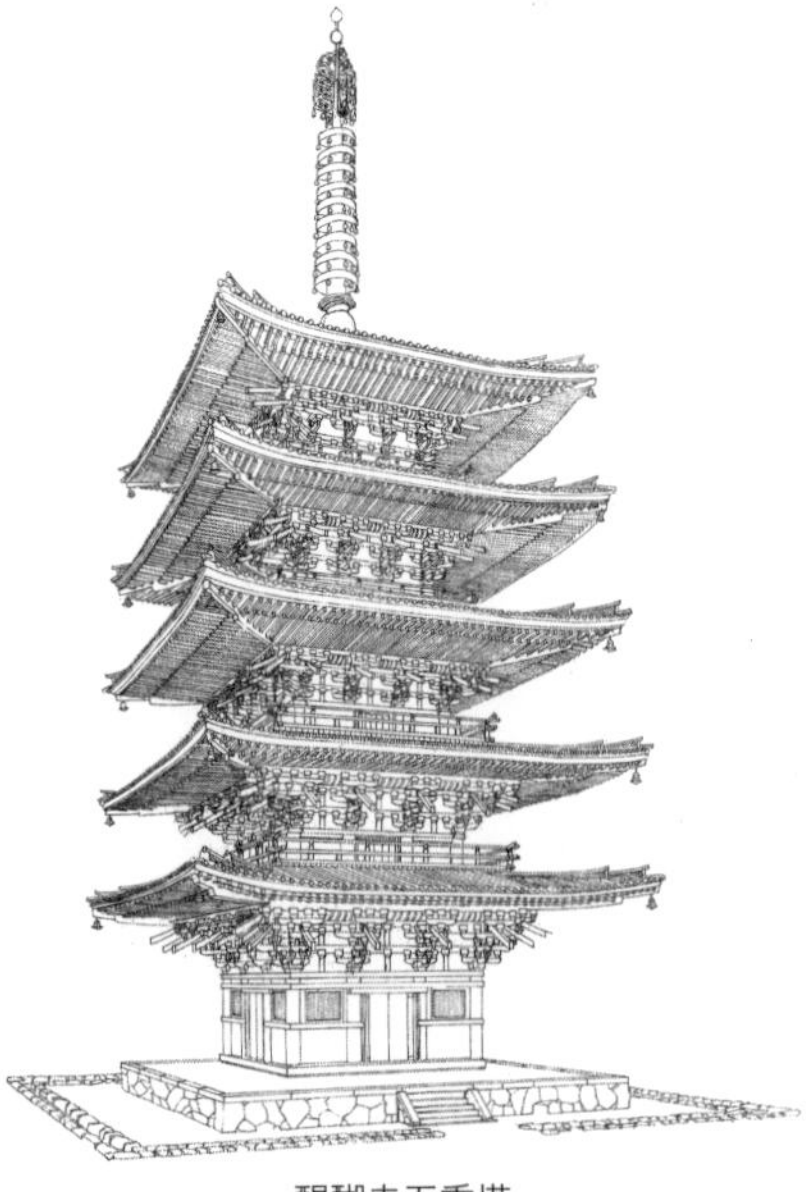

醍醐寺五重塔

【寺院③大仏様】

東大寺南大門・大仏殿

挿肘木《さしひじき》がつくる力強いデザイン

大仏様《だいぶつよう》を伝える南大門と大仏殿

近鉄奈良駅東口から県庁前の通りを東へ歩き、大仏殿交差点で北上すると東大寺南大門が見えてくる。**南大門**《なんだいもん》をくぐると右に東塔院、左に西塔院の伽藍があり、中門を経て**金堂**《こんどう》（**大仏殿**）や正倉院《しょうそういん》などの多数の建物がある広大な境内がひろがっている。

東大寺は、天平16（743）年に聖武天皇が「盧舎那仏造顕の詔《るしゃなぶつぞうけんのみことのり》」を発したのに始まり、延暦20（801）年に大体の完成を見た巨大寺院である。幾度かの兵乱による焼失を経て、鎌倉時代と江戸時代に二度大きな再建事業が行われて現在に至っている。

東大寺の建築的な見どころは、なんといっても南大門と大仏殿に見られる**大仏様**の建築である。東大寺再建の歴史と関わった人々の努力のあとを偲びつつ、大仏様の特徴を見ていこう。

ポイント

純粋な大仏様を伝える南大門

大仏様の特徴を見る前に、東大寺再建の歴史を整理しておこう。

天平時代に聖武天皇の詔《みことのり》によって始まり、平安時代初期までに和様によって建築された東大寺は、興福寺に比べると兵火による被害は少なく、治承4（1180）年まではほぼ当初の姿を保っていた。しかし、治承の兵火で伽藍は灰燼に帰し、大勧進に任命された僧・**重源**《ちょうげん》によって再建が進められた。建久元（1190）年に大仏殿が完成し、建永元（1206）年の重源没後も僧・**栄西**《えいさい》を中心に進められた。この再建にあたって導入されたのが**大仏様**で、重源が現在の中国・浙江省《せっこうしょう》付近で見た漢代の建築様式に重源自身がアレンジを加えたものだと言われている。現存する東大寺の建築の中で、確実に重源が建てた大仏様建築は南大門のみである。

その後、室町・戦国時代に何度かの火災があり、永禄10（1567）年の三好松永の乱による兵火で大仏殿をはじめ多くの堂宇《どうう》が焼失した。ようやく僧・**公慶**《こうけい》によって宝永2（1705）年に再建され、明治の廃仏毀釈による損傷を経て、明治40（1907）年に修理が行われたのが、現在の姿である。

鎌倉時代の大仏殿再建では大きさはそのままに和様を大仏様に変更したが、江戸時代の再建では経済的な事情から大仏殿の正面は一一間から七間に縮小されており、建築様式についても大仏様以外の要素が混ざっている。

東大寺と大仏殿をめぐる動き

年	できごと
天平15（743）年	聖武天皇の大仏造立の詔
平安時代初期	東大寺完成（和様）
治承4（1180）年	兵火で伽藍は灰燼に帰す 大勧進に任命された僧・俊乗坊重源によって再建が進められた
建久元（1190）年	大仏殿が完成（大仏様）
建久5（1194）年	重源が浄土寺（大仏様）を建立
建永元（1206）年	重源没後も僧・栄西を中心に進められた
永禄10（1567）年	兵火で大仏殿をはじめ多くの堂宇が焼失
宝永2（1705）年	僧・龍松院公慶によって再建(縮小)。大仏様以外の要素が混じる

●確実に重源《ちょうげん》が建てた東大寺で唯一の大仏様《だいぶつよう》建築、南大門

他に重源が建てた純粋な大仏様建築としては、浄土寺浄土堂がある。

南大門
正面図

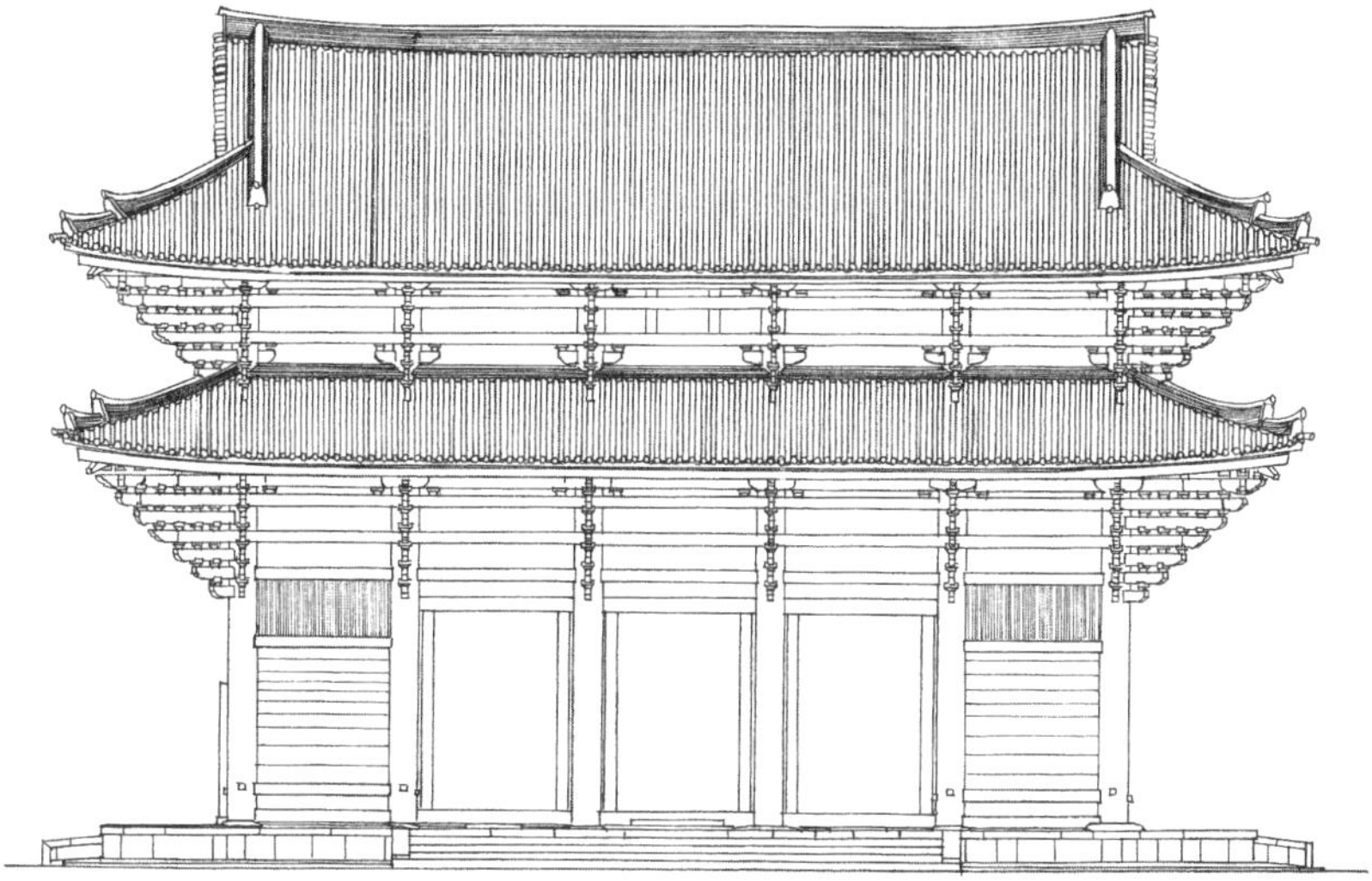

●大仏様以外の要素が混じる大仏殿

江戸時代の再建により、「見どころ③」のような異質な要素が混じっている。

大仏殿
正面図

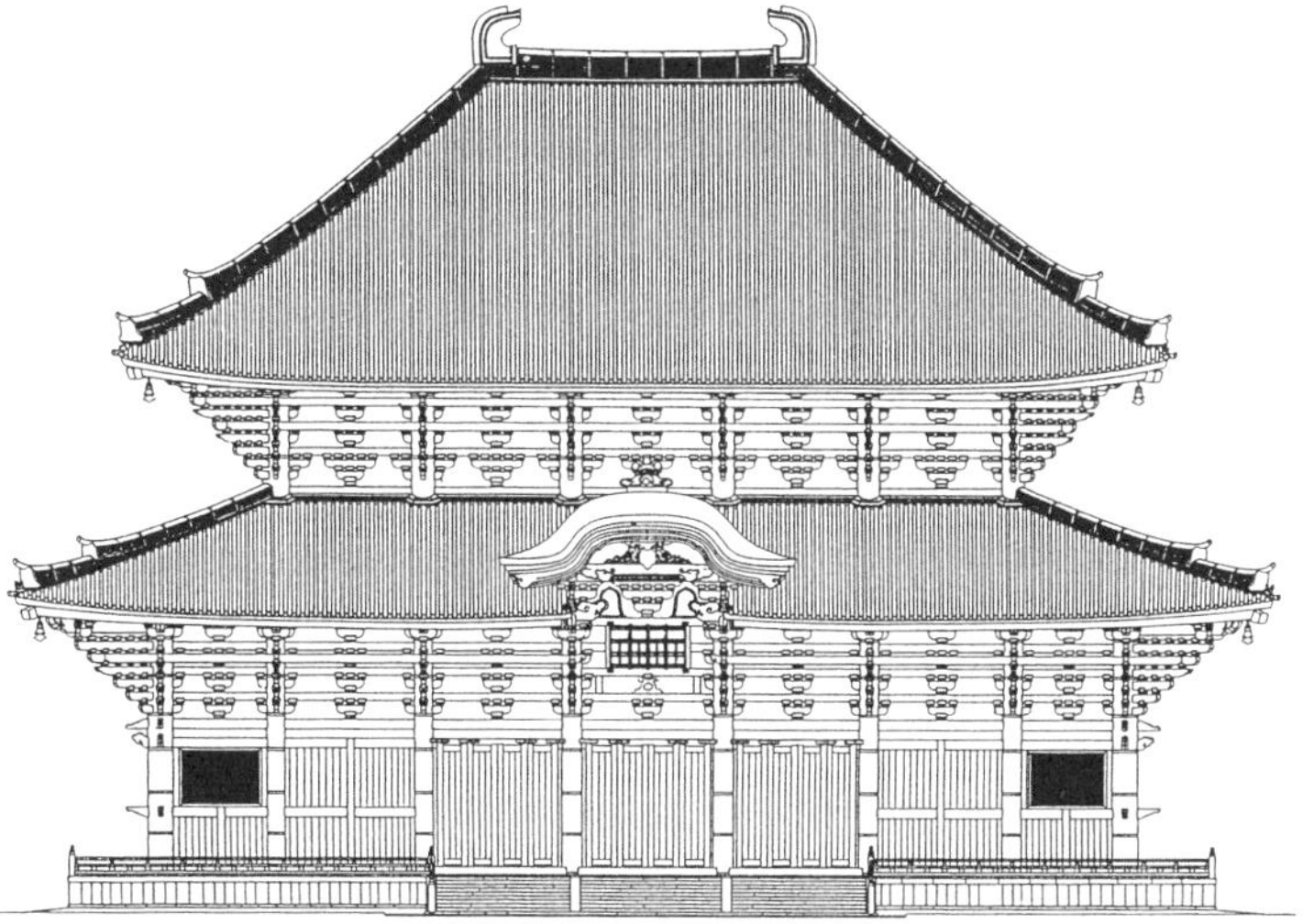

見どころ①

柱に穴を開けて貫《ぬき》・肘木《ひじき》を通している

大仏様を純粋に伝えている東大寺の建築は南大門であるため、以降は主に南大門を中心に見ていこう。

大仏様は、その力強さが特徴であるが、デザインが無骨すぎて日本人に受けが良くなかったためか、純粋な形ではあまり広がらず、後の折衷様《せっちゅうよう》に一部が取り入れられた程度だったが、力学上合理的で、木材を規格化して節約でき、効率的に短期間で大建築ができるというメリットがあった。大仏様では天井を張らないため、以下のような特徴を直接見ることができる。

まず、大仏様では、和様のように長押《なげし》で柱をつなぎ、柱の上の複雑な組物で屋根を支えるのではなく、直径が下部１ｍ、上部85㎝の太い柱に穴を開けて横材（**貫**《ぬき》）を通して柱と柱を連結し、**肘木**《ひじき》（**挿肘木**《さしひじき》・**通し肘木**《とおしひじき》）を通してその上に**斗**《ます》を乗せ、それを繰り返して上方に大きな張り出しを作るという方法をとっている。挿肘木の先端部分（**木鼻**《きばな》＝水平部材の端）には「**繰形**《くりがた》」という曲線的な彫刻が施されていることも特徴だ（72頁図参照）。これは後世の様々な様式の建築で**木鼻彫刻**として取り入れられた。また、柱の上に断面が円に近い二本の**虹梁**《こうりょう》を乗せ、下の**大虹梁**《だいこうりょう》と上の**小虹梁**《しょうこうりょう》の間に三つの**蟇股**《かえるまた》が乗る「**二重虹梁蟇股**《にじゅうこうりょうかえるまた》」の上に**束**《つか》を立てて**棟木**《むなぎ》を支えている。

現存する純粋な大仏様を伝える建物はこの南大門と兵庫県小野市の浄土寺浄土堂だが、鎌倉期再建大仏殿も大仏様の主な特色を伝えている。

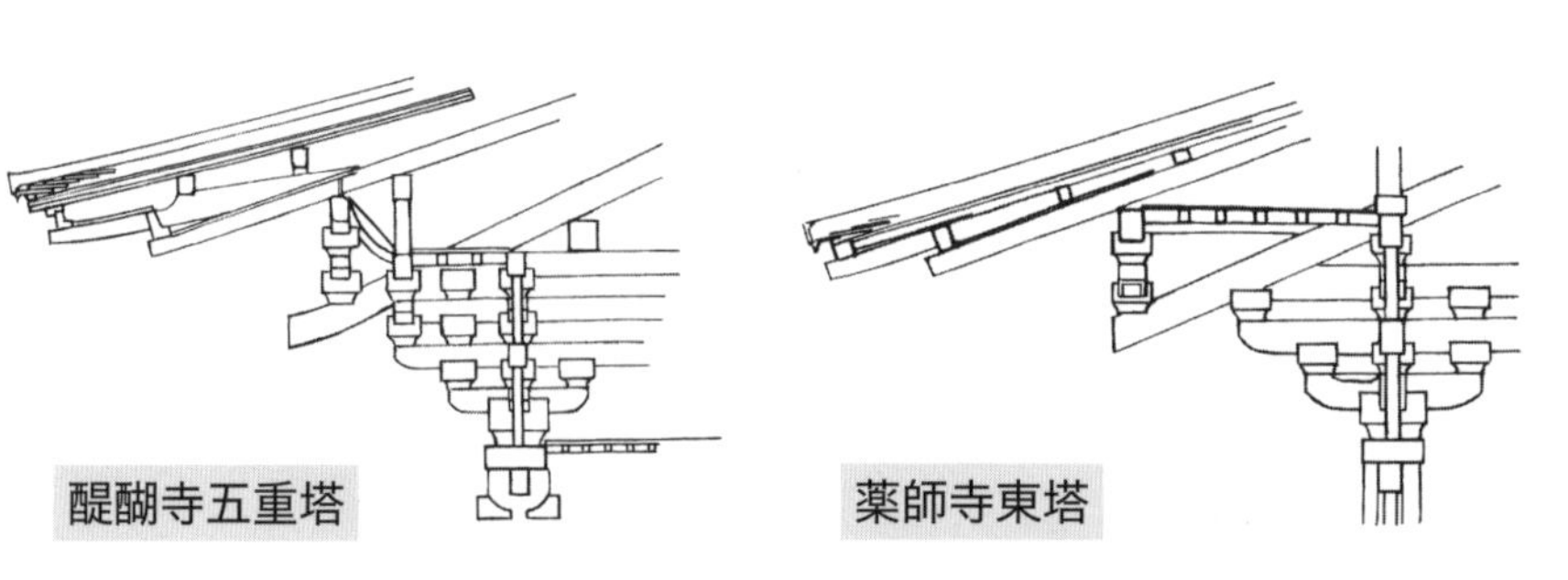

和様の三手先《みてさき》組物（参考）

●大仏様を特徴づける挿肘木《さしひじき》

挿肘木と斗《ます》の繰り返しで、大きな張り出しをつくっている。

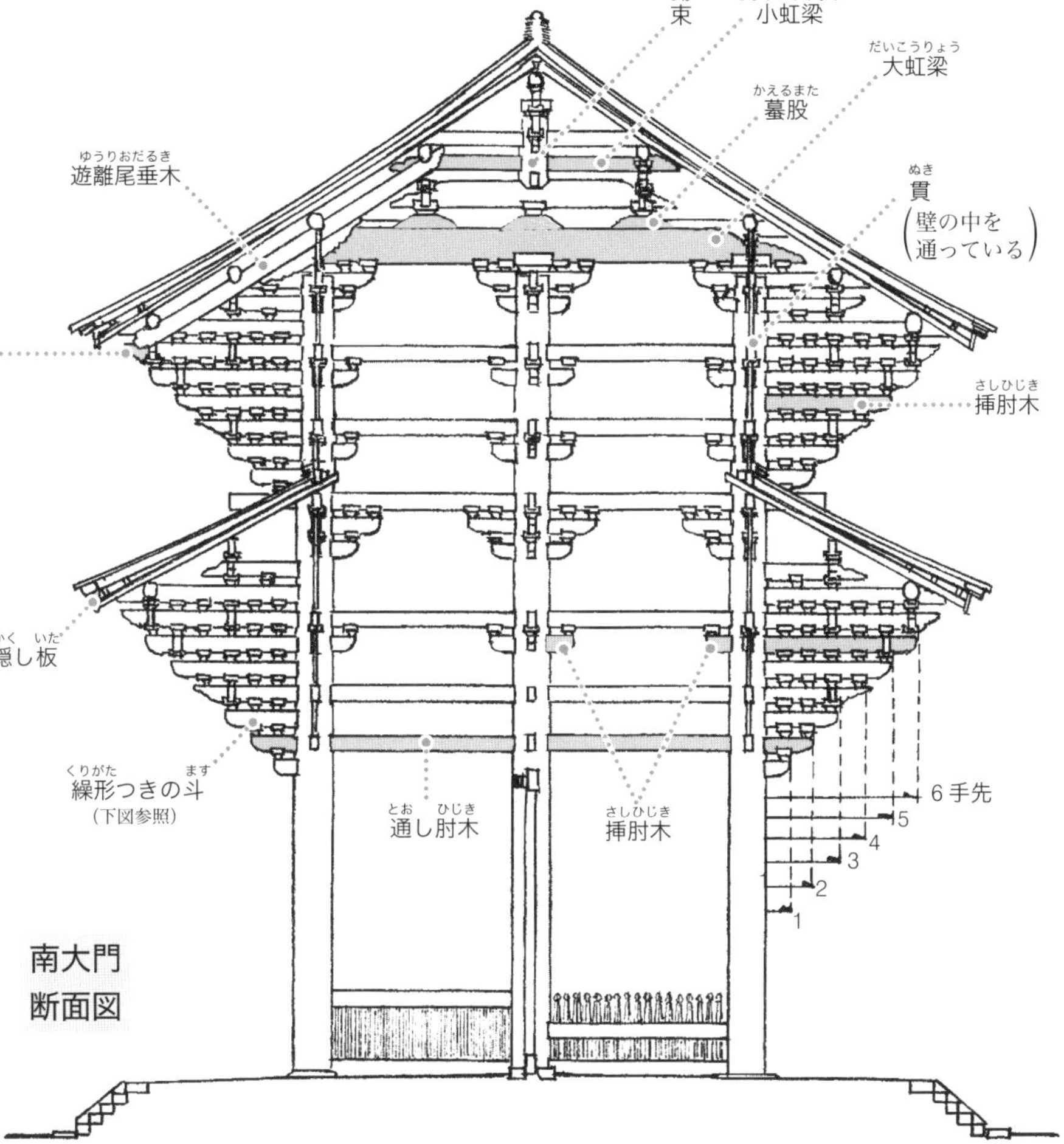

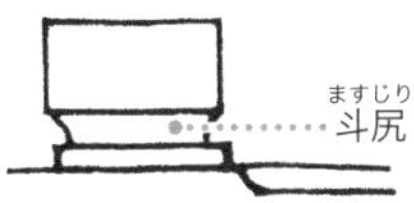

※飛鳥様式の皿斗つき大斗（52頁）に似ているが別のもの。

繰形つきの斗（大仏様）

見どころ②
和様とは異なる垂木《たるき》の使い方

東大寺南大門は上下の屋根がついている二層の建築のように見えるが、**腰屋根《こしやね》**つきの**単層門**と考えた方が良い。幅五間×奥行二間の大きな建物で、**入母屋造《いりもやづくり》**、**本瓦葺《ほんがわらぶ》き**という立派な屋根を支えるために、先述の柱まわりの横材以外にも様々な工夫がなされている。ここでは屋根・軒を支える**垂木《たるき》**について見ていこう。

南大門の軒は**一軒《ひとのき》**で、直材・角断面の垂木が使われている。大仏様の垂木の特徴としては、「てこの原理」を用いて建物内部の屋根の荷重で軒を支えるための**尾垂木《おだるき》**の位置が和様と異なる点が挙げられる。和様では柱の上の組物に尾垂木が組み込まれているが、大仏様においては、柱と柱の間の位置（**中備《なかぞなえ》**）に尾垂木が出ている。これを**遊離尾垂木《ゆうりおだるき》**と言い、南大門では上層の屋根に見られる。

大仏様の軒下でもう一つ特徴的なのは、軒の**出隅《でずみ》**の部分の垂木が放射状になっていることである。これは屋根全体にわたって放射状に垂木を配置する**扇垂木《おうぎだるき》**ではなく、屋根の隅の部分だけ放射状にするもので、**隅扇垂木《すみおうぎたるき》**と言う。垂木を屋根の内部に引き込んで屋根の荷重を分担させるようなものではなく、単に装飾的な意味合いのものである。

また、南大門の上層・下層の屋根両方の垂木の先に「**鼻隠《はなかく》し板《いた》**」と呼ばれる板が張ってあるのも大仏様の特徴である。

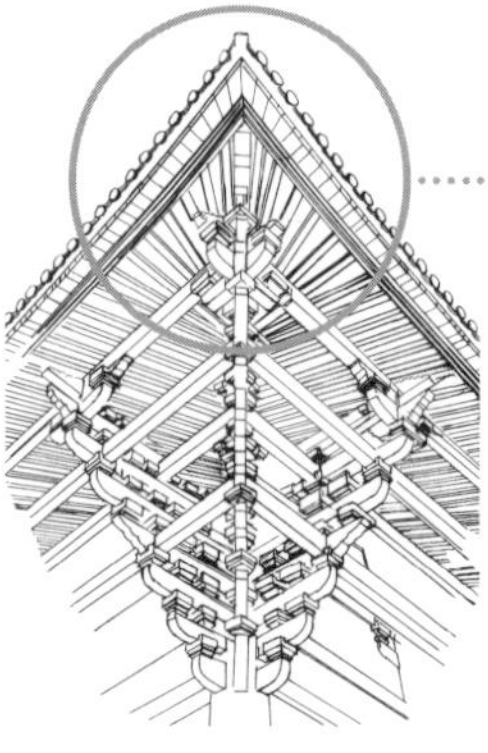

隅扇垂木（東大寺南大門）

●遊離尾垂木《ゆうりおだるき》

和様と異なり、大仏様では中備《なかぞなえ》の位置から尾垂木《おだるき》が出ている。

浄土寺浄土堂

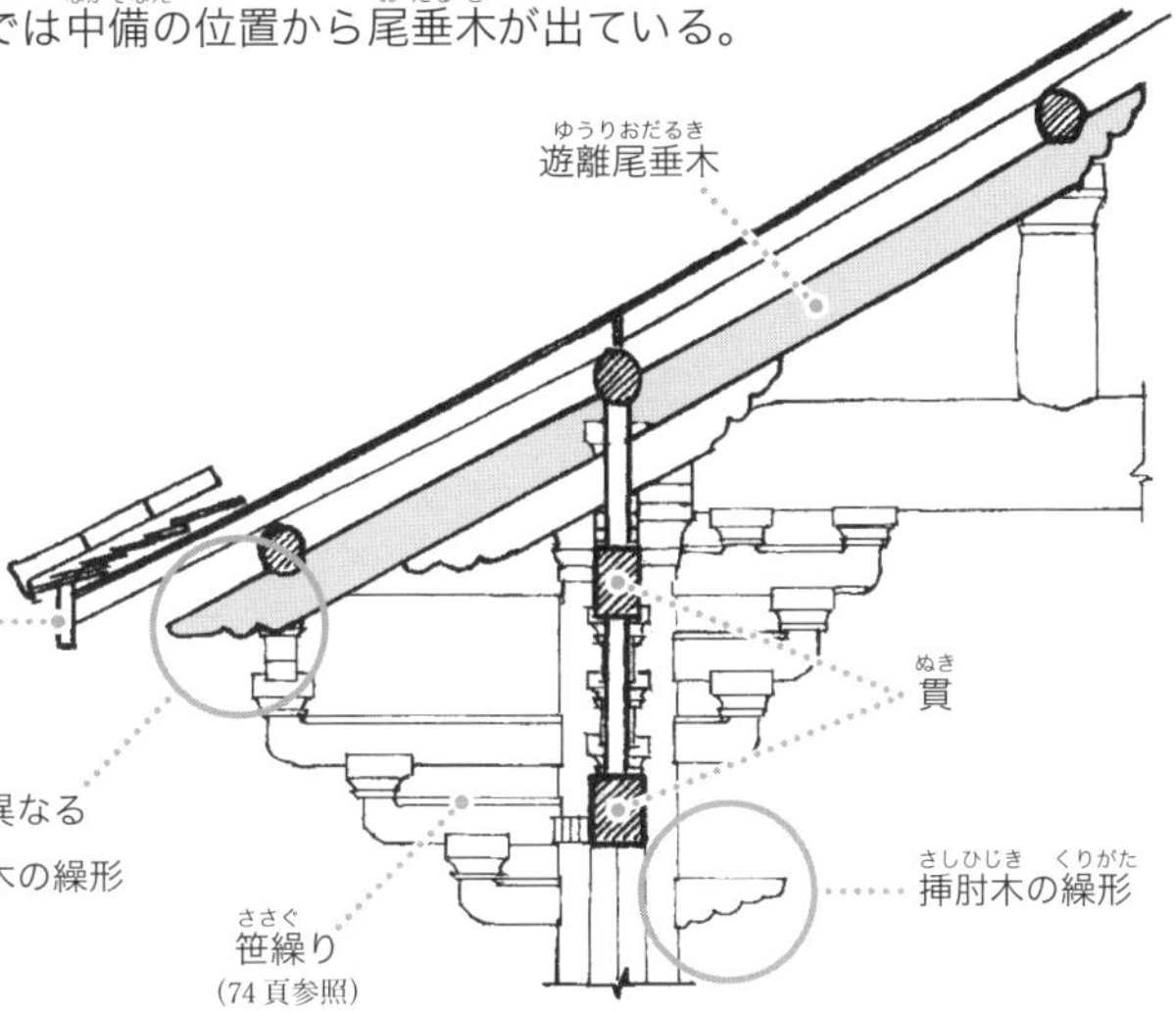

東大寺南大門

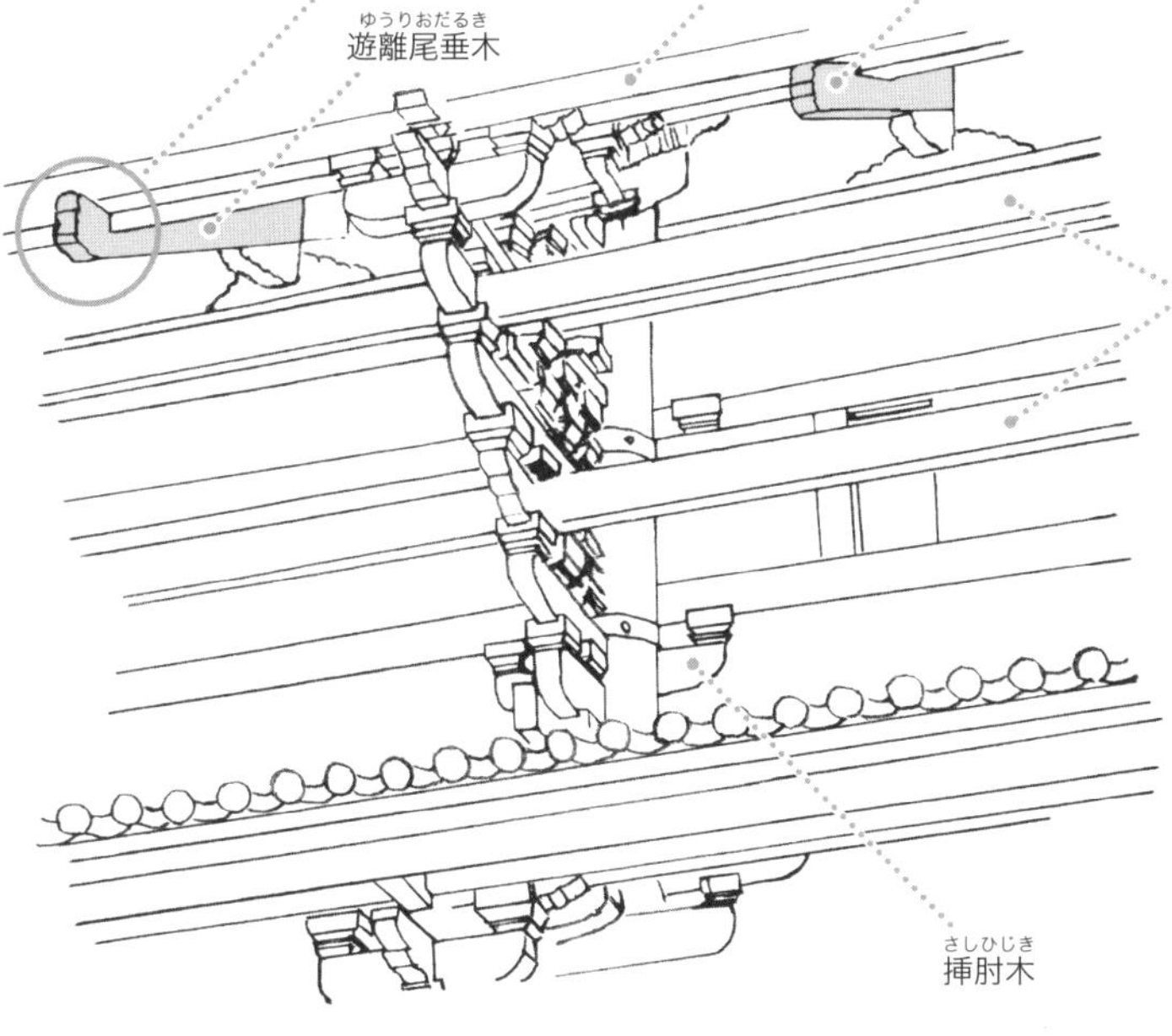

見どころ③ 大仏殿は純粋な大仏様ではない

大仏殿は当初和様で建築され、鎌倉時代に大きさはそのまま大仏様で再建されたこと、江戸時代の再建では大きさが縮小されたことは先に述べた通りである。大仏様というといかにも大仏殿にその様式が完全に伝わっていそうであるが、後世の手法がいろいろと混ざっている。大仏様の特徴については南大門の項目に準じて見ていただくとして、江戸時代の再建時に加わった他の要素を見てみよう。

・正面中央の下層屋根の一間が**唐破風《からはふ》**になっている。

・柱に穴を開けて通した**貫《ぬき》**材の端に**禅宗様の木鼻《きばな》**がついている。**大仏様の木鼻**は三段の段がついているだけであったが、禅宗様の木鼻は雲型になっているので、注目していただきたい。

・本来大仏様は天井を張らないが、大仏殿内部の中央三間は**格天井《ごうてんじょう》**といって木を格子状に組んで上に板を張った天井になっており、その周囲はそれより下に格天井が張られている。

・本来大仏様では**遊離尾垂木《ゆうりおだるき》**が出ている**中備《なかぞなえ》**の位置に**平三斗《ひらみつど》**（大斗の上に肘木を置き、上に斗《ます》を三つ並べたもの〔左図参照〕）がある。

これは、大仏様が純粋な形では普及しなかったこと、江戸時代にはいろいろな様式を取り入れる**折衷様《せっちゅうよう》**が普通だったことから、鎌倉時代の大仏様を復元しようとする意図と現場の大工の妥協の結果と考えられる。

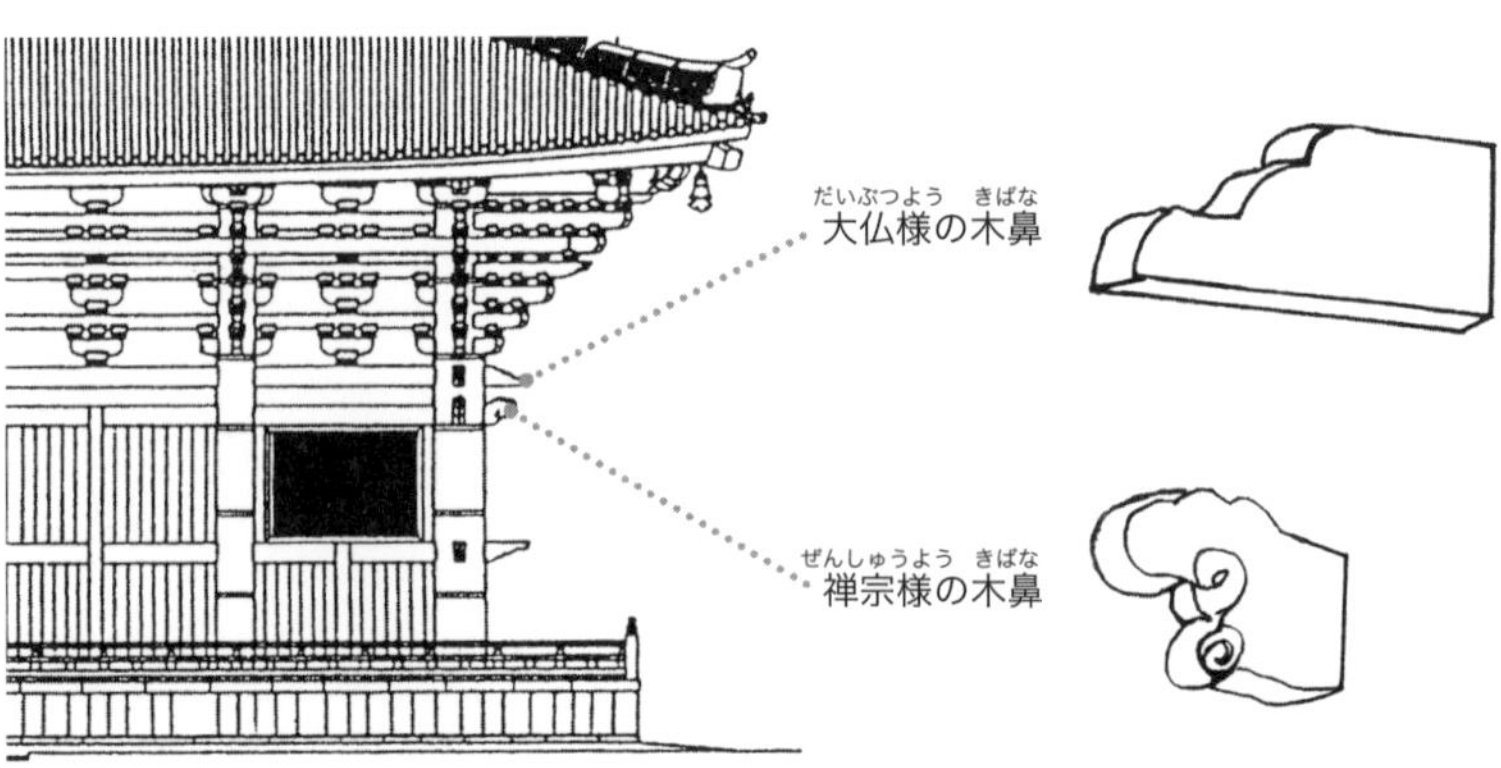

大仏殿の木鼻の種類

●大仏殿の中備《なかぞなえ》

本来大仏様なら遊離尾垂木《ゆうりおだるき》が出ているところに平三斗《ひらみつど》がある。

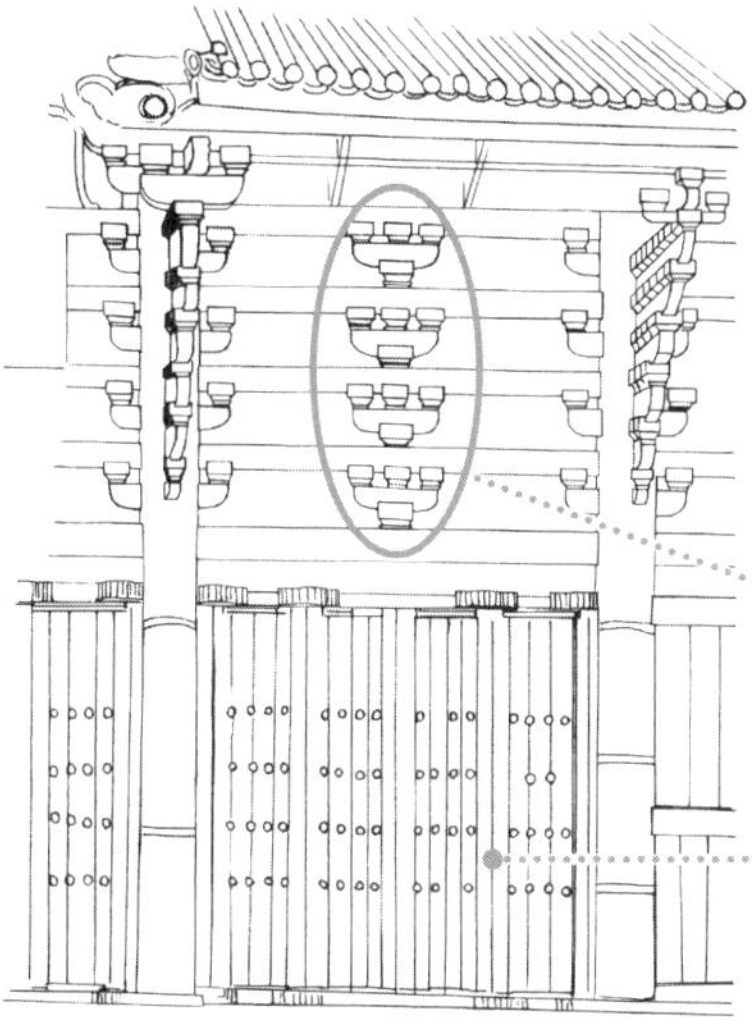

※大仏様の建具
　桟唐戸を用い、藁座《わらざ》で釣り込む点は
　禅宗様と共通である。

●大仏殿の格天井《ごうてんじょう》

本来大仏様では天井を張らないが、大仏殿では格天井になっている。

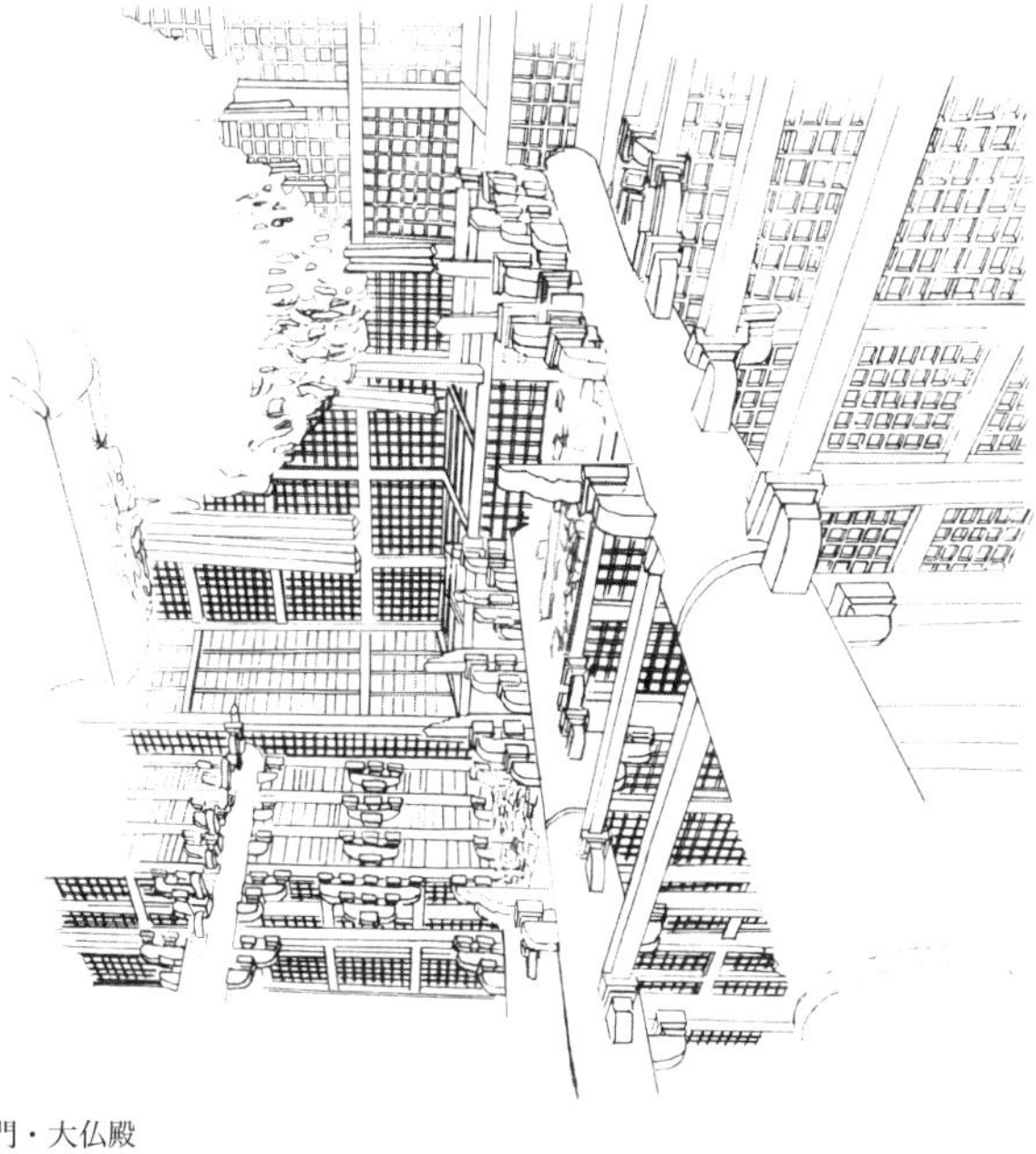

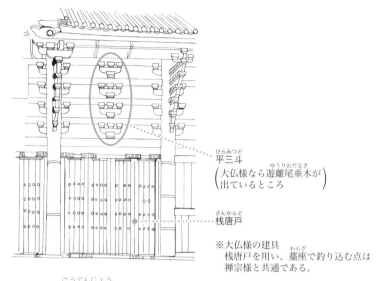

◆純粋な大仏様を伝える浄土寺浄土堂

重源のもたらした純粋な大仏様を伝えるのは東大寺の南大門と兵庫県小野市の浄土寺浄土堂のみであるが、この浄土寺は、東大寺再建に目処がついた頃に重源が播磨の別当として建立したものである。建久5（1194）年に浄土堂は建てられたとされている。

浄土堂は、境内の西に東向きに建つ、方三間《ほうさんげん》、単層、本瓦葺《ほんがわらぶ》きの建物で、「挿肘木《さしひじき》」「遊離尾垂木《ゆうりおだるき》」などの大仏様の特徴は東大寺南大門と同じであるが、以下のような特徴を持っている。

・南大門の組物の斗《ます》が一直線に綺麗にくみ上げられているのに対し、浄土堂の場合は千鳥《ちどり》の配置になっている。

・組物を構成する**肘木《ひじき》**の上面に**笹繰り《ささぐ》**（上面の面取り）がつけられている。

・**隅扇垂木《すみおうぎだるき》**は内部一本目の身舎《もや》まで伸びているが、南大門では軒のみが隅扇垂木。

・**遊離尾垂木**の**木鼻《きばな》**の**繰形《くりがた》**は南大門と違う形になっている（71頁参照）。

東大寺再建に際しては、新様式を持ち込む重源と伝統ある南都の大工集団との間に確執があり、妥協を繰り返さなければならなかったが、浄土寺は重源の思いのままに建てられたものと考えられ、それが両者の違いに現れていると言える。

なお、本堂の西面の蔀戸《しとみど》から入る落日の直射光が阿弥陀如来・観音菩薩・勢至菩薩の三尊像に光の光背《こうはい》をつくりだすことでも有名である。

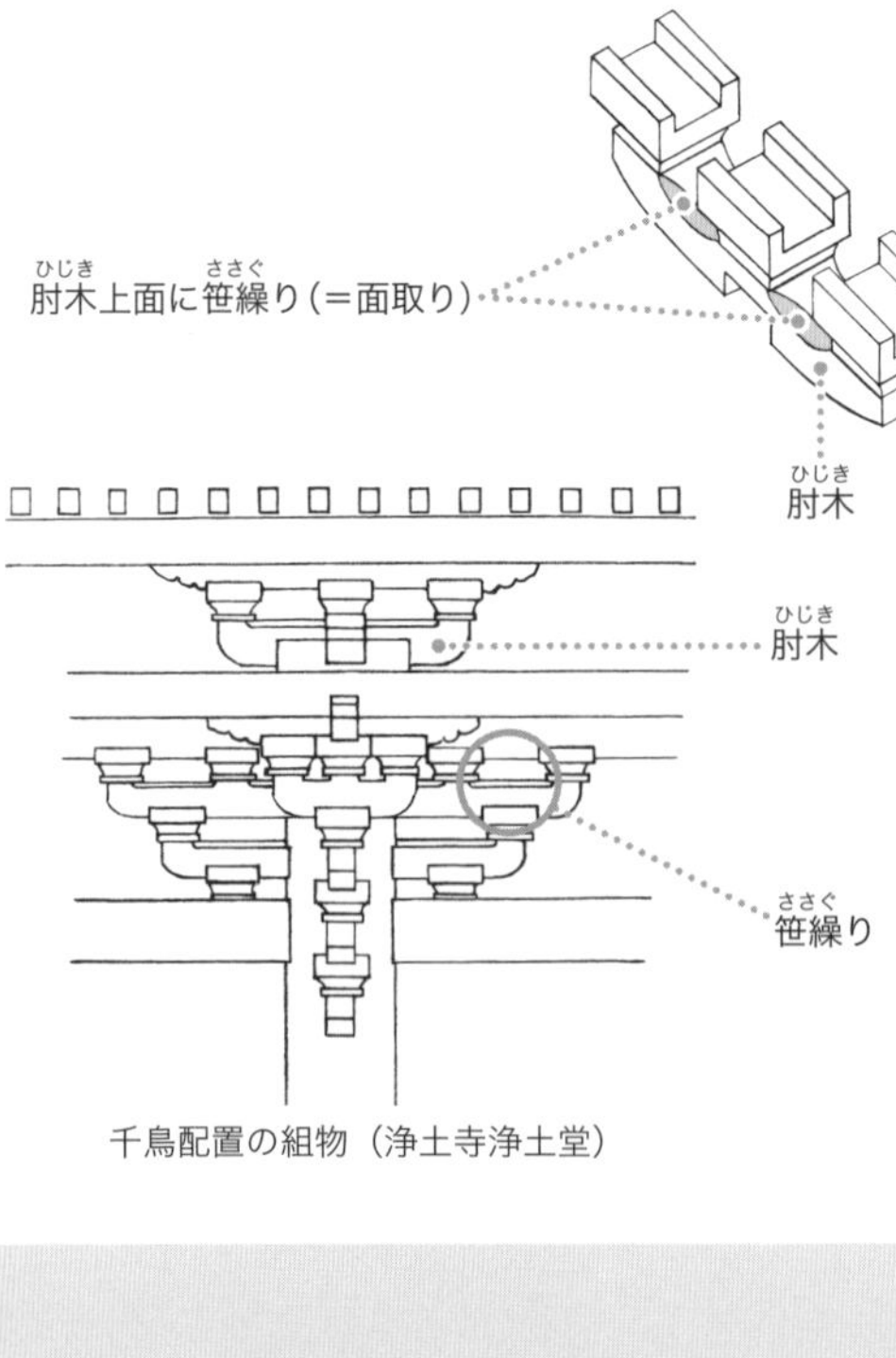

千鳥配置の組物（浄土寺浄土堂）

【寺院④禅宗様】

大徳寺三門・仏殿・法堂

曲線の多用と密集する組物

禅宗造のお手本

京都市北区紫野《むらさきの》にある大徳寺は臨済宗大徳寺派の大本山であり、地下鉄北大路駅からバスですぐのところにある。

宗峰妙超《しゅうほうみょうちょう》（興禅大燈国師《こうぜんだいとうこくし》）が紫野に草庵を結んで大徳と称したことがこのお寺の始まりとされている。嘉暦元（1326）年に法堂《はっとう》ができ、開山として宗峰妙超が入寺することで、公式に大徳寺が成立したとされている。

大徳寺は一時衰退したが、一休宗純《いっきゅうそうじゅん》や堺の豪商たちの努力で再興し、文明10（1478）年に方丈《ほうじょう》ができ、同11年に法堂が落成した。その後、禅と茶の湯が融合した独自の路線を歩んでいる。

禅宗様《ぜんしゅうよう》の建築で大徳寺よりも古いものはあるが、大徳寺は禅宗様として整っていてわかりやすい。大徳寺の三門・仏殿・法堂を見ながら、禅宗様の特徴を理解していこう。

ポイント
宋から導入された当時最先端の建築様式

禅宗様は「**唐様**《からよう》」とも言い、大仏様と同じく、鎌倉時代初期に当時の宋から日本に導入された様式である。当時の先進国である宋の様式をそのまま真似することが目指されたため、「**宋様式**」とも呼ばれる。日本国内で大きな木材が不足した時代だったことも、柱・梁《はり》・垂木《たるき》が細い禅宗様の普及につながった要因と考えられている。

禅宗様を日本にもたらした僧・明庵栄西《みょうあんえいさい》は、仁安3（1168）年に宋に入り、建久2（1191）年に帰国している。東大寺再建を担った重源《ちょうげん》が大陸から建築様式を導入することを目的としたのに対し、栄西は禅宗の輸入にともなって禅宗建築の様式も輸入したわけだが、大仏様に比べて禅宗様は後の世にも受け継がれ、時代が下っても割合忠実にその様式を保っている。

栄西は数々の寺院を創建した。初期には禅宗自体がすぐには受け入れられなかったため、禅宗様も純粋な形では取り入れられなかったが、少なくとも**建仁寺**《けんにんじ》より後の禅宗寺院は禅宗様でつくられたことが分かっている。

禅宗様の遺構では鎌倉時代末期、元応2（1320）年の**巧山寺仏殿**《こうざんじぶつでん》（山口県）が古く、次いで室町時代前期と言われる**永保寺開山堂**《えいほうじかいざんどう》と**観音堂**《かんのんどう》（岐阜県）、安土桃山時代の**正福寺地蔵堂**《しょうふくじじぞうどう》（東京都）、同時期前後の**円覚寺舎利殿**《えんがくじしゃりでん》（神奈川県）などがある。

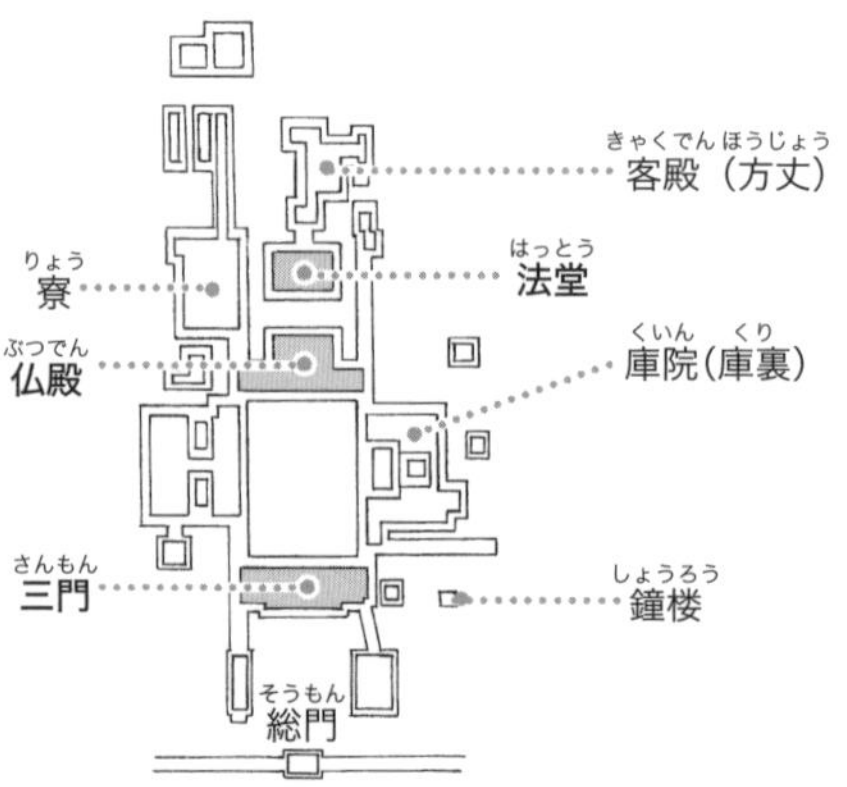

建長寺の例

禅宗寺院の伽藍配置　三門・仏殿・法堂が一直線に並ぶのか基本。大徳寺もこの配列になっている。

●禅宗様の仏殿

屋根などの曲線を強調したデザインや、軒下に密集する組物などが禅宗様の特徴。

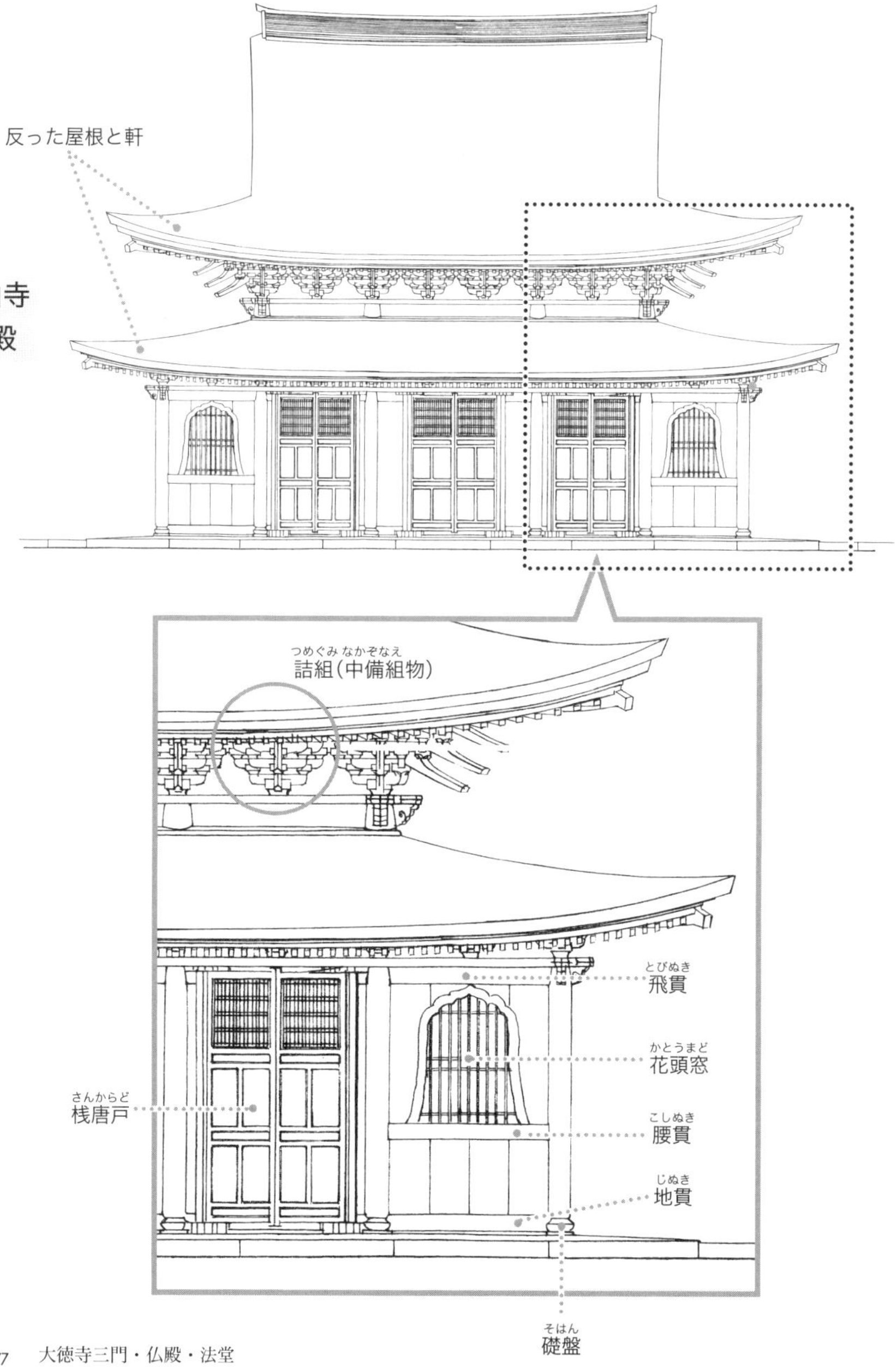

功山寺
仏殿

見どころ①

細い柱・梁と軒下に密集する組物

禅宗様の特徴は、全般的に柱・梁などの材が細めで繊細な印象を与える点と、全体的に曲線を強調したデザインが随所に見られる点である。また柱と屋根をつなぐ組物や天井・床なども和様とは違い特色が見られる。まず、柱の周辺から見ていこう。

基壇上に四角い礎石《そせき》と丸い礎盤《そばん》を置き、柱はその礎盤の上に立っている。柱はすべて円柱で、柱の上下は丸みを帯びており、「粽柱《ちまきばしら》」と呼ばれている。柱には大仏様と同様に横部材の貫《ぬき》（下から地覆《じふく》・腰貫《こしぬき》・飛貫《とびぬき》・頭貫《かしらぬき》）が通っており、柱上部の頭貫の上には台輪《だいわ》と呼ばれる横部材が載っている。

和様や大仏様では、組物は柱の上にあって屋根の荷重を支えるものであったが、禅宗様の場合、柱の上だけでなく柱と柱の間の場所（中備《なかぞなえ》）にも組物（中備組物《なかぞなえくみもの》）がある点が特徴で、これを「詰組《つめぐみ》」と言う。

禅宗様では木部には色を塗らず、小口《こぐち》（垂木《たるき》などの材の断面部分）に胡《ご》粉《ふん》を塗る程度だが、建物の内部は極彩色で飾り立てるのが特徴で、外部と内部の差も見どころである。

その他、柱と柱の間にある扉は、従来の板唐戸《いたからど》に代わって「桟唐戸《さんからど》」と呼ばれる扉を、上下の「藁座《わらざ》」という丸い部材で固定している。また天井には格天井《ごうてんじょう》のような格縁《ごうぶち》がなく、何枚もの板を張った鏡天井《かがみてんじょう》になっており、床は板張りではなく斜め45度の瓦敷き（四半瓦敷《しはんかわらじき》）なのも特徴である。

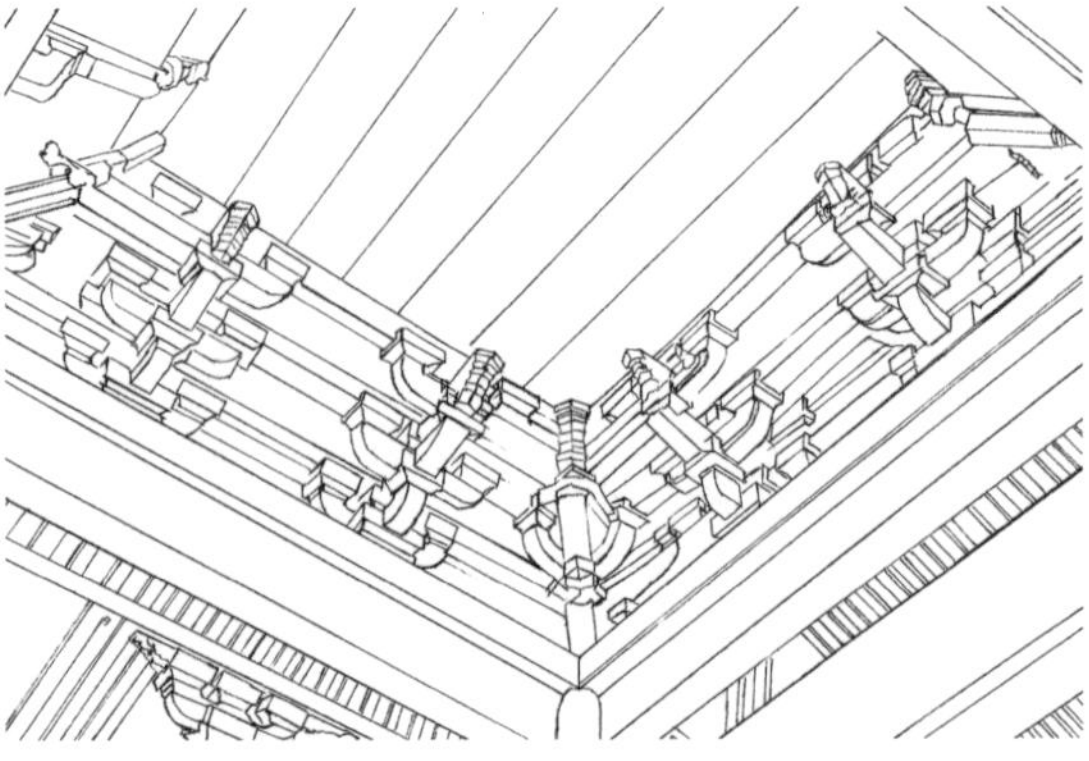

鏡天井《かがみてんじょう》

●禅宗様の三手先《みてさき》

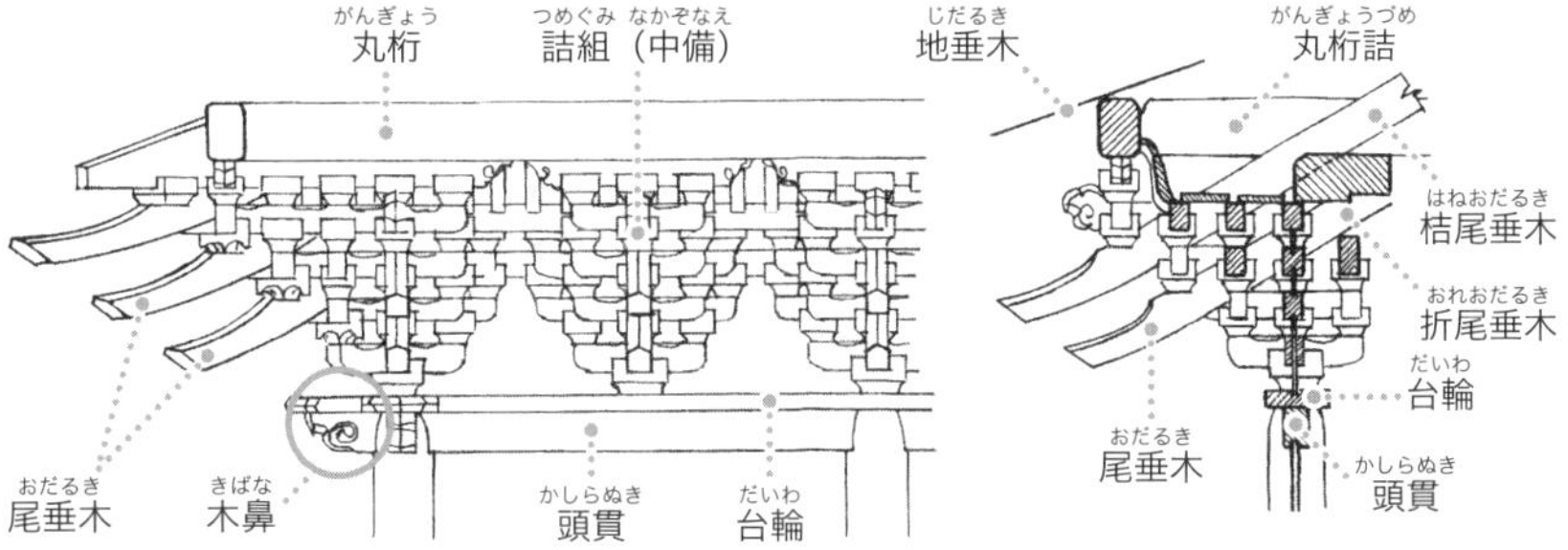

●各種の桟唐戸《さんからど》

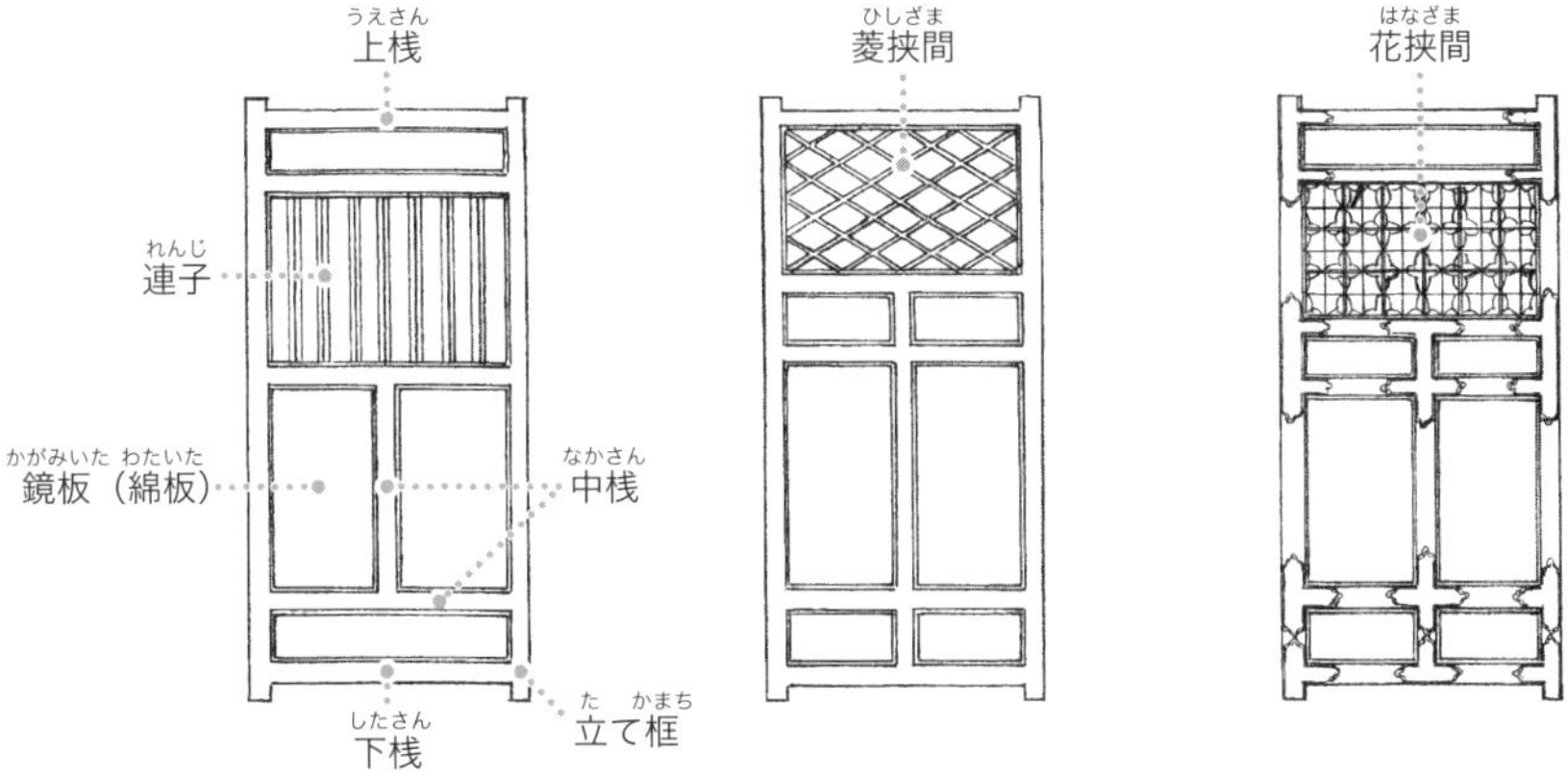

●禅宗様の柱まわり

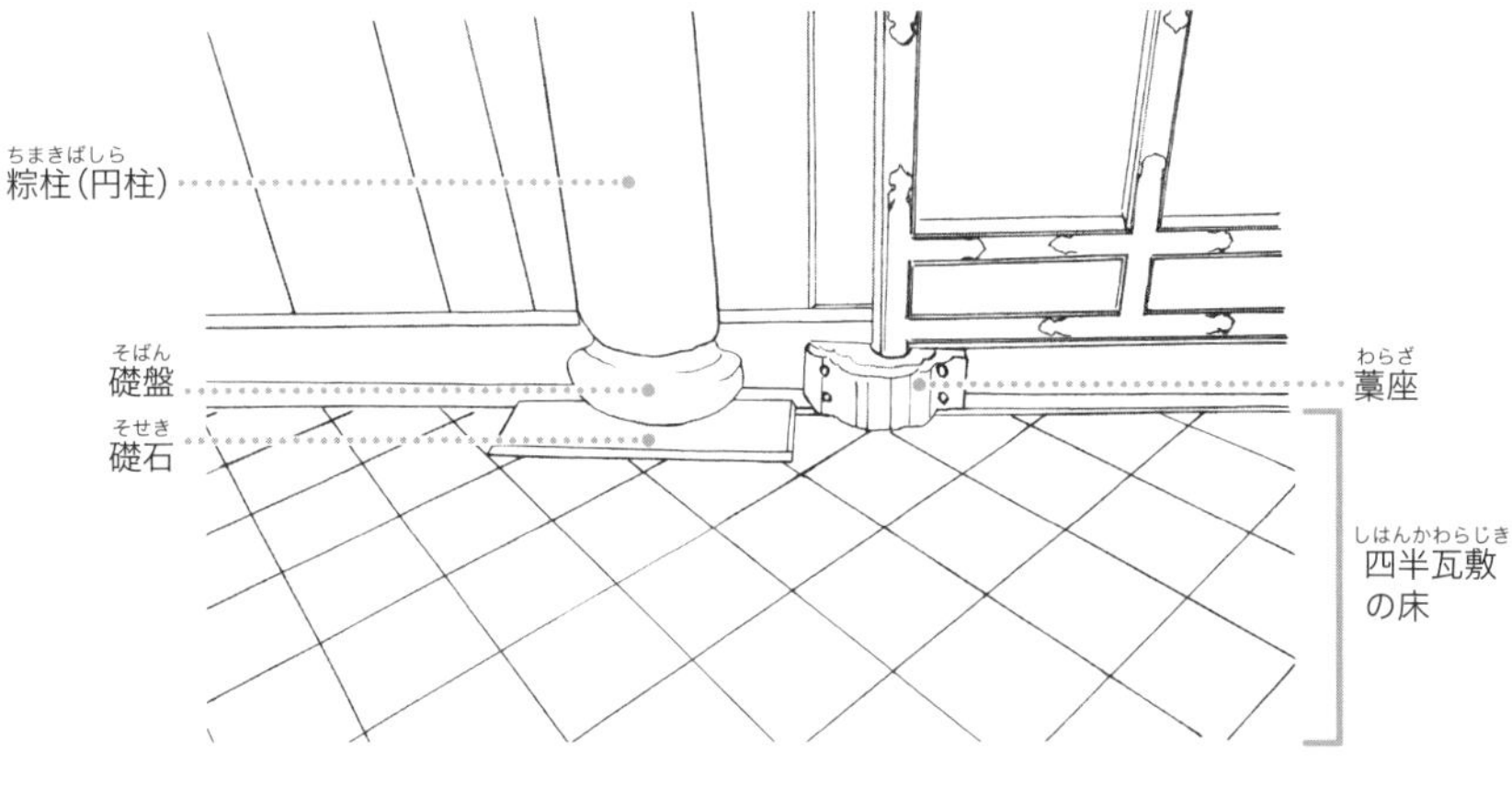

見どころ② 曲線を強調したデザイン

禅宗様のもう一つの大きな特徴は、曲線を多用した細部のデザインである。屋根・軒から、柱・梁、窓に至るまで様々な箇所に禅宗様を特徴づける曲線が見られる。

まず注目はそのピンと反った両端の**屋根**と**軒**。禅宗様が宋様式と呼ばれるように、中国風建築を直輸入した様式であることを如実に示している(屋根の下に**裳階**《もこし》が付いている場合は、屋根よりも裳階の方が傾斜が水平に近いのも禅宗様の約束事である)。軒の下の**扇垂木**《おうぎだるき》・**尾垂木**《おだるき》にも反りがあり、尾垂木の**木鼻**《きばな》に**鎬**《しのぎ》が付いているのも禅宗様の特徴である。

次は柱。前項でも見た通り、柱の上下がわずかに丸みを帯びており(**粽**《ちまき》**柱**《ばしら》)、柱の下には丸い**礎盤**《そばん》が敷かれている。また、柱の上の**肘木**《ひじき》の**木鼻**《きばな》部分は円弧を描いている。

身舎《もや》を支える**本柱**《ほんばしら》と軒・庇を支える**側柱**《がわばしら》をつなぐ「**海老虹梁**《えびこうりょう》」も禅宗様の大きな特徴である。本柱と側柱の高さが異なるため、海老のように反っていることからこう呼ばれている。

この他、窓関係にも曲線を強調したデザインが見られる。窓や唐戸《からど》の上の**欄間**《らんま》には**波連子**《なみれんじ》が見られ、窓自体の形も花の上部を思わせる形にデザインされており、**花頭窓**《かとうまど》と呼ばれている。花頭窓は日本人の好みに合ったようで、後に書院造の城や住宅にも取り入れられた。

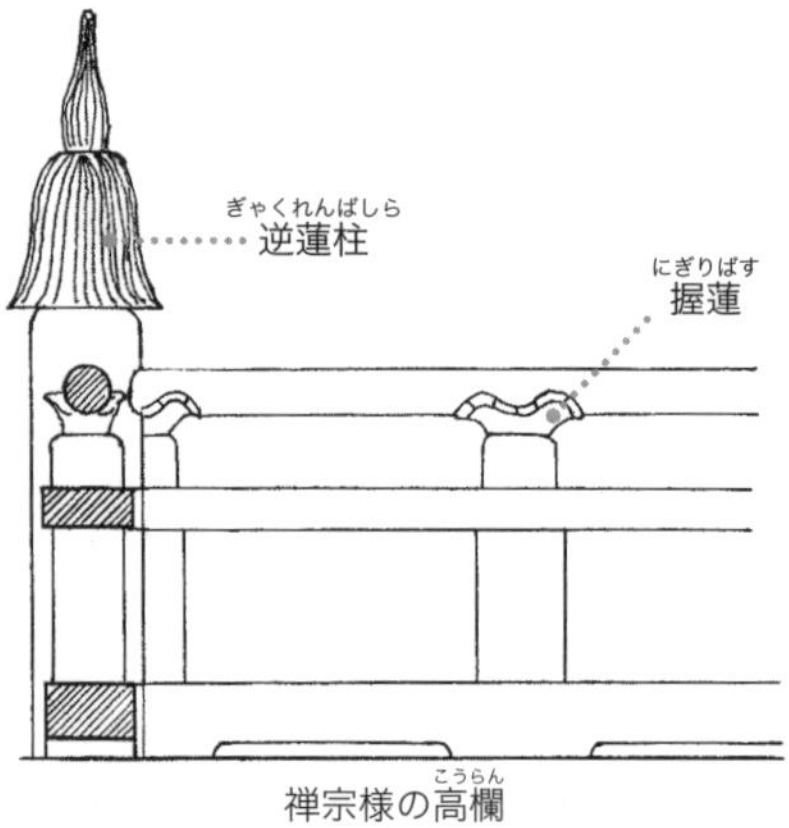

禅宗様の高欄《こうらん》

●禅宗様の尾垂木《おだるき》

尾垂木の反りと木鼻《きばな》の鎬《しのぎ》が禅宗様の特徴。

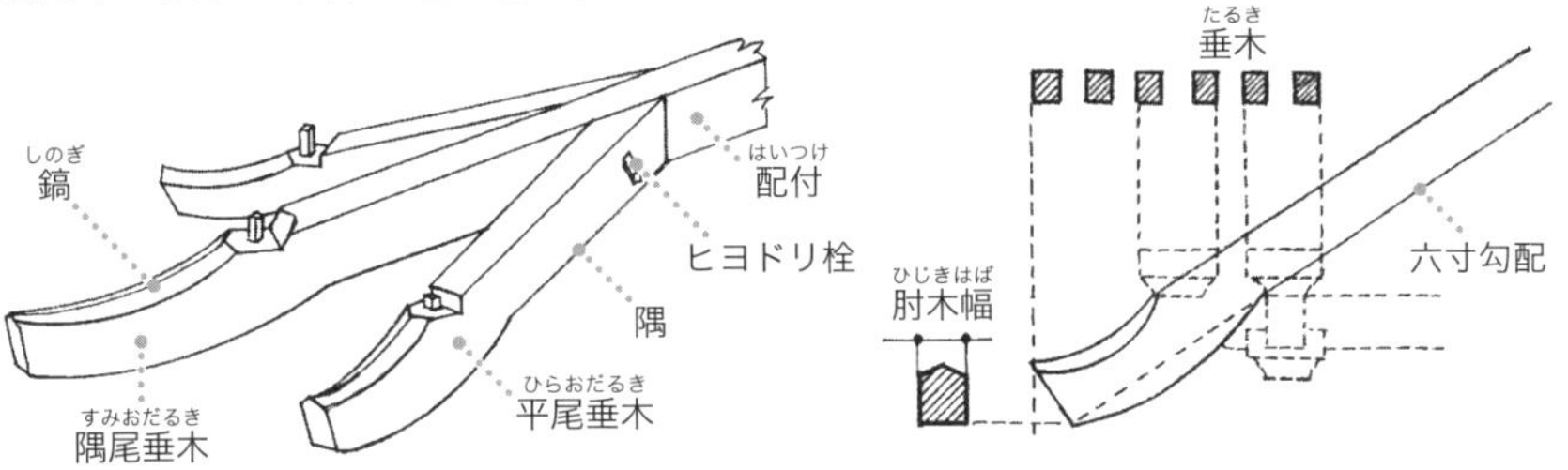

●海老虹梁《えびこうりょう》

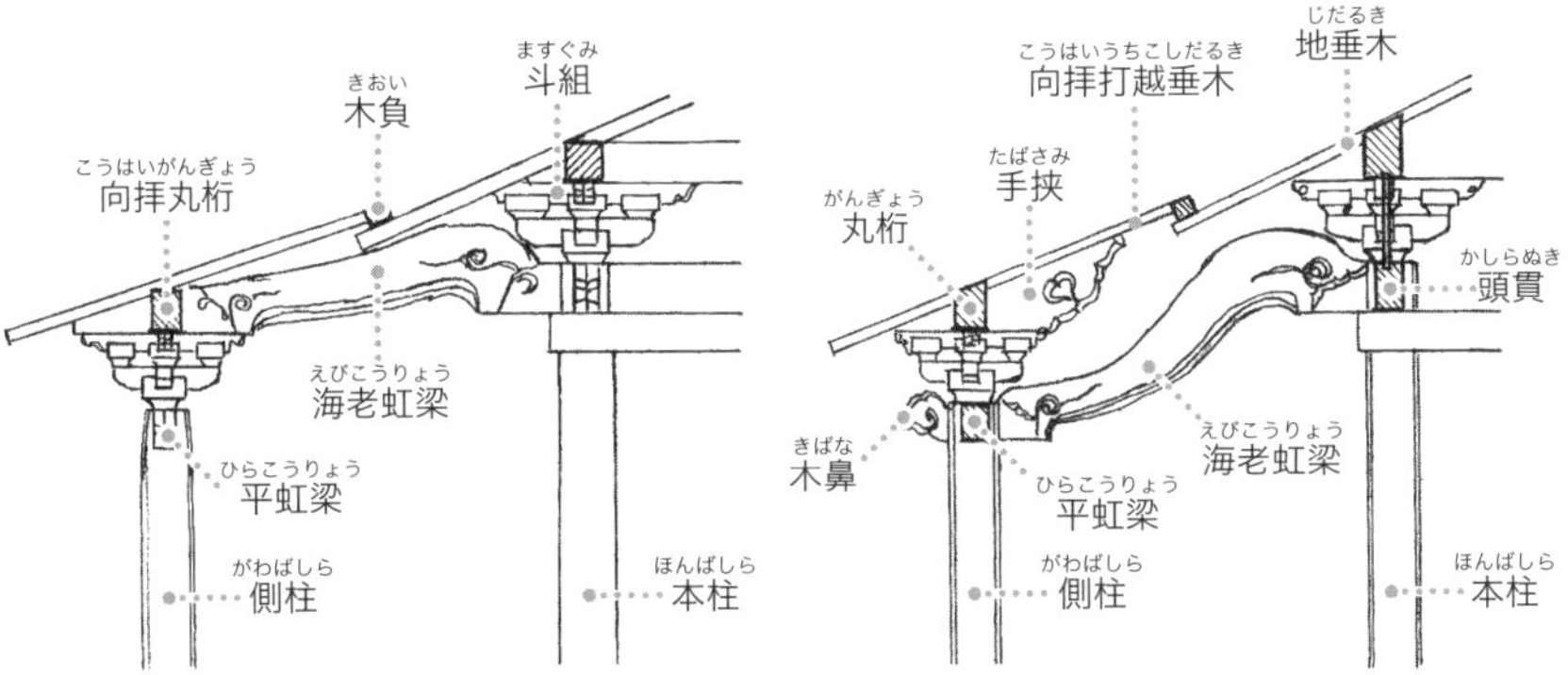

●花頭窓《かとうまど》と波連子欄間《なみれんじらんま》

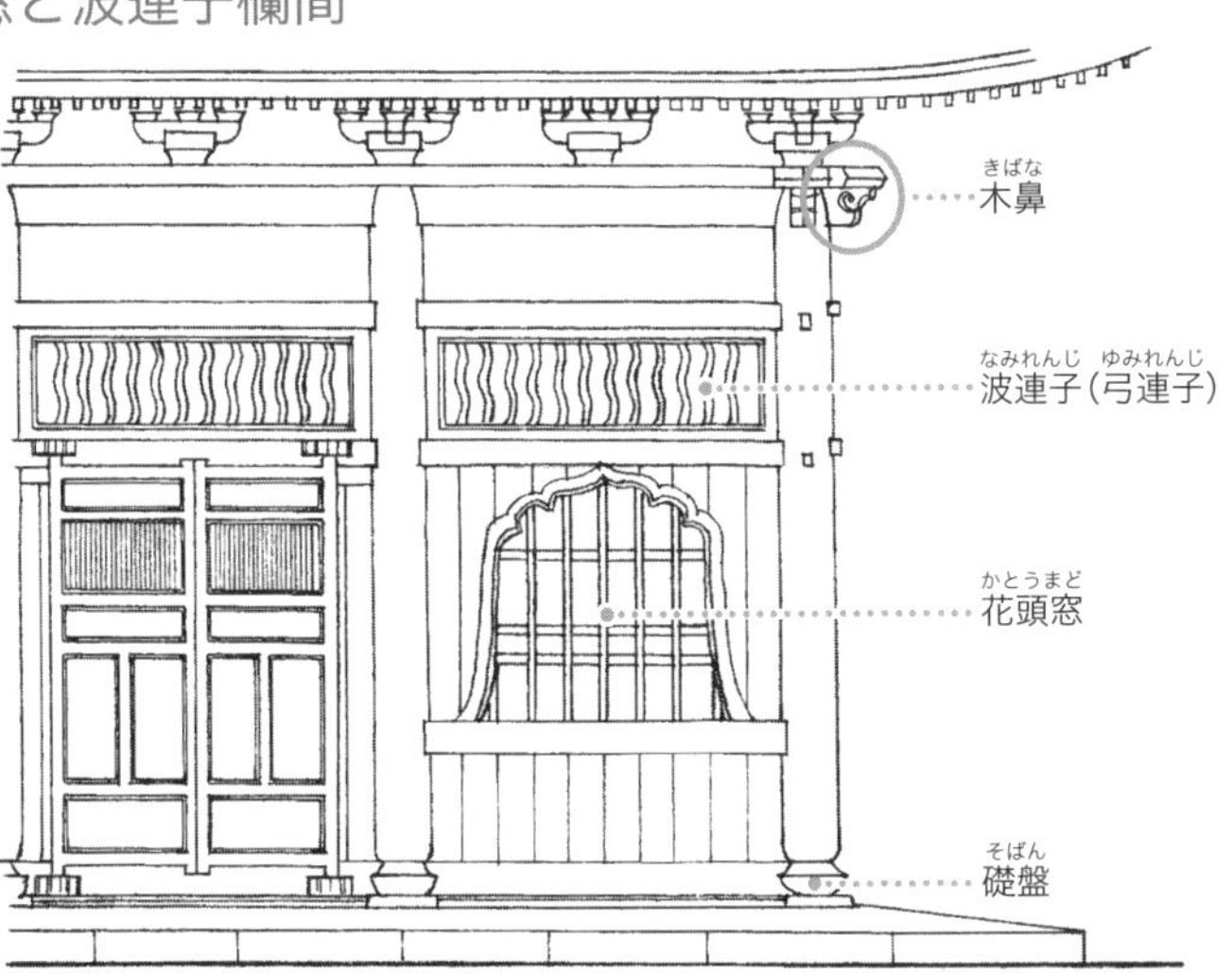

見どころ③ 反った屋根と詰組が壮観な三門・仏殿・法堂

三門《さんもん》とは「三解脱門《さんげだつもん》」（＝空門・無相門・無作門）の略称であり、門が一つでも三門という。大徳寺では特に「山門」と言う。正面五間×奥行二間の重層（二階建て）、入母屋造《いりもやづくり》、本瓦葺《ほんがわらぶ》きの門で、上層で初めて行事が行われた際、人々が上層からの眺めというものを初めて体験したことから、鹿苑寺舎利殿《ろくおんじしゃりでん》（金閣）や慈照寺観音殿《じしょうじかんのんでん》（銀閣）を生み出す一つの要因になったと言われている。禅宗様は原則的に木部は白木だが、この山門では内外ともに丹《に》、胡粉《ごふん》、黄土《おうど》、緑青《ろくしょう》等を塗っている。

仏殿《ぶつでん》は、単層（一階建て）、入母屋造、本瓦葺き。周囲に裳階《もこし》をめぐらしているので、重層に見える。主屋は方三間で、裳階のつくことから外部は方五間となる。主屋と裳階の接続には海老虹梁《えびこうりょう》が用いられる。主屋の柱の上の組物は「二手先《ふたてさき》」で、中備《なかぞなえ》に組物がある詰組《つめぐみ》となっている。裳階部分の組物は「三斗《みつど》」で、これも詰組になっている。

法堂《はっとう》の創建は元亨４（１３２４）年。享徳２（１４５３）年に焼失し、再建されたものの、応仁の乱で再び焼失。文明11（１５２９）年に再建された。河内の花田から古堂を移築したもので、仏殿と兼用したとされる。寛永13（１６３６）年、開山三百回忌を期に法堂専用に新築したのが現在の法堂である。正面五間、奥行四間の単層・入母屋造の建物だが、四周に裳階がつくため、外観上は正面七間、奥行六間の重層に見える。

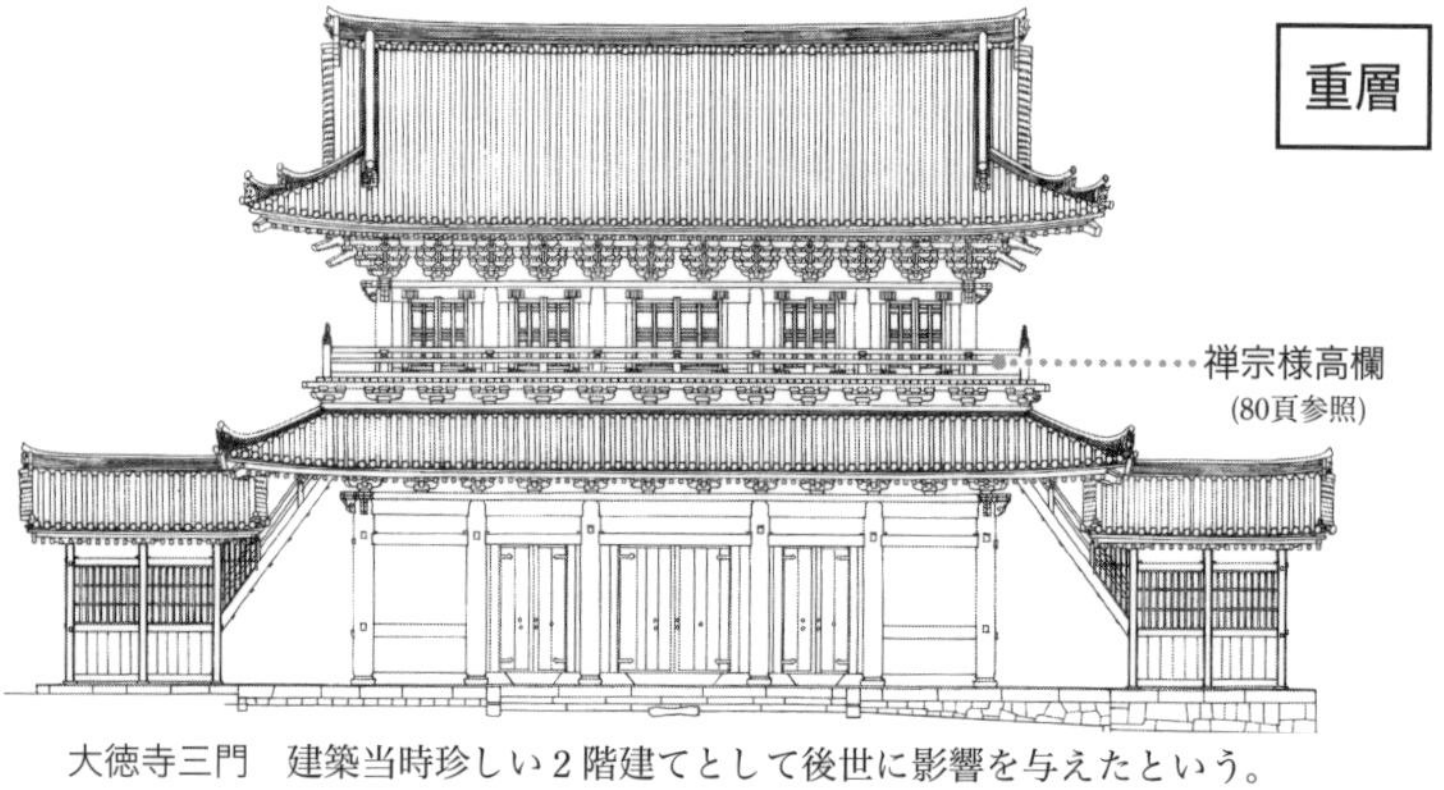

大徳寺三門　建築当時珍しい２階建てとして後世に影響を与えたという。

●裳階付き一階建ての仏殿・法堂

周囲に裳階があるので重層に見えるが、実際は単層の建物。

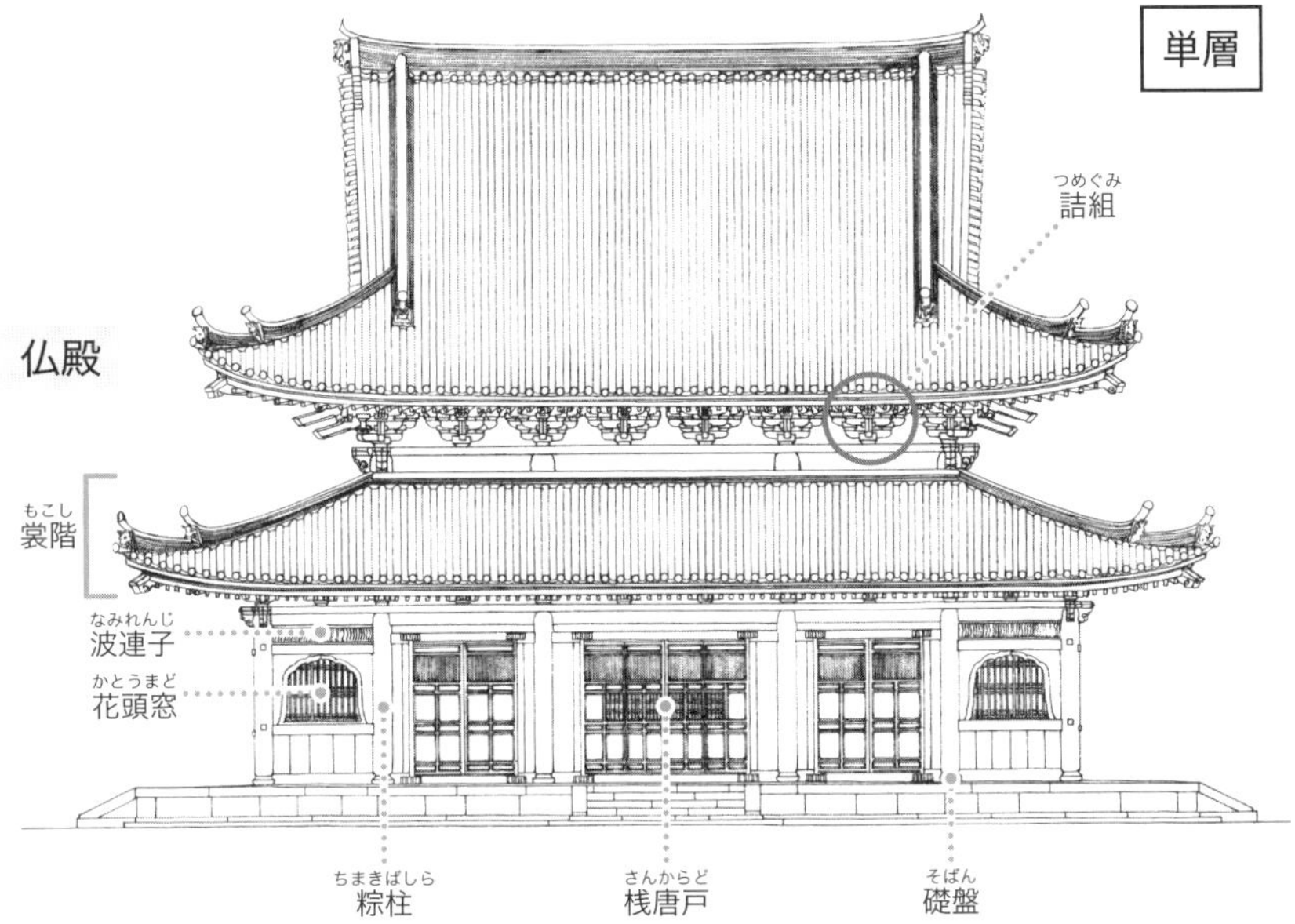

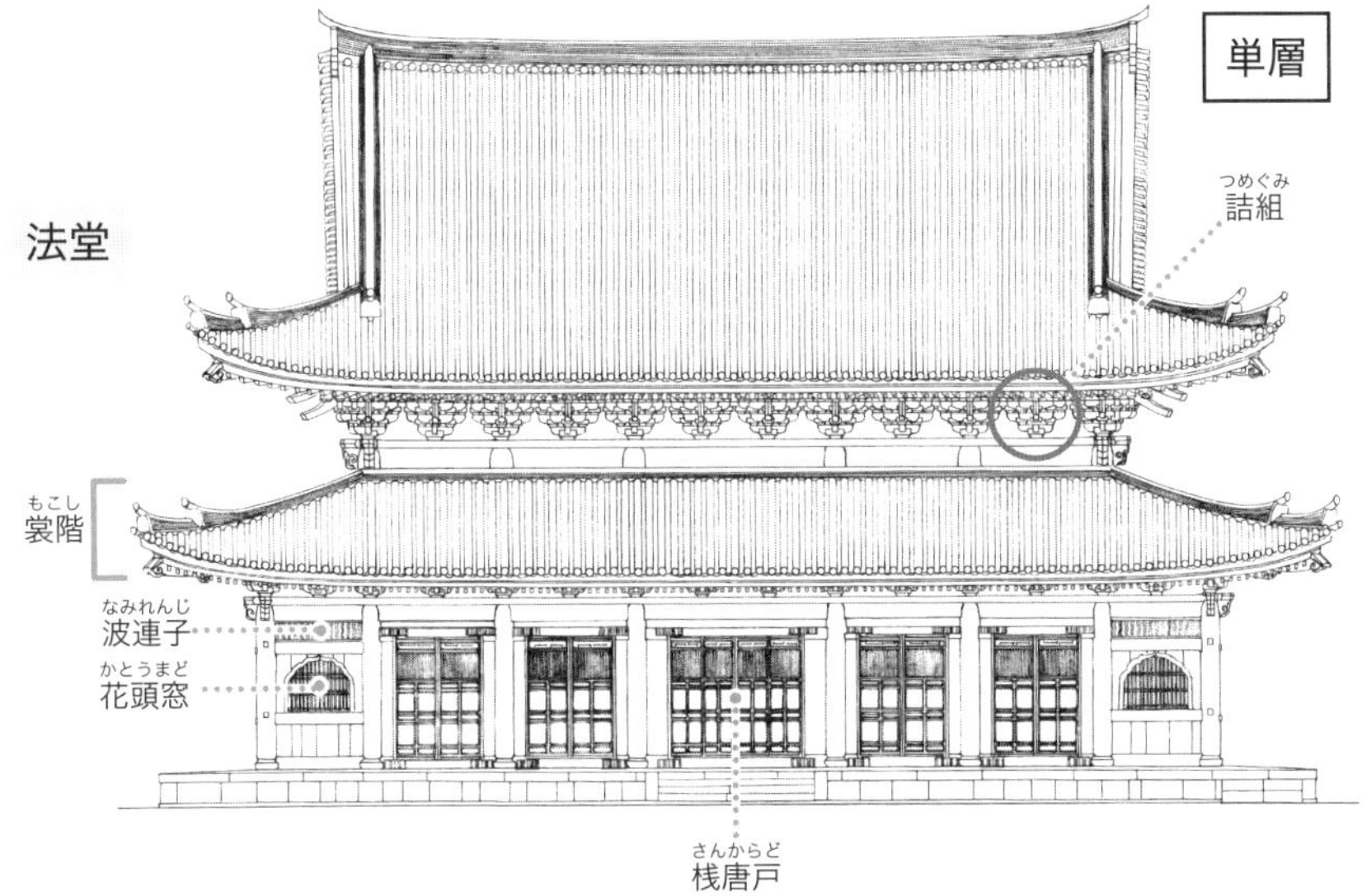

◆部位別！ 和様・大仏様・禅宗様の違い

	柱基部	柱	組物	尾垂木	支輪	中備	虹梁
和様	礎石の上にすぐ柱が建つ	円柱は、円筒形	組物は大斗から上に始まり、肘木下部曲線は滑らかな曲線	奈良時代の形に反りと増しがつく	伝統的な蛇腹支輪	間斗束、蟇股の他、花肘木になることもある	伝統的な台形断面で繰形もなかったが、鎌倉時代以後つくようになる
大仏様	礎石の上にすぐ柱が建つ	円柱で、上部は多少細くなっているが、目立たない	肘木下部曲線は和様に似る。肘木は柱に挿し込む挿肘木で、前後に広がるが横に出ない。斗尻に独特の繰形があり、斗の位置の揃わないこともある	組物が横に出ない挿肘木なので、尾垂木は組み込めず、柱の間の遊離尾垂木となる	軒支輪はない	特にないが、遊離尾垂木の入るところに支点になる蟇股様の木が入る	太い円断面の虹梁で、両端を細くして柱に差し込んで納め、下部に錫杖彫を施す
禅宗様	礎石の上、柱との間に礎盤が入る	円柱で、上部と下部が細い。これを「粽柱」という	肘木下部曲線は円弧、またはそれに近い曲線である、組物は大斗から始まる	尾垂木の先端が細くなり、上部に鎬(しのぎ）がつく	組物が「詰組」になるので、蛇腹支輪は取り付け難く、また目立たないので板支輪となる	柱上の組物と同じ組物が柱と柱の間に２～３組入り、軒下が組物で充たされる。これを「詰組」という	繰形が施される(海老虹梁は禅宗様から始まる)

	束	垂木	木鼻	床	天井	扉窓	彩色
和様	方形断面の伝統的な束が多い	二軒が多いが地垂木飛檐垂木とも、角の繁垂木である	特に頭貫の端が柱から出た所に繰形をつけるが鎌倉時代以前にはなかった	床を貼る場合(拭板敷き)と、そうでない土間の場合がある	組入天井や小組折上天井が多いが、化粧屋根裏もある	扉は板戸で、八双金物や饅頭金物が付く。窓は連子窓がほとんどである	外部は丹塗だが、内部は極彩色で飾る
大仏様	円形断面でかなり太短い感じのする束が使われる	すべて一軒で、建物の出隅は扇垂木となる。垂木木鼻に鼻隠し板を打つ	頭貫、地貫の柱から出た所に繰形をつけるが、彫刻はない	床は張る(拭板敷き)。一部張らないものもある	天井はすべて化粧屋根裏。特に張ることはない	どのような建具だったか定かでない。桟唐戸に似ていたと推測できる。藁座で吊る	内外部とも、丹、黄土、緑青、胡粉等で彩色されるが、紋様、絵画はない
禅宗様	化粧束として、上部は幅が広く、下部が細くなる円形断面の大瓶束が多い	二軒で垂木角。重層の建物のときは、上層の建物の中心から扇垂木、下層出隅が扇垂木となる	頭貫鼻、その他の木鼻に繰形がつけられ、拳鼻、象鼻といわれ彫刻されている	床は張らない。床の土間は、敷瓦の四半敷が多く、布に敷くこともある	建物の中心部分は鏡天井で、その他は化粧屋根裏である	出入口、窓とも上部に独特の曲線が用いられ、これを「花頭縁」「花頭窓」と呼ぶ。建具は桟唐戸で藁座で吊る	三門上層は極彩色で飾られるが、他は木口のみ胡粉で白く塗り、他は白木で原則として彩色しない

【寺院⑤折衷様】

鶴林寺本堂　様式美のカオス

折衷様《せっちゅうよう》の代表例

鶴林寺《かくりんじ》は加古川駅の東南にあり、バスが連絡している。正式名は刀田山《とたさん》鶴林寺と言い、薬師如来を本尊とする天台宗の寺院である。創建は平安時代前期。聖徳太子が高麗の高僧・恵便《えべん》に教えを受けたとされ、「播磨の法隆寺」とも呼ばれる太子信仰の寺である。

境内は、本堂を中心に東に太子堂、南に三重塔、西に常行堂《じょうぎょうどう》が並んでおり、平地における天台宗の典型的な伽藍配置である。

鶴林寺の本堂は**和様・大仏様・禅宗様**の様々な要素が混合した**折衷様**の代表例として知られており、現在の本堂は、内陣の厨子《ずし》（仏像・位牌などの収納具）の棟札から、室町時代の応永4（1397）年に建築されたことがわかっている。

和様・大仏様・禅宗様がどのように混在しているのかが見どころである。

ポイント

和様を基本に大仏様・禅宗様の要素が混在

折衷様《せっちゅうよう》とは、鎌倉時代の後半から室町時代の初期にかけて現れた様式のことで、和様を基本としながらも、大仏様・禅宗様の「いいとこ取り」をした様式と言える。具体的には、和様の**円柱**を基本としながらも、構造やディテールにおいて大仏様・禅宗様を取り入れている。

しかし、安土桃山時代になると、和様・大仏様・禅宗様といった分類が不明確になり、柱や梁《はり》、組物といったそれぞれの部材について、「ここの部分は禅宗様だ」といった様式の出所を示すことしかできない状態になった。江戸時代になると、純粋に禅宗様の建築を除き、和様の建物はほとんどこの折衷様とみなされるものになっていく。

なぜ鎌倉時代後半から室町時代初期にかけて折衷様が流行したかについてであるが、一つには、主流である和様の建築をつくる際に、当時新しかった大仏様や禅宗様の要素を少し入れることで、「最新の流行を取り入れた」感が得られたからであろうと思われる。また、大仏様や禅宗様の方が和様よりも施工が簡単できれいに見えることも理由の一つであろう。

大仏様がそのままの形で広がらなかったことは前述したが、東大寺再建に関わった職人が各地に大仏様の要素をもたらした。和様に大仏様の要素を加えたものを**新和様《しんわよう》**と言うこともある（**東寺金堂《とうじこんどう》**など）。折衷様の代表例として、鶴林寺に加え、河内長野市の**観心寺金堂《かんしんじこんどう》**（室町時代初期）がある。

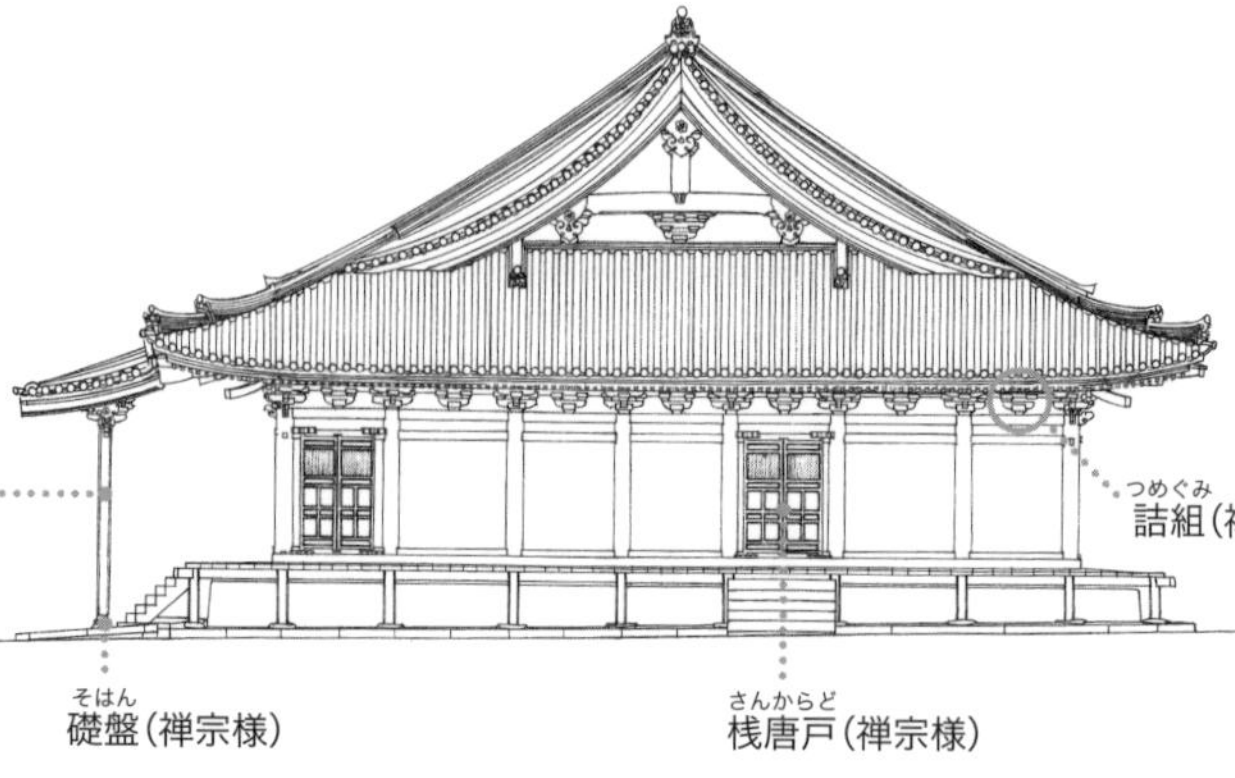

観心寺金堂

●和様に混じる大仏様・禅宗様

各様式の混在する折衷様では、それぞれの部分の様式の出所を示すことしかできなくなった。

鶴林寺
本堂

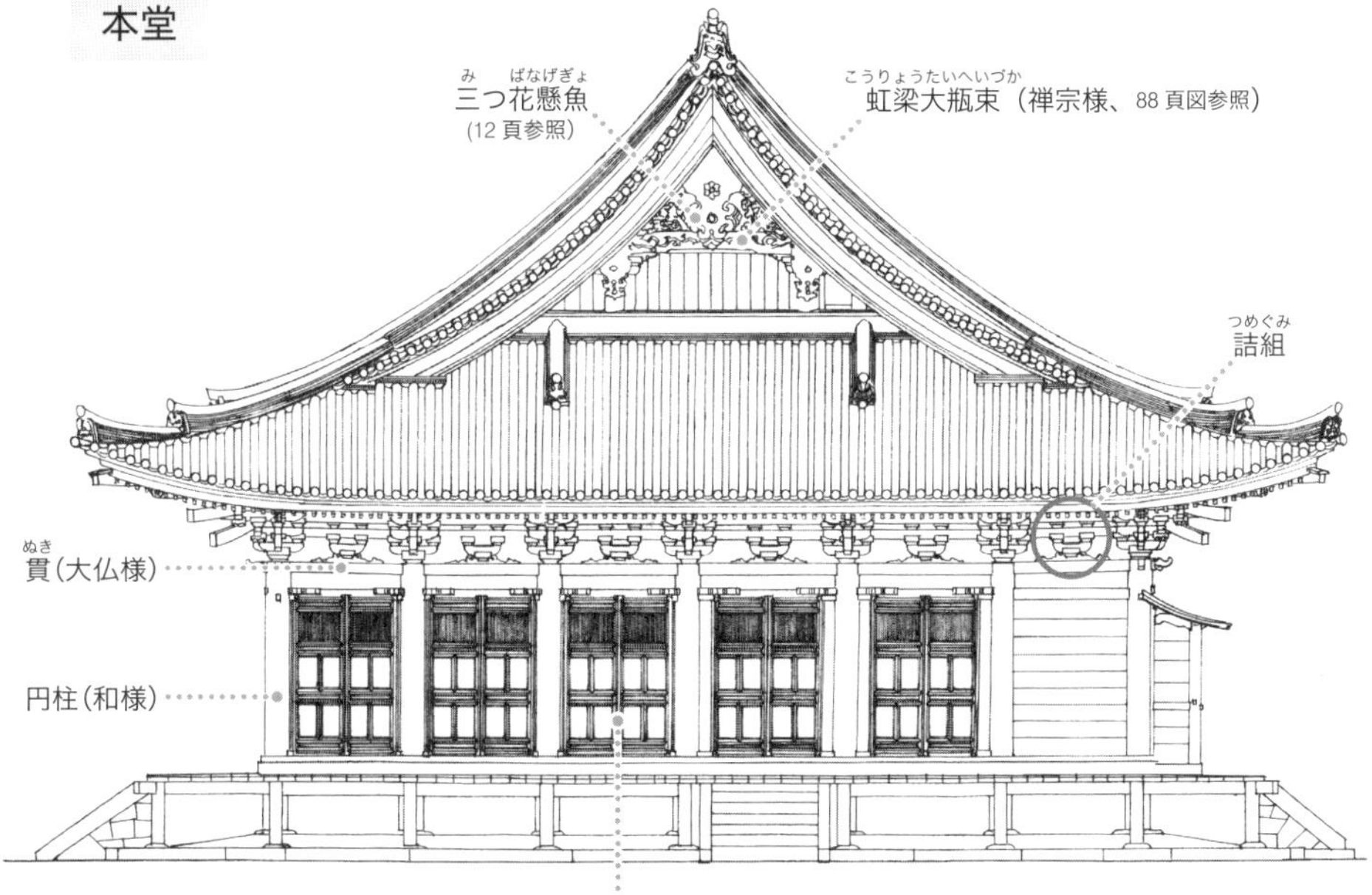

見どころ①

和様に大仏様・禅宗様が混じる本堂

本堂は**土壇**《どだん》の上に据えられた**礎石**《そせき》の上に立ち、正面七間、奥行六間、単層、**入母屋造**《いりもや》、**本瓦葺き**の建物である（先代の本堂は、延暦寺根本中堂《えんりゃくじこんぽんちゅうどう》や園城寺金堂《おんじょうじこんどう》と同じように、一部に床がなく、厨子《ずし》が直接土の上に建っていたことが確認されている）。本堂の外部から見ていこう。

屋根には、妻飾りに禅宗様の**虹梁大瓶束**《こうりょうたいへいづか》が見られ、**懸魚**《げぎょ》は大きな**三つ花**《みばな》**懸魚の鰭付き**《げぎょのひれつ》（12頁）である。その下の軒は和様の平行垂木になっている。

柱は和様の円柱であるが、柱に**貫**《ぬき》を多用しており、**頭貫**《かしらぬき》、**飛貫**《とびぬき》、**足固貫**《あしかためぬき》、**切目長押**《きりめなげし》で固め、長く伸びた**頭貫鼻**《かしらぬきはな》は大仏様の特徴である。

柱の上の組物を見ると、和様の**間斗束**《けんとづか》（59頁）か**蟇股**《かえるまた》（59頁）、大仏様の**双斗**《ふたつど》並びに**平三斗**《ひらみつど》（73頁）を禅宗様の**詰組**《つめぐみ》のように用いている。組物の**斗**《ます》に**繰形**《くりがた》がついており（大仏様、69頁参照）、外陣身舎《もや》部分の**実肘木**《さねひじき》も大仏様だが、肘木の**木鼻**《きばな》や**束**《つか》は禅宗様である。虹梁には従来のものに加えて禅宗様の**海老虹梁**《えびこうりょう》も用いる。身舎《もや》柱の太さに等しい円形断面の**大虹梁**をかけて上部を軽快に見せている（大仏様、91頁）。

本堂には壁がほとんどなく開放的なつくりで、柱の間の扉の軸部には禅宗様の**藁座**《わらざ》（79頁）がついており、窓は和様の**連子窓**（61頁）である。

床は和様の**板敷き**《いたじ》で建物の周囲に**縁**《えん》を設ける。天井は和様の**組入格天井**《くみいれごうてんじょう》となっており、この時代の本堂としては超一流の立派なものと言える。

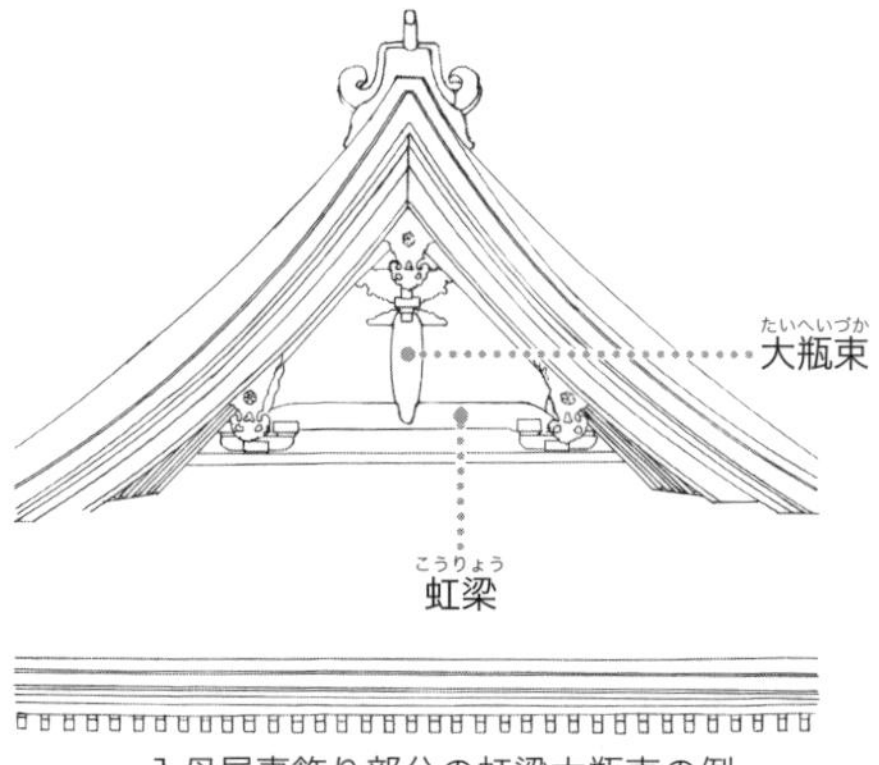

入母屋妻飾り部分の虹梁大瓶束の例

●軒下・柱回りに混在する様式

特に組物関係の箇所では様式の混在が著しい。

本堂

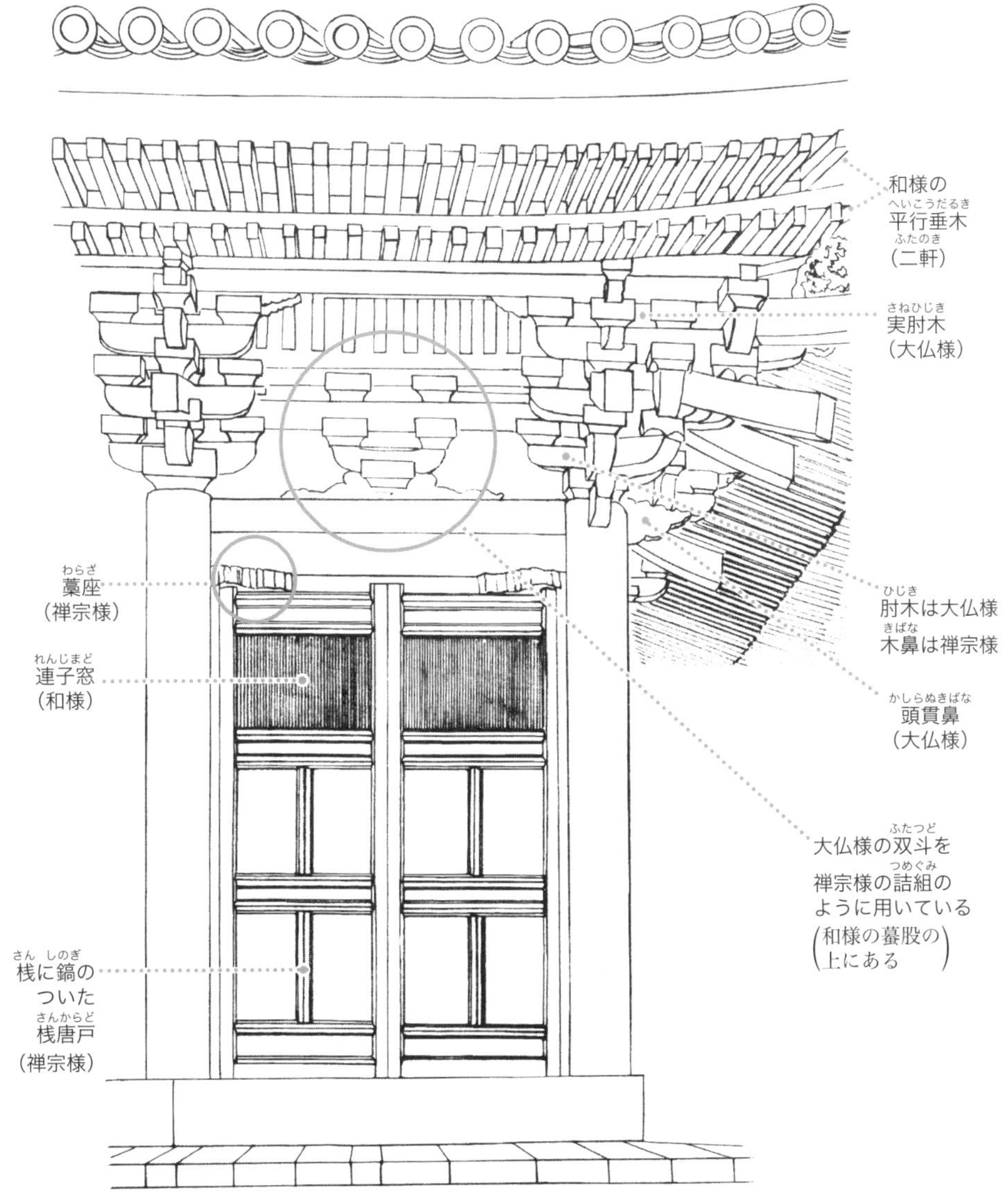

見どころ② 様式の混在が極まった外陣《げじん》

鶴林寺本堂は七間×三間の「**外陣《げじん》**」と、五間×二間の「**内陣《ないじん》**」に分けられる。まずは外陣から見ていこう。

外陣の特徴は、禅宗様の特徴である「**海老虹梁《えびこうりょう》**」（海老のように反った梁《はり》）、和様の「**蟇股《かえるまた》**」（梁や頭貫《かしらぬき》の上にあって荷重を支える部材）、大仏様の特徴である「**双斗《ふたつど》**」（二手に分かれた斗《ます》）や「**挿肘木《さしひじき》**」（和様や禅宗様のように柱の上に組物を置くのではなく、柱に差し込んだ肘木）など、各様式の特徴が混在していることである。

最も目に付くのは、外陣の内側の柱と外側の柱をつなぐ**海老虹梁**（禅宗様）であろう。柱の高さは、内側が高く、外側が低くなっており、外陣の天井高さを確保し、空間を大きく立派に見せることにつながっている。和様の「**組入格天井《くみいれごうてんじょう》**」（格子の間隔が狭い**格天井《ごうてんじょう》**）も**支輪《しりん》**つきの立派なもので、格が高い空間であることを強調している。

また、内陣と外陣の間部分の柱と柱の間にある「**中備《なかぞなえ》**」部分に、和様の「**蟇股《かえるまた》**」があり、その上に大仏様の「**双斗《ふたつど》**」が載っているのも、折衷様の特徴を表している。さらに、中備にある双斗の肘木の形状と**水繰《みずぐ》り**は禅宗様であり（下図）、大虹梁を受ける**繰形つきの斗**と**挿肘木**は大仏様である（左図）など、細かく見ていけばきりがないほど、各様式の混在ぶりが極まった建築であると言えるだろう。

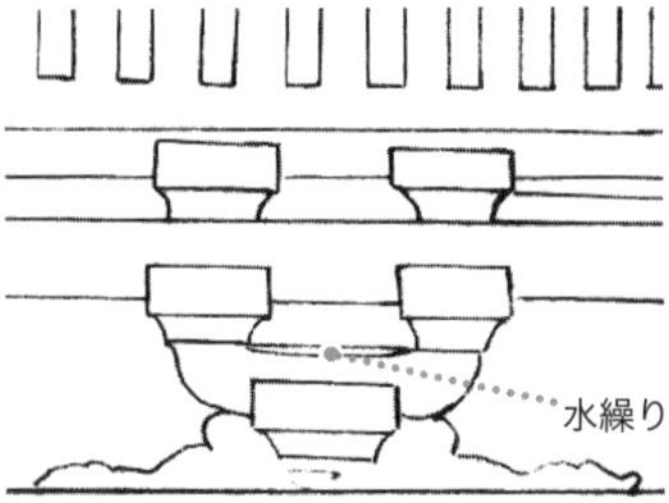

水繰り：禅宗様の肘木の上端《うわば》を切り取った部分。高欄の地覆《じふく》の下端《したば》で使われることも多い。

双斗の肘木の水繰り

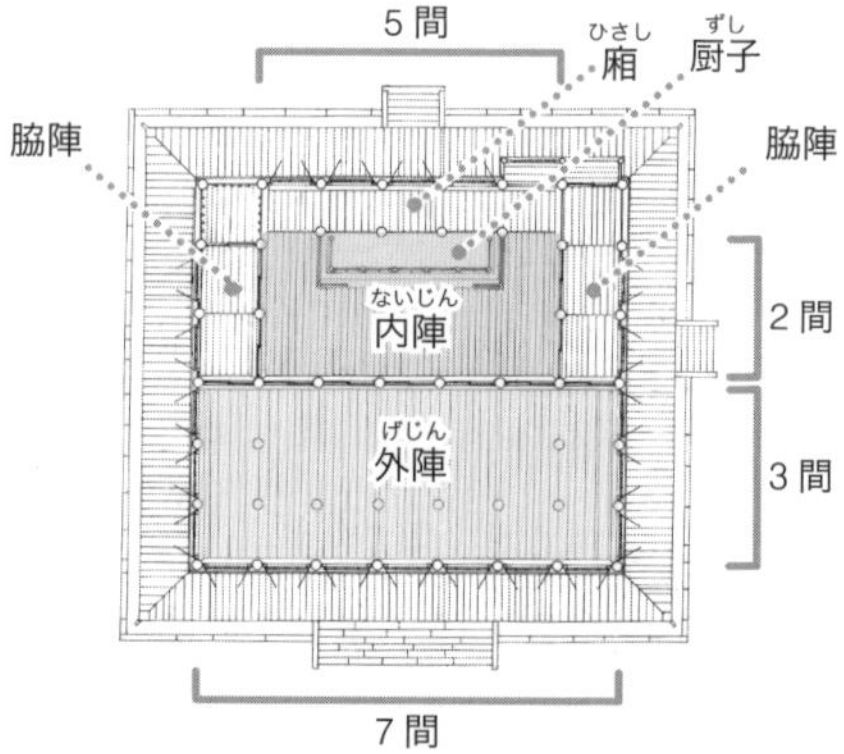

鶴林寺本堂平面図

●外陣の海老虹梁《えびこうりょう》

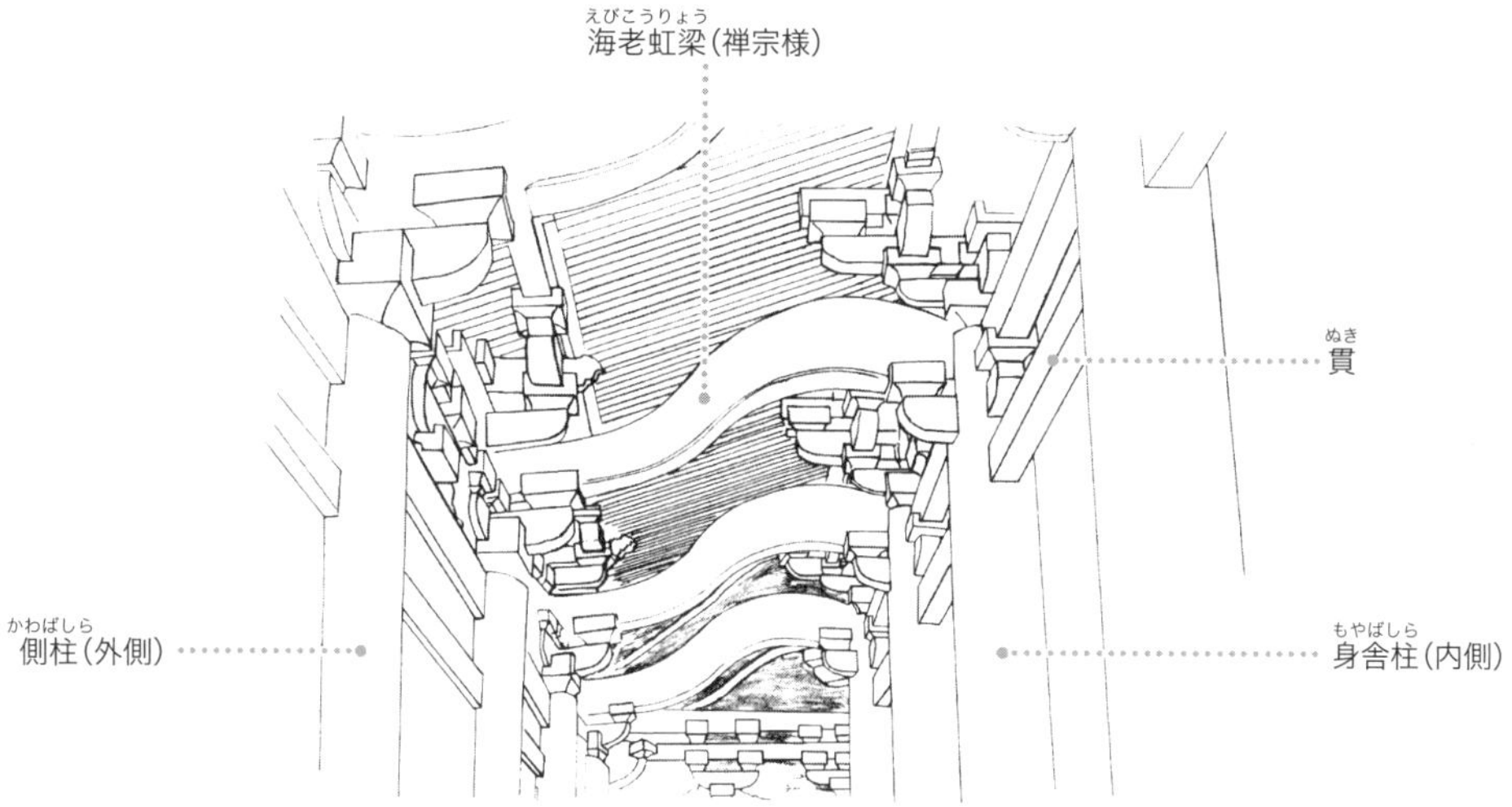

●外陣の上部

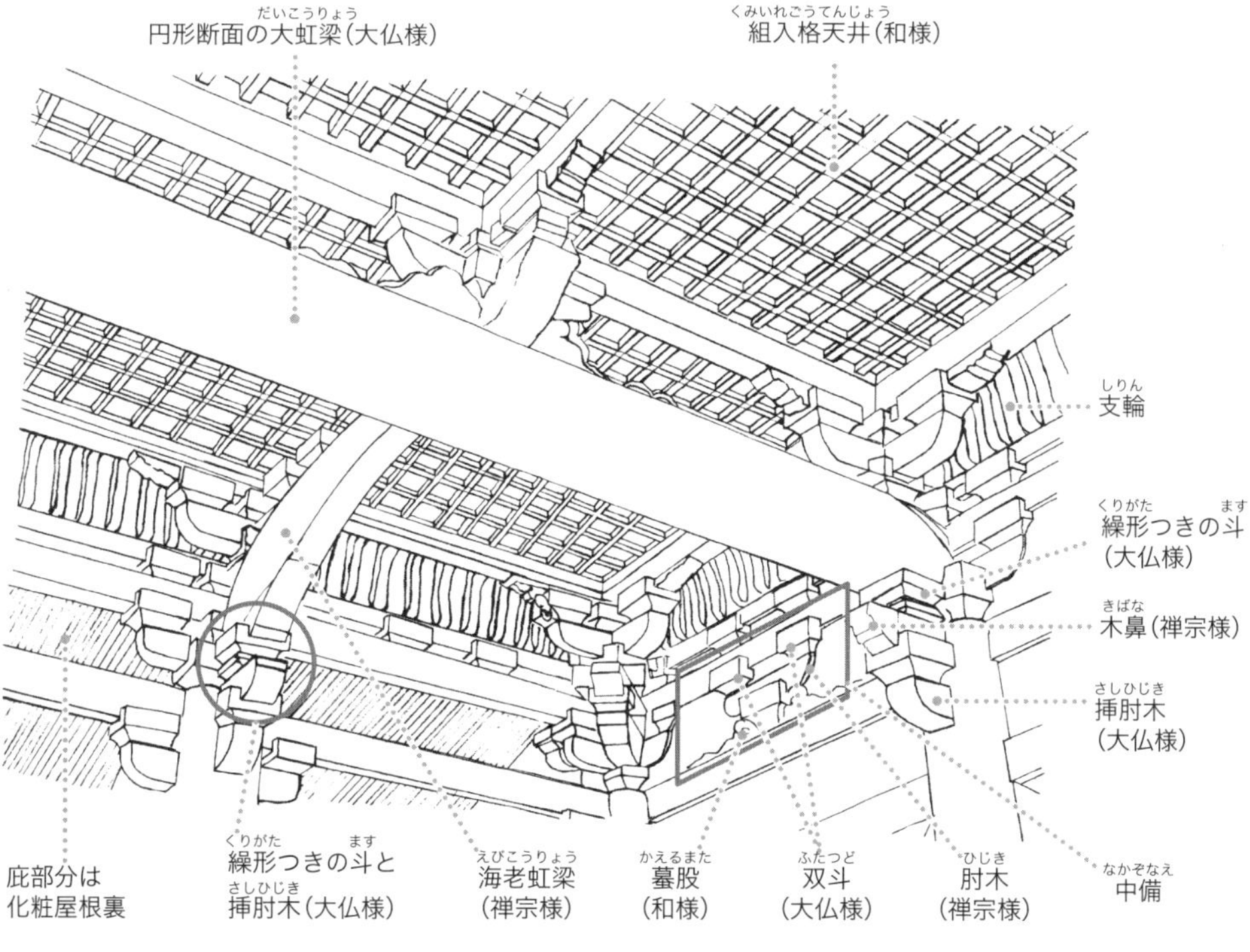

見どころ③ ほぼ禅宗様の厨子《ずし》

次は内陣である。内陣の中央三間いっぱいに大型の厨子《ずし》（仏像などを安置する仏具の一種）が置かれ、仏堂のような趣きを呈している。厨子は正面五間、奥行一間のつくりで、禅宗様の桟唐戸《さんからど》の奥に仏像が安置されている。本尊の薬師三尊像は普段は公開されていない。

この厨子自体が建築的にも見どころであり、おおむね禅宗様によって建物のようにつくられている。

厨子の柱の上の組物を見ると、斗《ます》と肘木《ひじき》の組み合わせ（手先）が四つも重なる「**四手先**《よてさき》」と豪華なものである。通常組物から一本斜め下に突き出ている尾垂木もここでは二本もあり、これを「**二重尾垂木**《にじゅうおだるき》」という。また、柱と柱の間（中備《なかぞなえ》部分）にも組物がある**詰組**《つめぐみ》が禅宗様の特徴で、この厨子の上部も組物で大変にぎやかである。正面五間に並ぶ、双つ折りの桟唐戸も禅宗様の特徴で、戸の左右と上側に額縁のような部材（**幣軸**《へいじく》）がついていることからも、豪奢なつくりと言える。

厨子を廻る**高欄**（手すり）や角の部分の親柱などにつく**擬宝珠**《ぎぼし》、厨子の基壇部分の装飾用の繰形《くりがた》（彫り物）である「**格狭間**《こうざま》」は和様の特徴だが、高欄の**架木**《ほこぎ》の先端にある雲文《うんもん》と若葉の**絵様繰形**《えようくりがた》は禅宗様であるなど、一部に和様もあるが、全体としてほとんど禅宗様の厨子であり、大変珍しい例である。

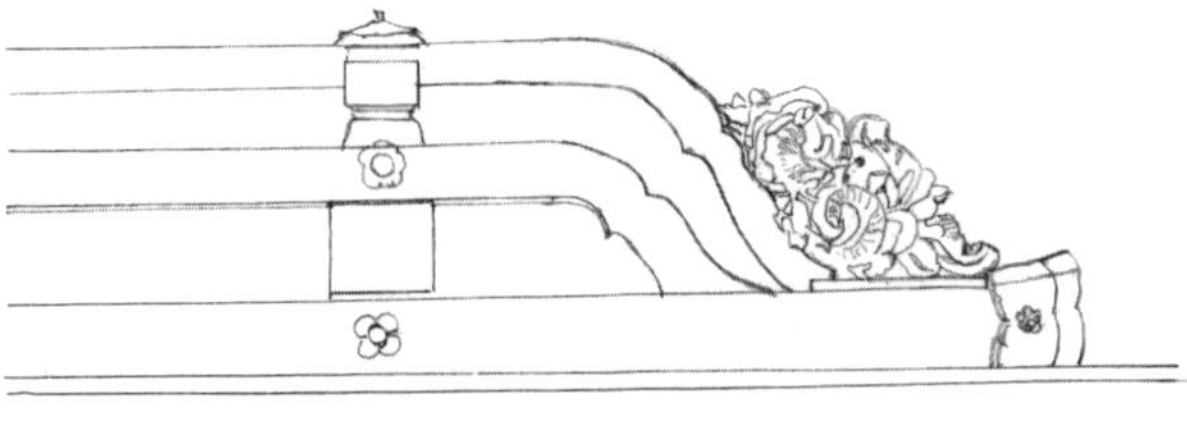

厨子高欄にある雲文と若葉の絵様繰形（禅宗様）

●内陣の厨子

高欄や基壇装飾の一部に和様の特徴が見られる。他は、豪華な禅宗様の特徴を示している。

◆双堂《ならびどう》から本堂へ

ここまで主な寺院の建築様式を見てきたが、寺院の建築を知る上で重要なのが「双堂《ならびどう》」である。

初めは単独の建物だった仏堂だが、仏のための空間だけではなく、礼拝する人間のための空間がほしい、梁間《はりま》を長くできないという制約の中でも大空間をつくりたいという人間の欲求は強く、既に奈良時代には金堂（正堂《しょうどう》）に礼拝者のための空間である礼堂《らいどう》を並べた例が見られ、平安時代には一般的になった。

鎌倉時代以降、正堂と礼堂を一つの屋根で覆い、一つの本堂（禅宗では仏殿）とすることが増えていった。

双堂の名残をとどめている本堂の一例として、滋賀県の西明寺《さいみょうじ》本堂がある。これは双堂の上に大きな屋根をかけたものであるが、小屋（屋根裏部分）に初期に計画された屋根の一部が残っており、より大きな屋根をかけて空間を大きくすべく建設途中に変更が行われたことが窺える。

神社においても、寺院においても、当初は神仏の空間のみであったものの、人間の都合で建築様式が変化していく過程が共通している点が興味深い。

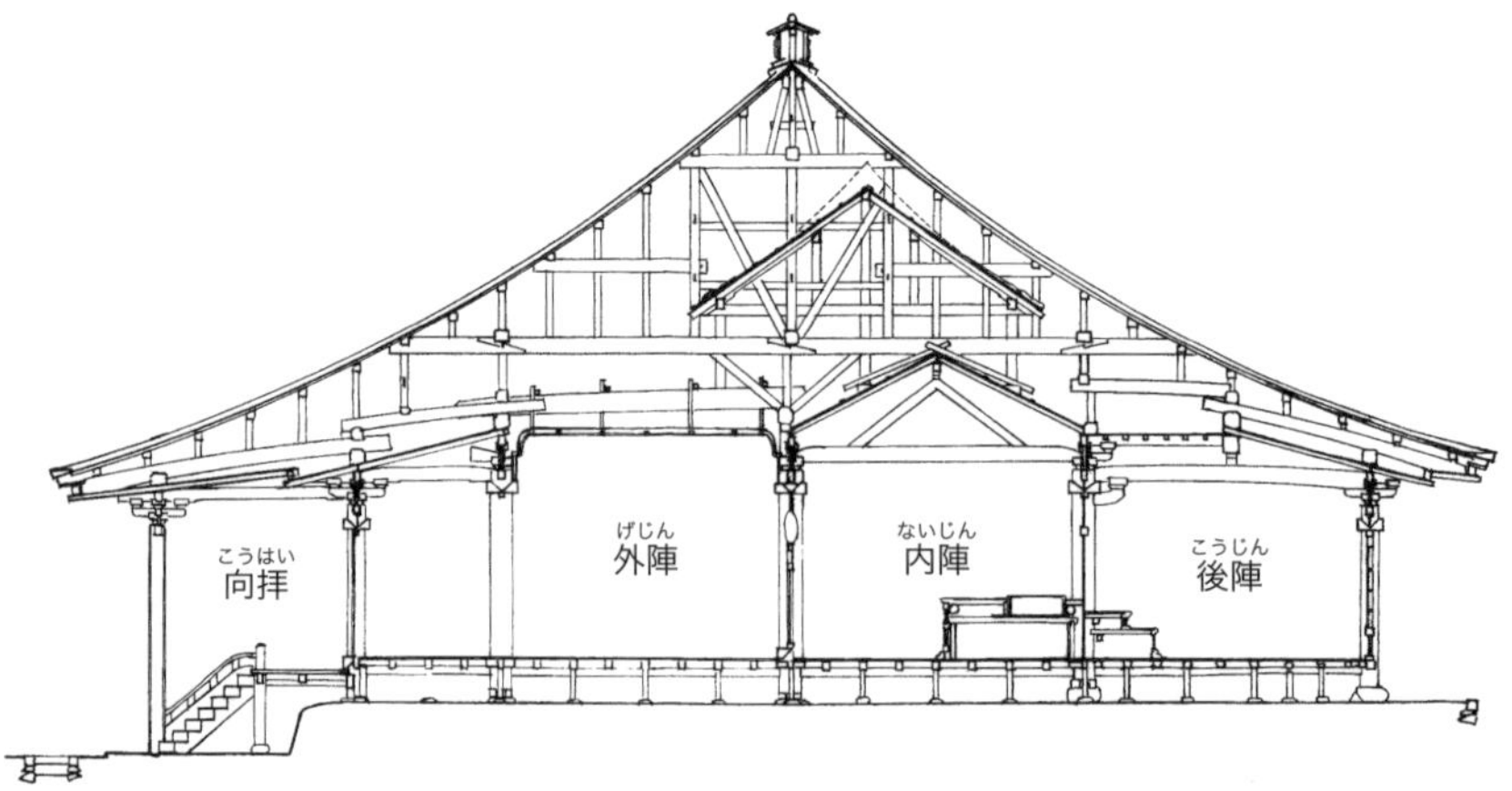

西明寺本堂断面図

【書院造】

西本願寺書院

格式を表現する天井・欄間・座敷飾

近世書院造を代表する建築物

　京都駅から北西の方に向かって少し歩き、七条堀川の交差点まで来ると、堀川通りに沿って長い土塀を引き回した巨大な伽藍が見えてくる。これが、親鸞上人を宗祖とする浄土真宗本願寺派の本山で、本派本願寺、またの名を西本願寺という。山号は龍谷山である。

　この寺は、親鸞の没後、長い歴史を持っており、東山・近江・吉崎・山科・石山・鷺森・貝塚・天満・七条堀川と場所を変えてきた。烏丸七条にあるもう一つの「本願寺」は徳川将軍家に近い一派が江戸時代初期に分立したもので、大谷本願寺・東本願寺と呼ばれる。

　西本願寺の建築には御影堂《ごえいどう》・阿弥陀《あみだ》堂・黒書院《くろしょいん》・飛雲閣《ひうんかく》など見どころが多いが、中でも寛永10年（1633年）に建てられたとされる書院（対面所《たいめんじょ》・白書院《しろしょいん》）は近世書院造を代表する建築物である。

ポイント 武士が格式を表現する儀式の場

「書院」とは、もともと禅宗寺院に設けられた禅僧の居間兼書斎のことで、貴族住宅の形式である寝殿造に代わる住宅建築の様式として、武家を中心に広がっていった。

書院造の最大の特徴は、武士が格式を表現する儀式の場であること。間取りの序列化など、武士が客人や家来を迎えた際に身分・主従関係の上下をはっきりさせるための仕掛けが凝らされている。権威を誇示するために、下記のような**座敷飾**《ざしきかざり》と呼ばれる装飾が発達した。

押板《おしいた》（**床**《とこ》）：床面から一段高くなったところに取り付けた横の板。現在の「床《とこ》の間《ま》」の前身。

違《ちがい》**棚**《だな》：書物を置くための棚。主人がインテリであることを示す。

帳台構《ちょうだいがまえ》：寝殿造の「**塗**《ぬ》**り籠**《ご》**め**」に由来する。納戸・詰め所として使われた。

附書院《つけしょいん》：つくりつけの書見台。出窓の上に棚板を張り、正面には明り取りの障子（**書院障子**）を張っている。実際に本を置いて読めるような高さではなく、単なる飾りとしてつくられているものが多い。

二重折上格天井《にじゅうおりあげごうてんじょう》：格式を表現するための重厚な天井。

その他にも、**引戸**《ひきど》・**障子**《しょうじ》（＝**襖**《ふすま》）・**欄間**《らんま》**の彫刻**・**障壁画**など、建具にも最大限の装飾を凝らすものが多い。

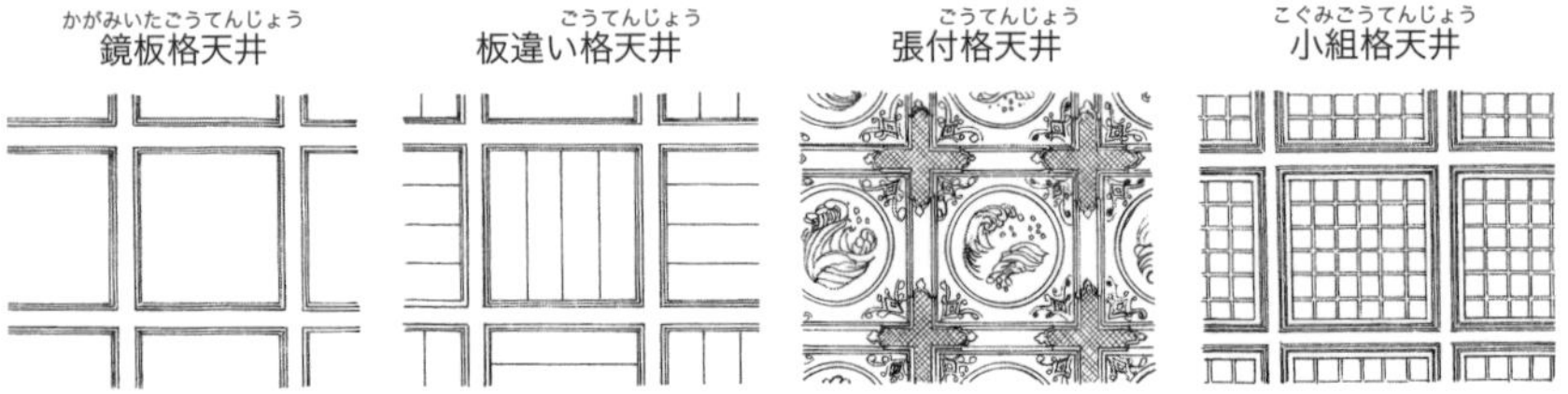

格天井の意匠

●書院造（上段の間）

武士が格式を表現するために、様々な座敷飾《ざしきかざり》が発達した。

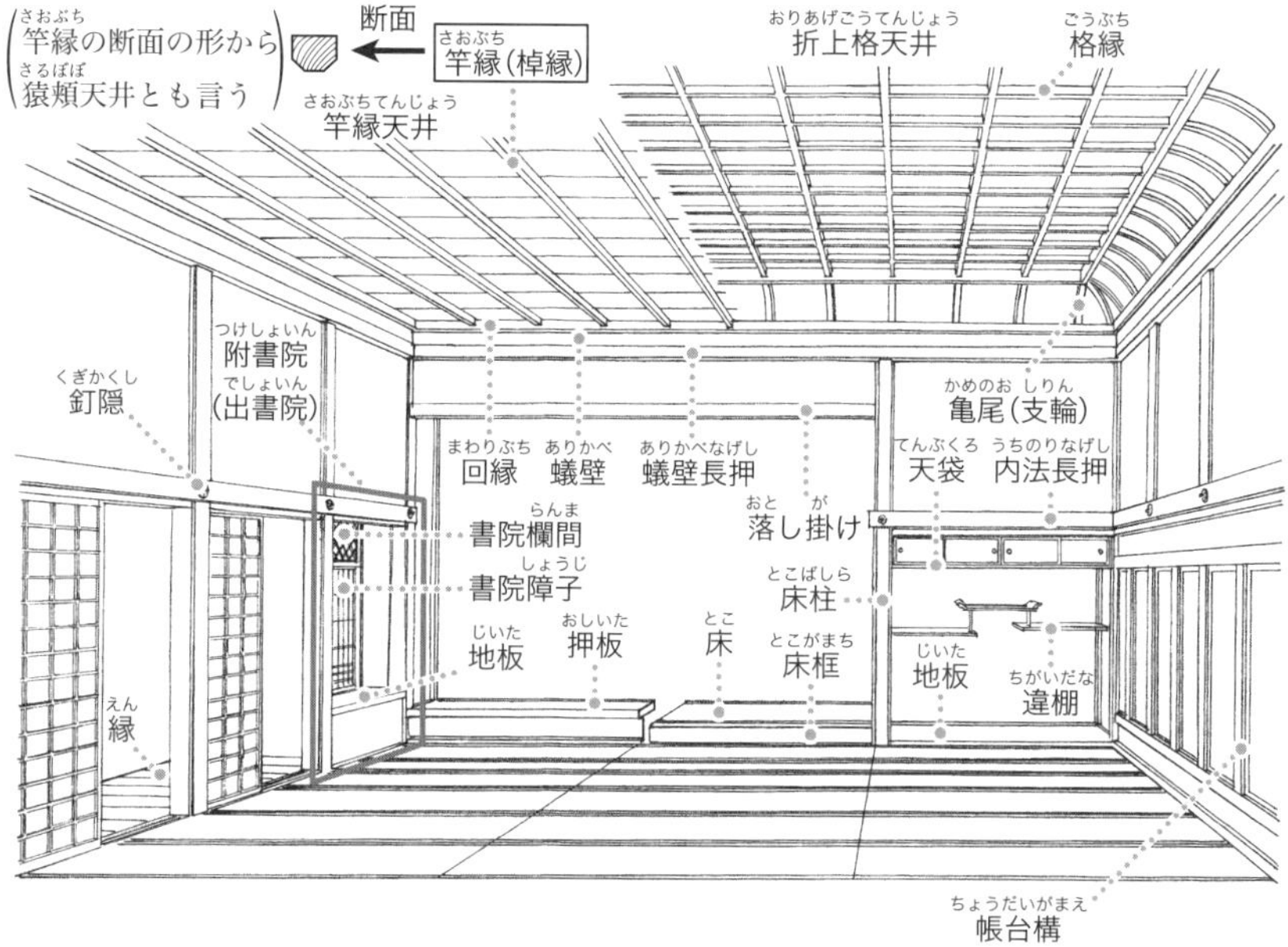

●二重折上格天井

最も権威、格式ある部屋であることを示す。

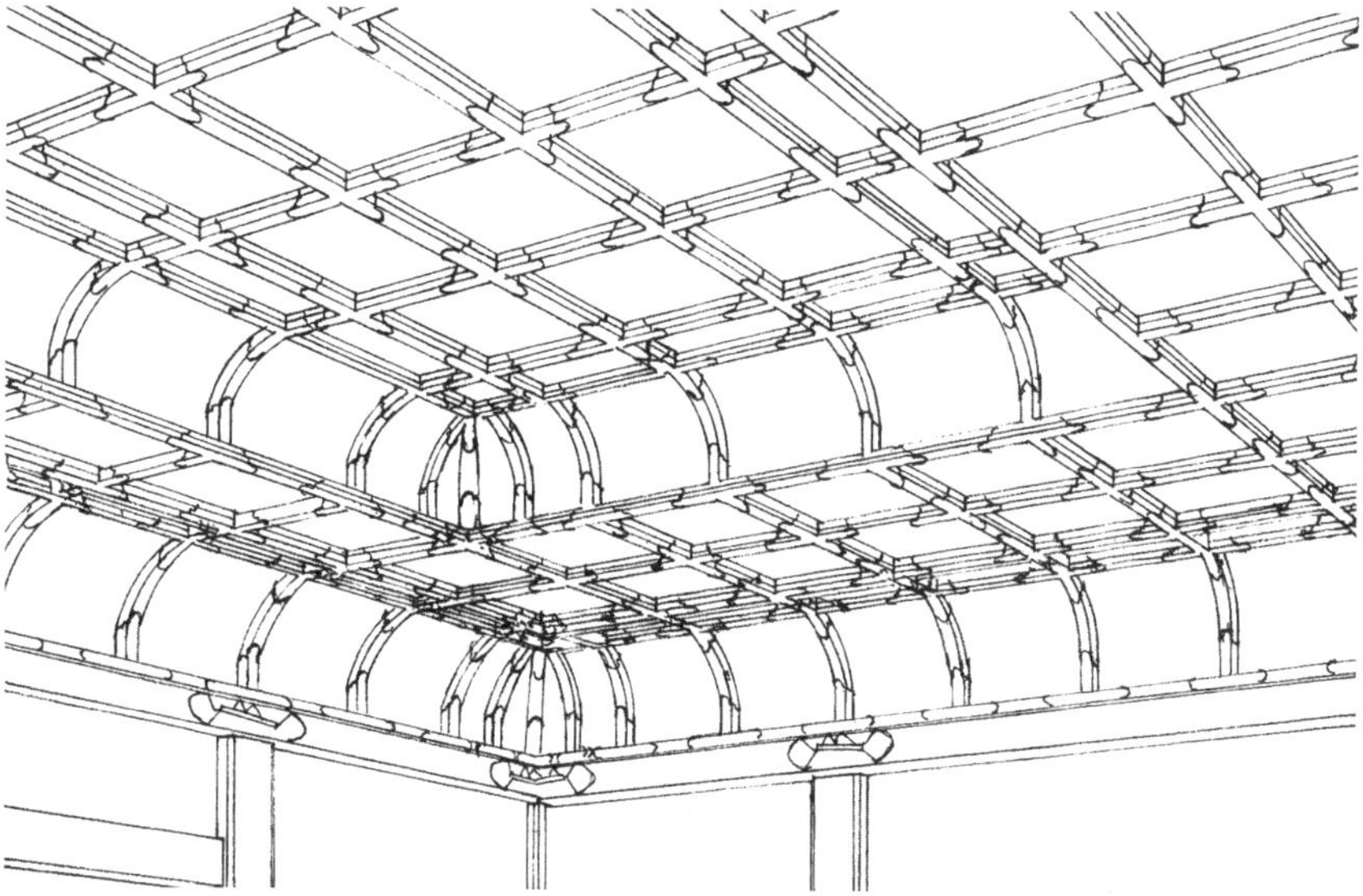

見どころ①

部屋ごとに格付けがある

西本願寺の書院は御影堂《ごえいどう》の西南に建っており、**入母屋造《いりもやづくり》**、**妻入《つまい》り**で**本瓦《ほんがわら》葺《ぶ》き**の建物である。書院の内部は**対面所《たいめんじょ》**・**白書院《しろしょいん》**・**菊《きく》の間《ま》**・**雁《かり》の間《ま》**等から構成されていて、大玄関・虎の間や黒書院に廊下で接続しており、一群の建築物となっている。

従来、書院は伏見城の遺構であると言われていたが、豊臣秀吉が建てた伏見城は地震や火災で壊滅あるいは焼失していて、桃山時代に徳川家康が建てた伏見城は平面が本願寺のものと違っており、寛永元（１６２４）年に取り壊されている。

昭和34（１９５９）年の解体修理の際も、移築を示す資料は発見されていないため、この書院の移築の可能性はない。調査によると、寛永10（１６３３）年に御影堂移築のために書院を西に移築した際、方向を90度回転させて大改造し、白書院を合体させたことがわかっている。

書院の床は畳か板敷きで、その外側に**切目縁《きりめえん》**（壁面と直角方向に板を張った縁《えん》。壁面に平行に板を張ったのは**榑縁《くれえん》**と言う）の**落縁《おとしえん》**（下図）がついている。また、各室の天井は格式の高い**格天井《ごうてんじょう》**で、**「控の間」**のみが**猿頬天《さるぼおてん》井《じょう》**（**竿縁天井《さおぶちてんじょう》**、97頁参照）になっており、天井の形式によって部屋の格付けがなされていることがわかる。

西本願寺書院は、書院造の最も豪華な水準を示していると言える。

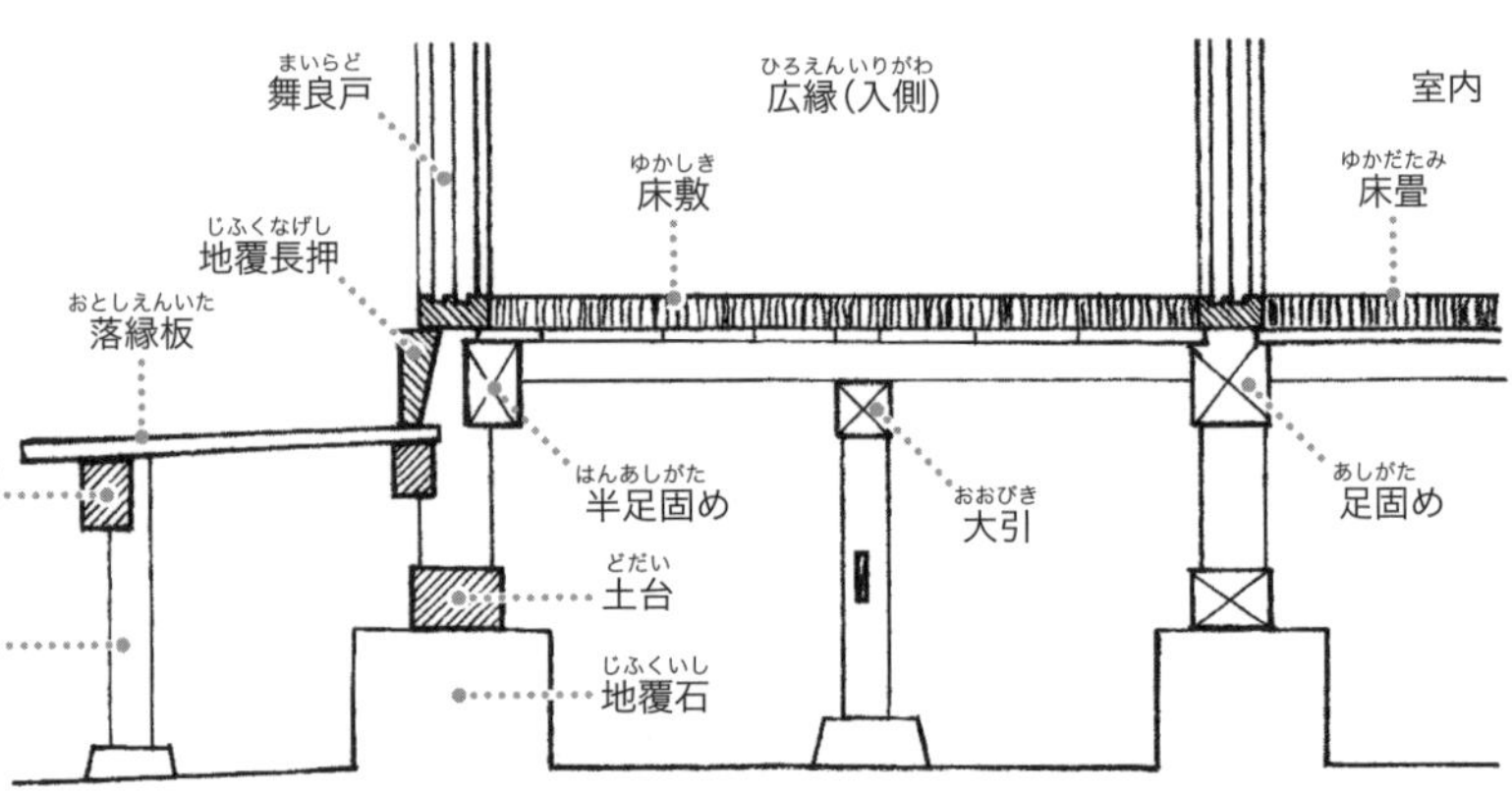

広縁と落縁

●書院全体の構成

大きく対面所・白書院とその他の間で構成されている。

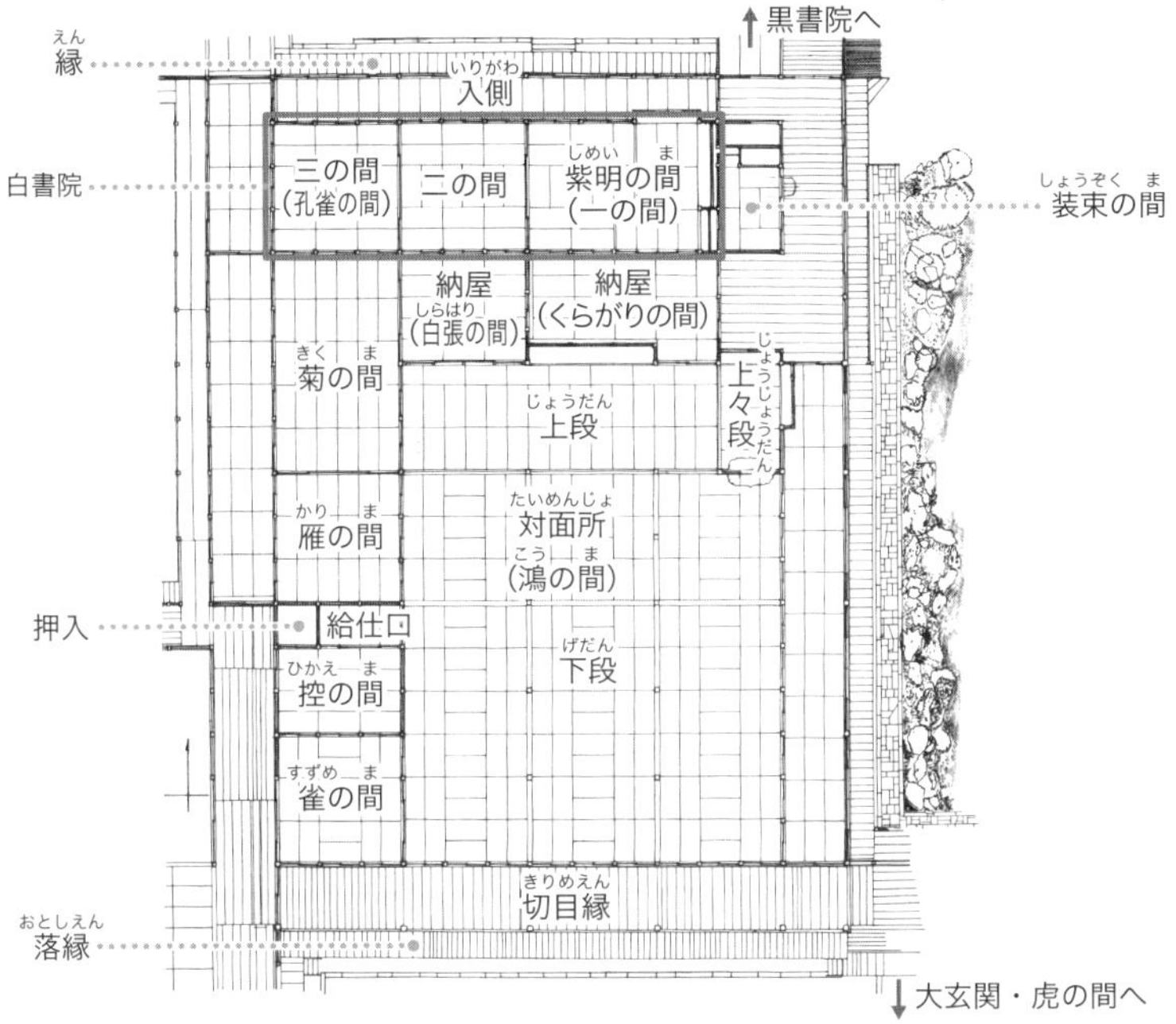

書院
平面図

書院
東面立面図

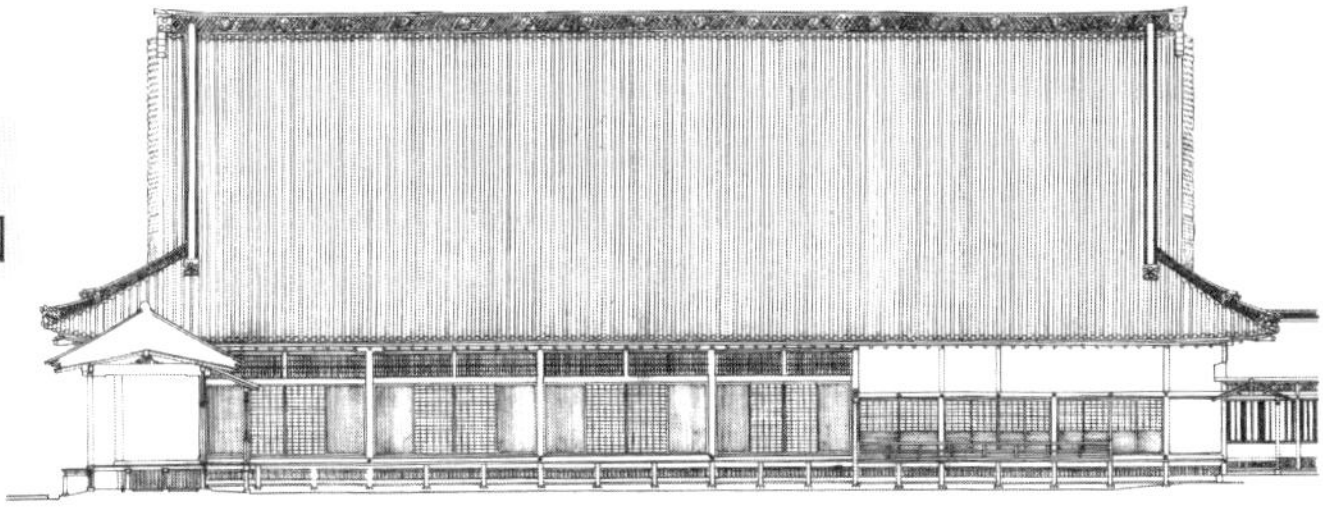

書院
南面立面図

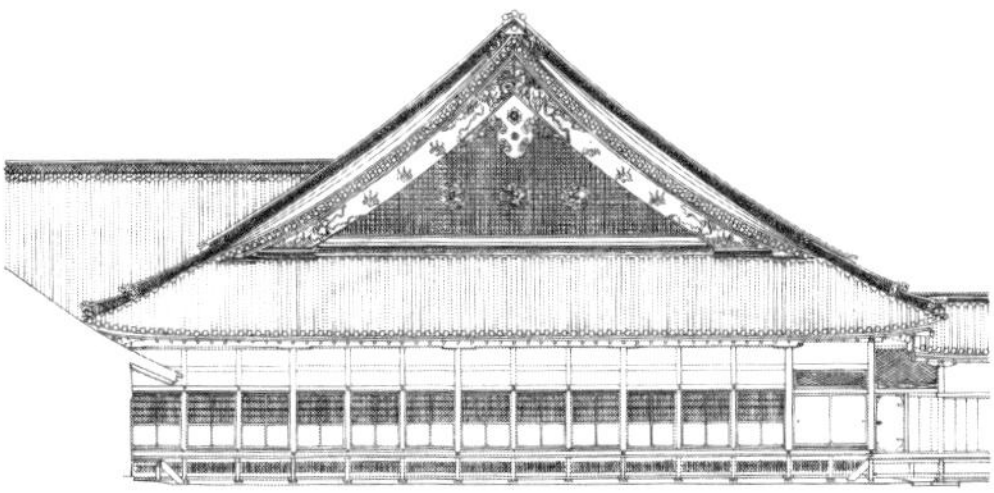

見どころ②

三段に区分された対面所

対面所は幅（東西）九間、奥行（南北）一一間の大広間であり、大きく**上々段《じょうじょうだん》**、**上段《じょうだん》**、**下段《げだん》**に区分されている。上段の框《かまち》（床《ゆか》の端に用いる横材）の上部にある**欄間《らんま》**（下図参照）に鴻《こうのとり》の透し彫りがあるため、「鴻《こう》の間《ま》」と呼ばれている。

上段には法主《ほっす》などの有力者、下段には一般僧侶が座ることになっていた。なお、上段の天井は**支輪《しりん》**のついた**折上格天井《おりあげごうてんじょう》**となっているが、下段は**格天井《ごうてんじょう》**となっており、上段の方をより豪華にすることで、身分の違いを強調している（97頁参照）。

上々段は右手奥の間で、「**違棚《ちがいだな》**」と「**附書院《つけしょいん》**」がある。上々段と下段の間には**花頭窓《かとうまど》**がある。

上段は正面奥行二間部分のことで、中央に三間の**床《とこ》**、左に**帳台構《ちょうだいかまえ》**があり、**座敷飾**が一直線に並んでいるのが特徴である。これは、本願寺系寺院独特の配置である。他には大通寺広間、東本願寺大寝殿、照蓮寺、和歌山市鷺森本願寺別院（戦災で焼失）などの例がある。

下段は空間を三列×二段に分けるように柱と**無目敷居《むめしきい》**（溝のない敷居）で区画されているが、これは身分によって異なる着座位置を示すためである。壁面・襖には極彩色の**障壁画**があり、江戸初期の狩野《かのう》派絵師である渡辺了慶一派の作とされる。

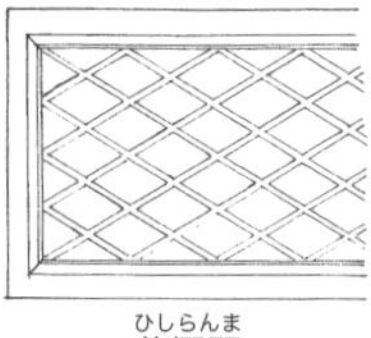
菱欄間《ひしらんま》

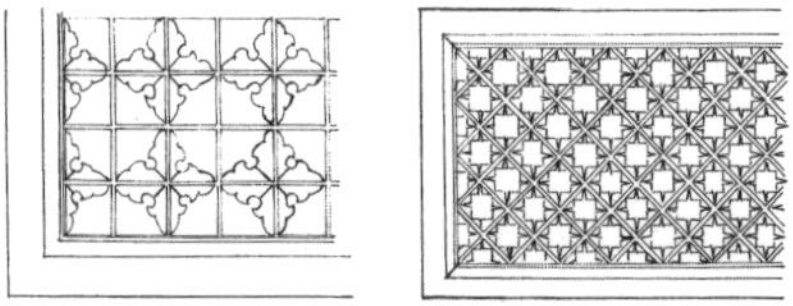
花欄間《はならんま》

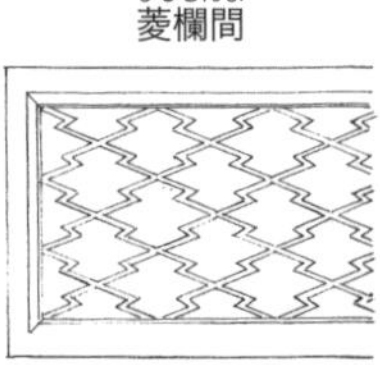
剣菱欄間《けんびしらんま》

籠彫欄間《かごほりらんま》

一般的な各種欄間

●西本願寺対面所

上々段、上段、下段に分かれており、天井や座敷飾で着座する人々の序列が表現されている。

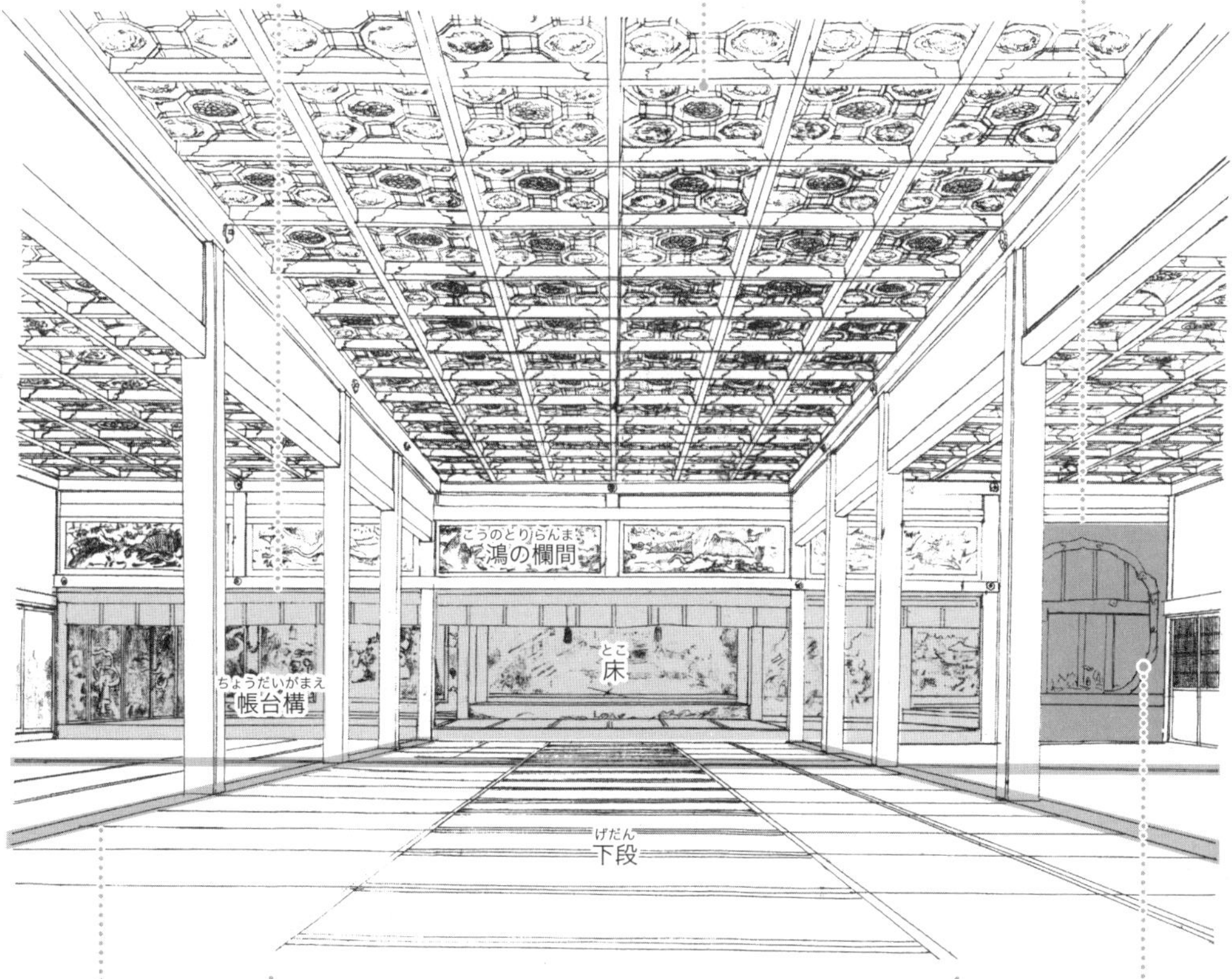

見どころ③

欄間の様式で空間に差がある

対面所の北に「**くらがりの間**」「**白張《しらはり》の間**」があり、その奥に**白書院《しろしょいん》**がある。白書院は、東から西に「**紫明《しめい》の間**」（一の間）、「**二の間**」、「**孔雀《くじゃく》の間《ま》**」（三の間）で構成されており、南に折れて、「**菊の間**」「**雁《かり》の間**」に続いている。対面所と白書院は別棟であったものを合体したことが解体修理で明らかになっている。

紫明の間は上段の間に当たり、正面に**押板《おしいた》**と**棚《たな》**が並び、左に**附書院《つけしょいん》**、右に**帳台構《ちょうだいがまえ》**と一般の書院造の配置になっている。正面九畳と右手の一畳が一段高くなっている。天井は**折上格天井《おりあげごうてんじょう》**である。

一の間と二の間の間の**欄間《らんま》**は藤と松の透かし彫り、二の間と三の間は雉と牡丹、菊の間と雁の間の間は雲と雁。前二者は隙間が少なく、彩色も豪華であるが、雲と雁は隙間が多く単調な彩色とし、様式に差をつけている。孔雀の間は、畳を上げると能舞台として使用できるように工夫されており、菊の間との間の境の柱間一間は「橋掛かり」（舞台に通じる廊下部分）として使用できるようになっている。

紫明の間の北の**入側《いりがわ》**（縁《えん》と座敷の間の一間幅の通路）を東に行くと右に**装束《しょうぞく》の間**がある。六畳で**床《とこ》**と**棚《たな》**がつき、**花頭窓《かとうまど》**がついている。この部屋だけは彩色も彫刻もない部屋で、かえって新鮮さを感じさせる。入側の左は**黒書院**に通じる通路で、非常に豪華な建具が入っている。

白書院と黒書院

御殿建築において、対面所や大広間は最も公式で格式が高い空間である。この格式が白書院、黒書院の順に低くなり、私的な要素が多くなる。黒書院は最もプライベートな部屋で、多くの数寄屋の要素を見ることができる。これは本願寺の場合であって、二条城二の丸御殿の場合は、この順が逆になる。

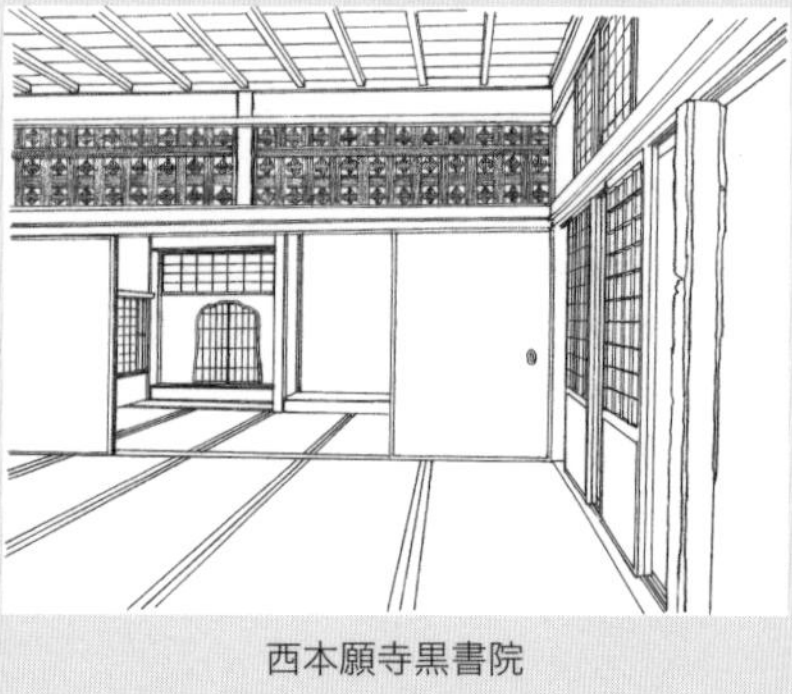

西本願寺黒書院

●白書院・紫明の間

紫明の間は白書院の上段の間に当たり、一般的な書院造の座敷飾の配置になっている。

◆西本願寺と並ぶ書院造の最高峰・二条城二の丸御殿

西本願寺書院と並んで江戸時代初期の絢爛豪華な書院造を見られるのが二条城二の丸御殿である。

徳川家康によって慶長7（1602）年に二条城の造営が始められ、慶長11（1606）年に現在の二の丸に当たる部分が完成した。寛永2（1625）年からは西に本丸を拡張したが、その後の災害で本丸部分が破損・焼失してしまった。現在の二の丸と呼ばれる部分は幸い災害を受けなかったため、中心になる建物が今日に残っているのである。

二の丸御殿は、**遠侍**《とおざむらい》・**式台**《しきだい》・**大広間**・**蘇鉄の間**・**黒書院**（**小書院**）・**御座**《ござ》**の間**（**白書院**）という建物から構成されており、東南から西北にかけて雁行型に配置されている。中でも**大広間**は一四間半×一三間半の広大な部屋で、**上段の間**（四八畳）、**下段の間**（四四畳）、**三の間**（四四畳）、**四の間**（五二畳）、**帳台**・**納戸**から成っている。上段の間は**床**・**違棚**・**附書院**・**帳台**を備えており、**二重折上格天井**であるのに対して、下段の間は**折上格天井**、三の間・四の間は**格天井**であるなど、差がつけられている。欄間・障壁画等も見どころである。

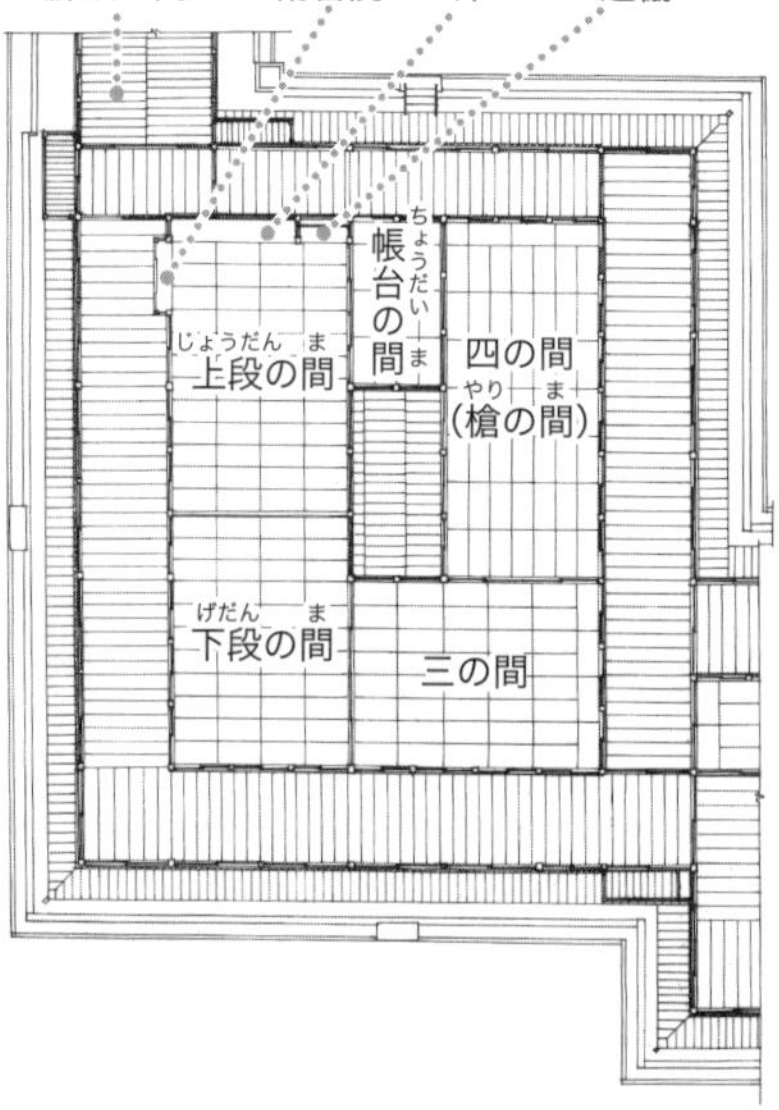

二条城二の丸御殿大広間平面図

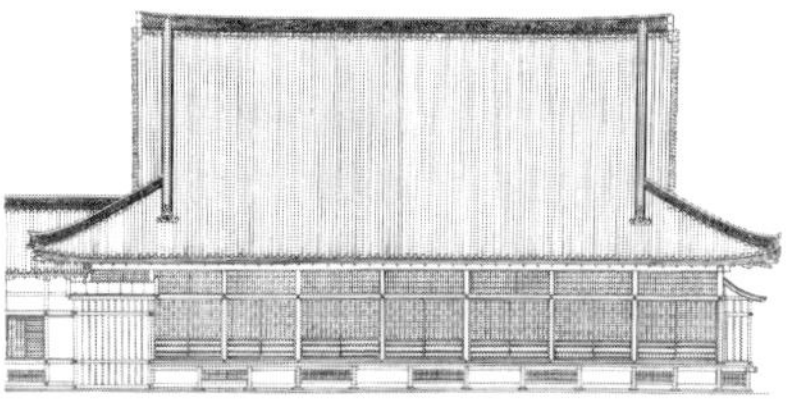

二条城二の丸御殿西面立面図

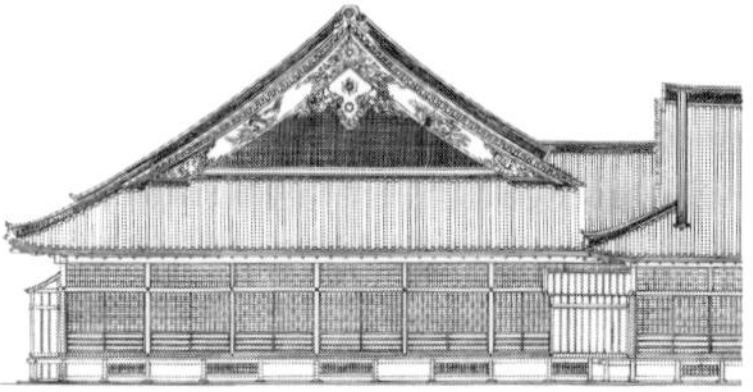

二条城二の丸御殿南面立面図

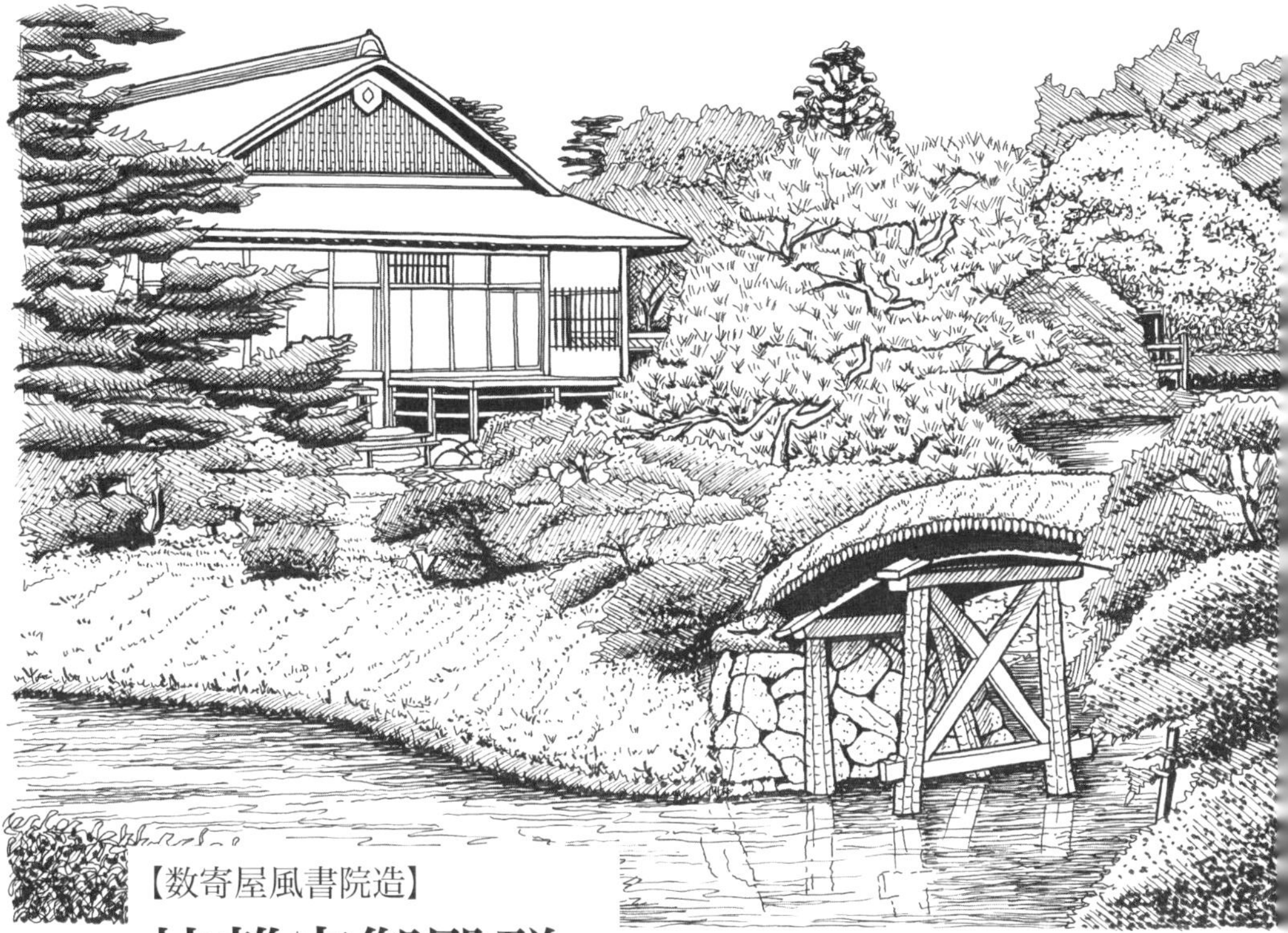

【数寄屋風書院造】

桂離宮御殿群

格式・規格を排した自由なディテール

数寄屋風書院造の傑作

　京都・桂川の西岸、八条通と桂川の交わるところにある桂離宮前バス停から、竹を曲げてつくった「桂垣《かつらがき》」を見ながら北へ廻ると桂離宮の表門である。

　桂離宮は、江戸時代の初期に、皇族・八条宮《はちじょうのみや》家の智仁《としひと》・智忠《としただ》・隠仁《やすひと》親王の三代にわたって別荘として造営され、寛文3（1663）年の後水尾《ごみずのお》上皇《じょうこう》の御幸《みゆき》に合わせて完成した。明治16（1883）年以降宮内省（現在の宮内庁）の所管となり、「桂離宮」と呼ばれるようになった。昭和51（1976）年から「昭和の大修理」が行われ、創建以来初めて全体が解体されたため、様々な事実が明らかになった。

　桂離宮を見学するためには宮内庁への事前の申し込みが必要。江戸時代の王朝風文化を伝える数寄屋風書院造の傑作として是非見ておきたい建築である。

ポイント

格式・規格を排した数寄屋

戦国時代末期から江戸時代初期にかけて、城郭や城下町の建設ラッシュが続き、また戦乱の中で炎上した宗教建築の再建復興も盛んであったことから、効率的な建築工事が求められ、「**木矩**《きく》」「**木割**《きわり》」と呼ばれる建築の規格化が進んだ。各棟梁は、その流儀に従って奥義書をまとめたが、中でも現在まで伝わっている有名なものに、和歌山の棟梁で、後に江戸幕府の大棟梁になる平之内政信《へいのうちまさのぶ》の著した『**匠明**《しょうめい》』がある。

そうした権威的な動きに対する反動として、主に上方の貴族層や文化人の間に、書院造の重視する格式・装飾・左右対称や、規格化された建築を排し、精神性や質素ながらも洗練された意匠を求める動きがあり、「好き勝手」に住宅建築をつくっていったのである。これが「**数寄屋**《すきや》」と呼ばれるようになった。ただ、「好き勝手」といっても、無秩序につくられるのではない。高い教養と広い知識に基き、伝統をふまえた上での自由・創造性を重視するのが数寄屋の思想の特徴である。

数寄屋は、広義には茶室や庭園内に建てられる**茶屋**《ちゃや》を含み、古くは茶屋のことを数寄屋と呼んでいたこともあったが、狭義には**桂離宮書院群**や**修学院離宮寿月観**《じゅげつかん》、**本願寺黒書院**《くろしょいん》、**園城寺**《おんじょうじ》**光浄院客殿**《こうじょういんきゃくでん》のようなものを指し、茶室・茶屋と数寄屋は区別する。現在では狭義の考え方に傾いているものの、はっきりとは分けられていない。

茶屋の例（水無瀬神宮燈心亭）

●茶屋の例（桂離宮松琴亭）

広義の数寄屋には茶屋を含み、古くは茶屋のことを数寄屋と呼んでいたこともあったが、現在は区別する傾向にある。

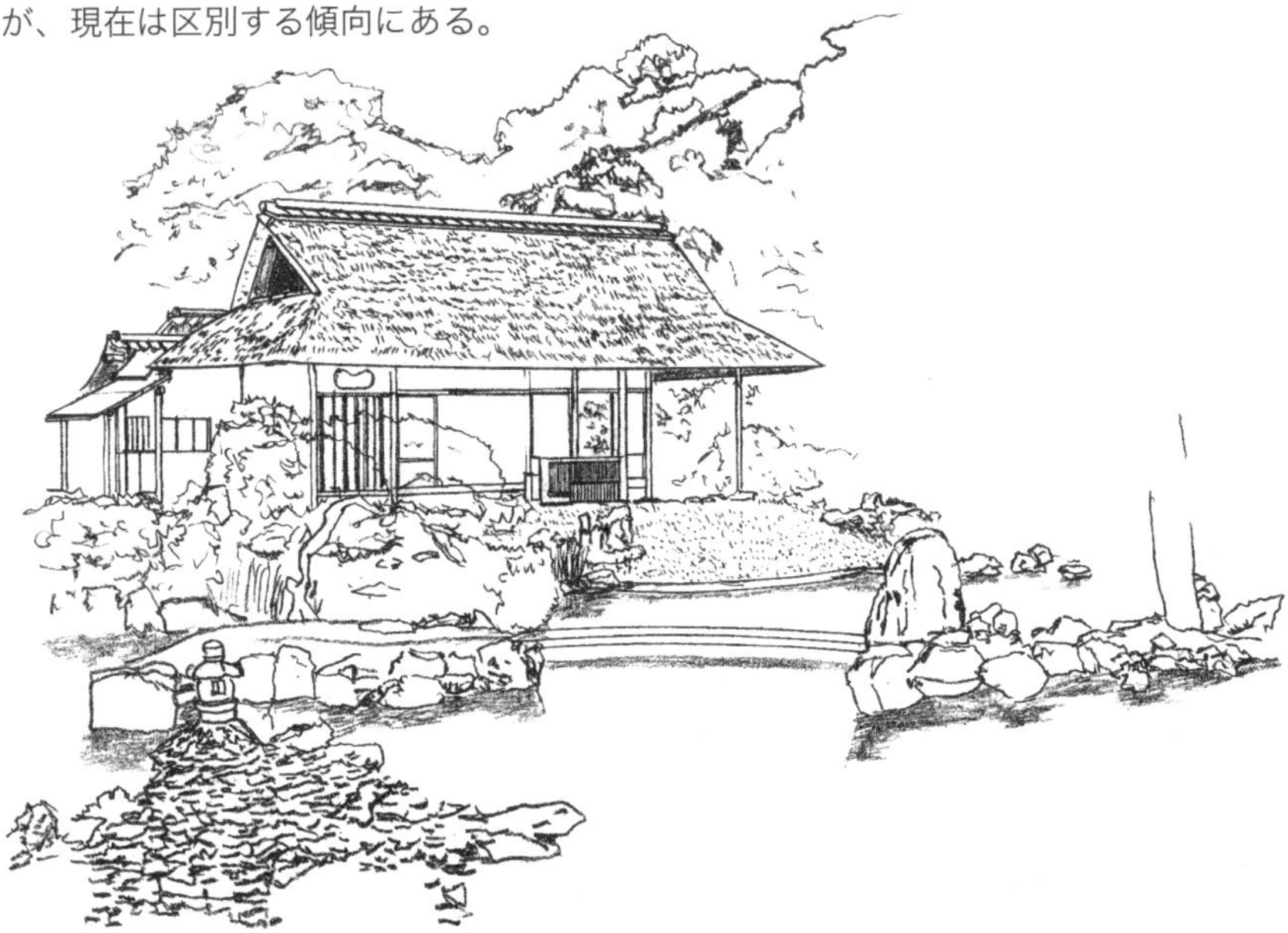

市松模様の襖（桂離宮松琴亭）

見どころ①

時代順に数寄屋の要素を強める三つの書院

桂離宮の御殿群は「**数寄屋風書院造**《すきやふうしょいんづくり》」と呼ばれ、**古書院**《こしょいん》・**中書院**《ちゅうしょいん》・**楽器間**《がっきのま》・**新御殿**《しんごてん》の順に雁行型に増築されて現在に至っている。これは室内から庭園を見るのに良いためであると考えられる。古書院から新御殿まで、時代が下がるにつれて数寄屋の要素がより強く出てくるのが特徴である。

古書院は「**瓜畑**《うりばたけ》**のかろき茶屋**」とも呼ばれ、最も従来の書院造の性質を残している。柱は檜《ひのき》ではなく松・杉で簡素な数寄屋風であるが、丸柱《まるばしら》ではなく**角柱**《かくばしら》で、建具の引手《ひきて》はすべて**小判型**、柱の釘隠《くぎかくし》は**六葉**《ろくよう》**型**で定型的であるなど、画一的で変化が少ない。欄間《らんま》は「**筬**《おさ》**欄間**」である。

中書院は二代智忠《としただ》親王の結婚に備えて寛永18（1641）年に増築された。柱は杉の**面皮柱**《めんかわばしら》（四隅に皮を削り残してある柱）で、草庵風の趣を感じさせる。中書院は貴族住宅に面皮柱が使われた初期の例だ。一の間と二の間の境には**木瓜**《もっこう》**形の窓**（**木瓜縁脇壁**《もっこうふちわきかべ》）がある。

楽器間・新御殿は、智忠親王が万治2（1659）年以降に増築したもので、柱は**杉丸太**である。**月**《つき》**の字崩**《じくず》**しの欄間**や、左の図のような非常に凝った各種の**引手**《ひきて》・**釘隠**《くぎかくし》・**飾金物**《かざりかなもの》が有名だ。

御殿群を通じて（特に中書院の一部と新御殿で）、杉柱のひび割れ対策として、「**背割り**」というひび割れ誘発鋸目《のこめ》が入っており、木部に荏油《じんゆ》と松煙《しょうえん》を溶かした顔料で色をつけて色むらを防ぎ、防虫防腐効果を持たせている。

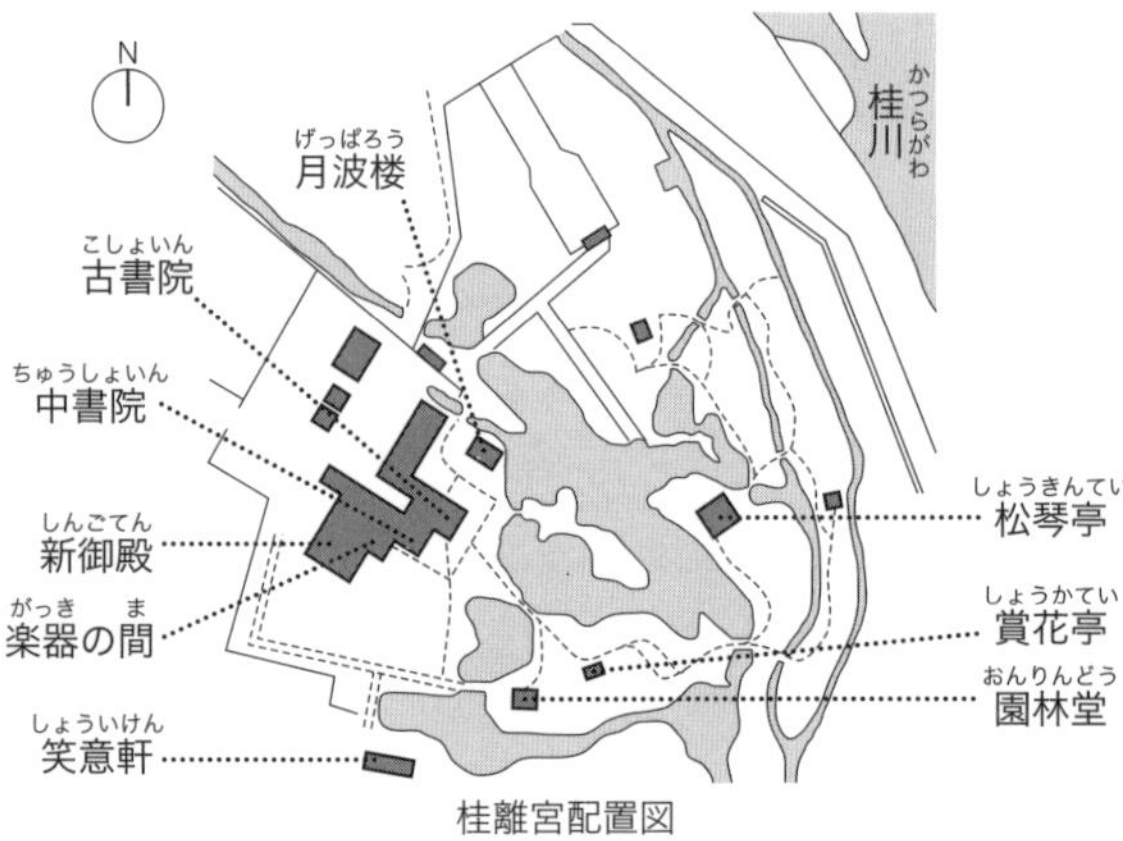

桂離宮配置図

●桂離宮新御殿・楽器の間・中書院

時代が下がるにつれて数寄屋の要素が強まる。

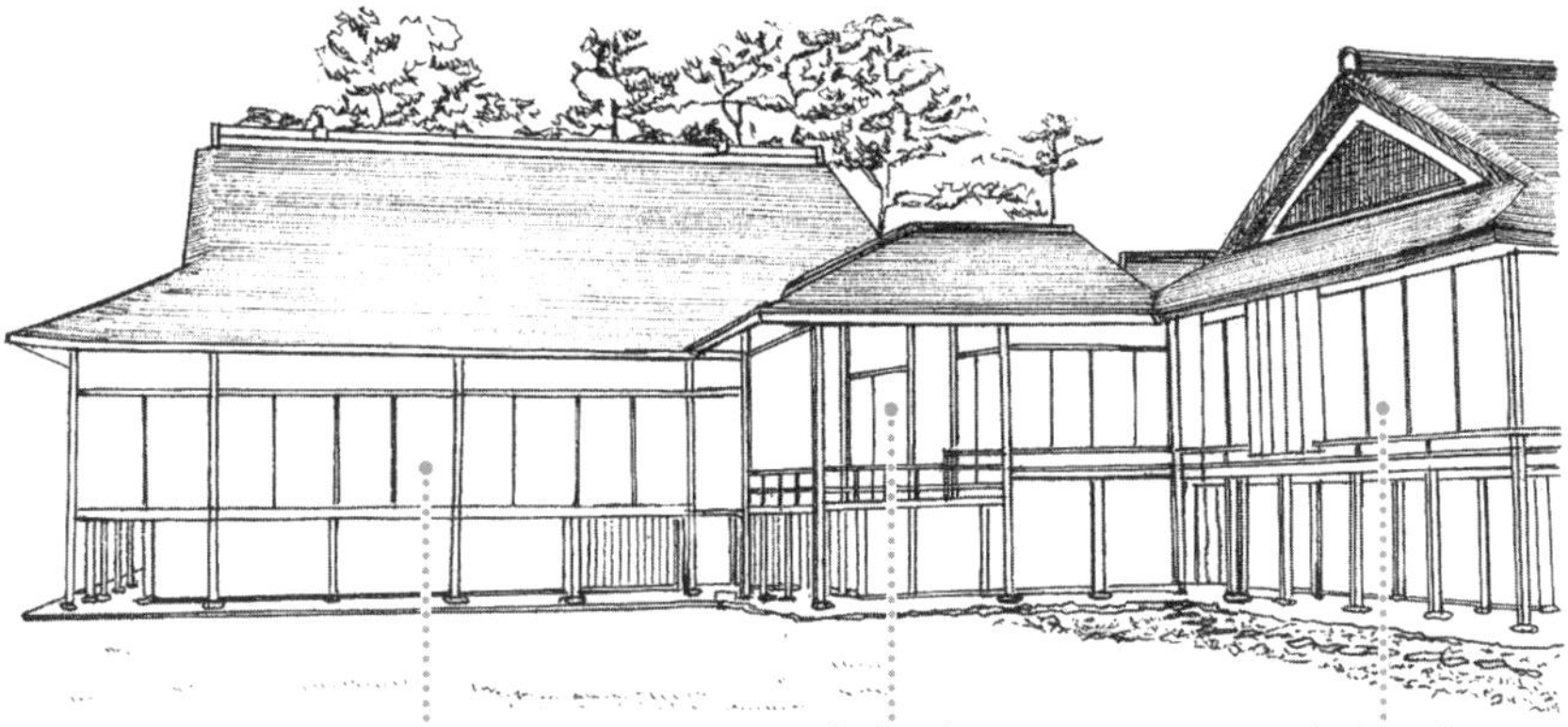

●桂離宮のディテール

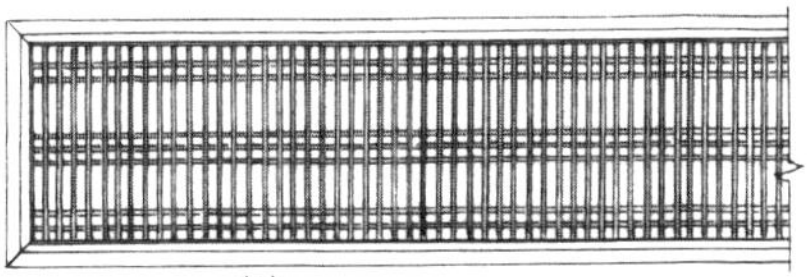
筬《おさ》欄間（古書院）

月の字崩しの欄間（新御殿）

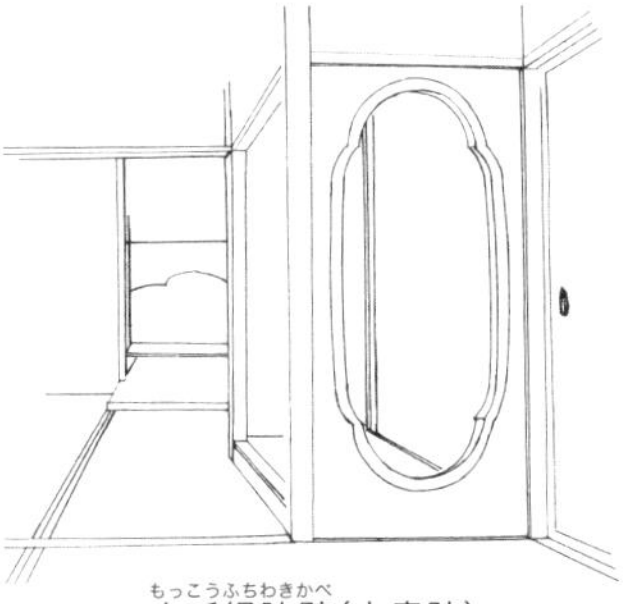
木瓜縁脇壁《もっこうふちわきかべ》（中書院）

●桂離宮新御殿の引手・釘隠・飾金物

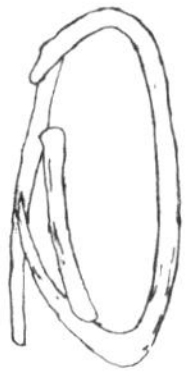
月の字の引手

松葉の引手

櫂《かい》の引手

結び紐の引手

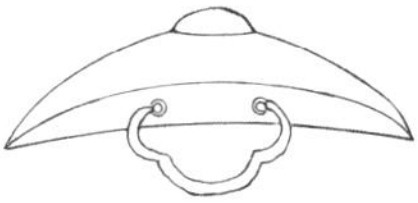
市女笠《いちめがさ》の引手

水仙の釘隠

高欄架上端金物《こうらんかけうわば》

見どころ②

天下の三棚——桂棚・霞棚・醍醐棚

桂離宮新御殿の「**違棚**《ちがいだな》」は別名「**桂棚**《かつらだな》」と呼ばれ、修学院離宮客殿の「**霞棚**《かすみだな》」、醍醐寺三宝院《さんぼういん》の「**醍醐棚**《だいごだな》」と並んで「**天下の三棚**《さんたな》」と呼ばれている。それぞれの特徴と違いを押さえておこう。

桂離宮新御殿「一の間」の上段に、上部に丸みを帯びた**櫛型窓**《くしがたまど》のある「**附**《つけ》**書院**《しょいん》」と、棚板《たないた》に**袋棚**《ふくろだな》（戸のついた物入）・**地袋**《じぶくろ》（一番下の物入）が巧みに組み合わされ、立体的な印象を与える「桂棚」がある。

桂棚は黒檀《こくたん》・紫檀《したん》・伽羅《きゃら》・鉄刀木《たがやさん》など、一八種もの舶来の銘木（**唐木**《とうぼく》）を組み合わせてつくられている贅沢なもので、地袋に描かれた山水画は狩野探幽の筆である。実は「一の間」の桂棚の裏側に当たる「御化粧《おけしょう》の間」には、直線的なデザインの棚があり、「**裏桂棚**」と呼ばれている。

修学院離宮中御茶屋客殿「一の間」の「**霞棚**《かすみだな》」は、互い違いに配された棚板が、まるで霞がたなびいているようであることから、このように呼ばれている。客殿は後水尾天皇女御《にょうご》である東福門院の御殿を移築したもので、地袋の絵や羽子板の形をした引手など細部のデザインからも、女性的で華やかな印象を与える。

醍醐寺三宝院宸殿《しんでん》の「**醍醐棚**《だいごだな》」は、一見するとシンプルな違棚《ちがいだな》のようであるが、棚板は奥の壁から離れていて左右のみ壁とつながっており、棚の重さは一本の柱のみで支えられているという特徴がある。

醍醐棚
（醍醐寺）

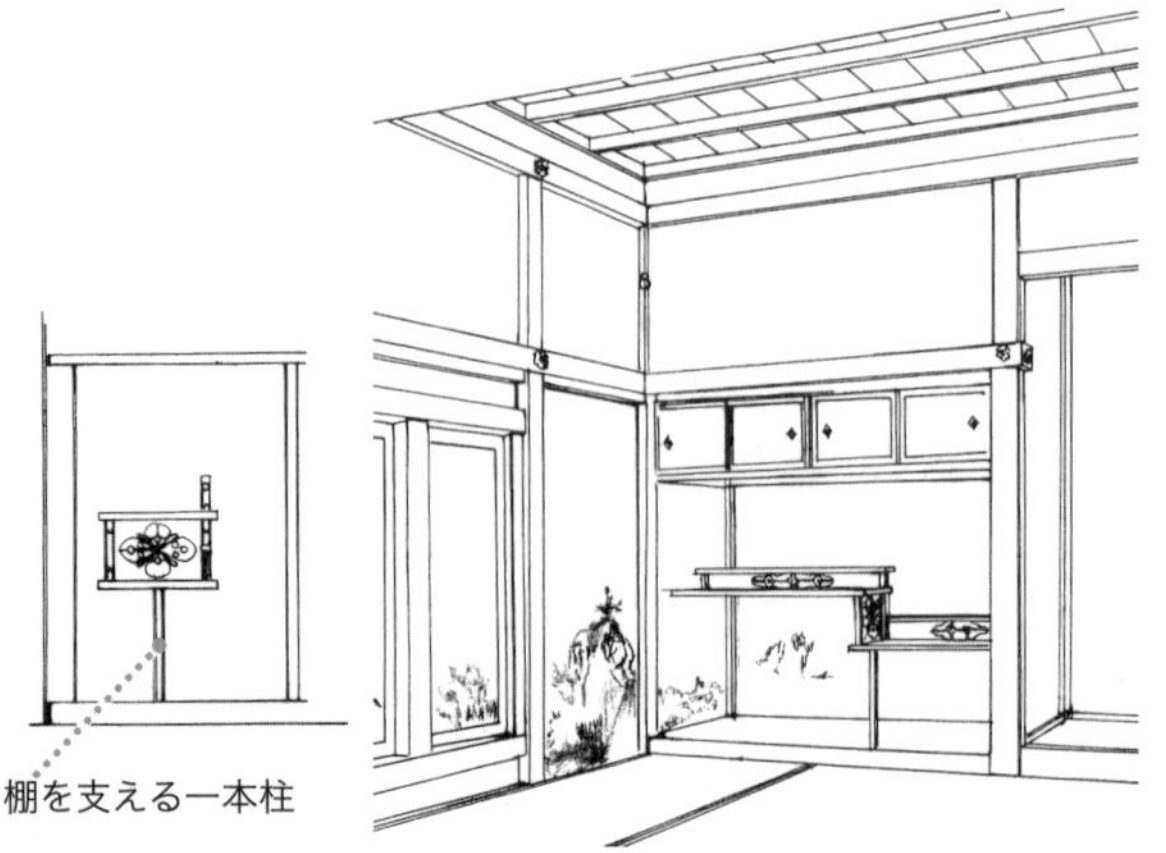

●天下の三棚

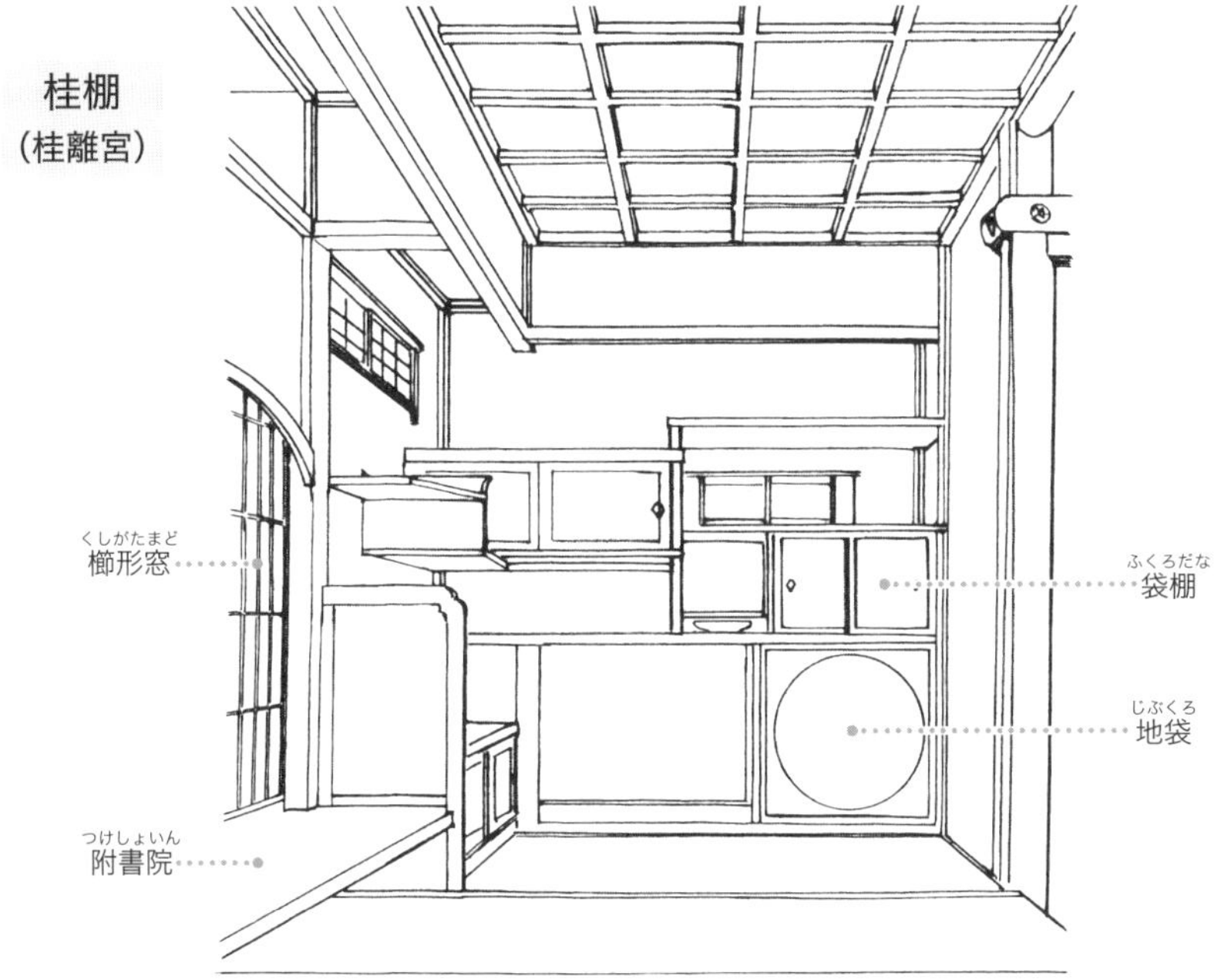
桂棚
(桂離宮)
櫛形窓《くしがたまど》
附書院《つけしょいん》
袋棚《ふくろだな》
地袋《じぶくろ》

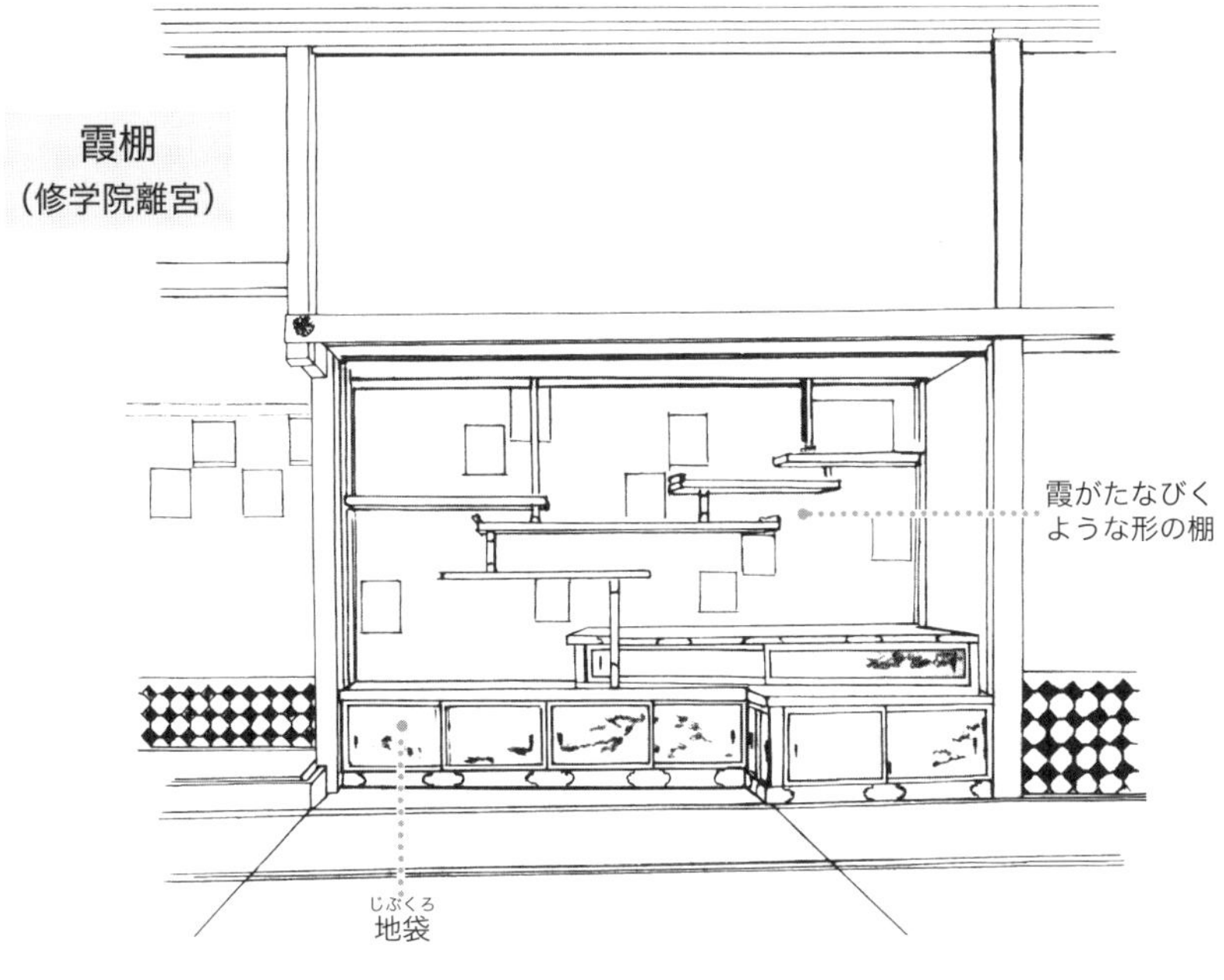
霞棚
(修学院離宮)
霞がたなびくような形の棚
地袋《じぶくろ》

◆修学院離宮の数寄屋建築

桂離宮と並んで代表的な数寄屋建築の例として知られるのが修学院離宮《しゅうがくいんりきゅう》である。修学院離宮は17世紀の中頃に後水尾上皇《ごみずのおじょうこう》の別荘として造営され、下御茶屋《しものおちゃや》・中御茶屋《なかのおちゃや》・上御茶屋《かみのおちゃや》の三つの庭園で構成される。

下御茶屋《しものおちゃや》の寿月観は後水尾上皇時代の建築で、文政7（1824）年に光格天皇の御幸《みゆき》にあたって再建された。L字型の平面が特徴で、「一の間」には三畳の上段部分があり、柱は杉の**面皮柱《めんかわばしら》**、長押《なげし》は杉の**丸太**を使用し、壁は**色土壁《いろつちかべ》**の数寄屋建築である。

中御茶屋《なかのおちゃや》の客殿は徳川秀忠の娘で後水尾天皇女御《にょうご》・東福門院《とうふくもんいん》の御殿の奥対面所を移築したもので、「一の間」の違棚《ちがいだな》は前述の「**天下の三棚**」に数えられる。

上御茶屋《かみのおちゃや》は浴龍池《よくりゅうち》という池の中島に建っている**方形造《ほうぎょうづくり》**・**柿葺《こけらぶき》**の茶亭建築であり、後水尾上皇による創建当初から現存している唯一の建物である（大幅な改修を受けている）。内部は一室のみで、間仕切りはなく、L字型をした六畳の上段の間と一三畳の下段の間に分かれている。床《とこ》や棚《たな》などの座敷飾《ざしきかざり》はなく、柱が**面皮柱**になっている簡素な数寄屋風建築である。

修学院離宮下御茶屋寿月観

【茶室】

曼殊院小書院・八窓軒茶室

数寄の精神を伝える茶室建築の典型

茶室建築の典型

京都の北東を走る叡山《えいざん》電鉄を「修学《しゅうがく》院《いん》」駅で降りて東へ歩き、鷺森《さぎのもり》神社を過ぎると曼殊院門跡《まんしゅいんもんぜき》が見えてくる。

曼殊院は、天台宗五箇室《ごかしつ》門跡（門跡は皇室・貴族が住職を務める寺院）に数えられ、桂離宮を造営した八条宮智仁《としひと》親王の弟である良尚《よしひさ》親王の代に現在の北白川一乗寺の地に移転したとされる。

由来からもわかるように、桂離宮のつくられた江戸時代初期の文化的影響を強く受けており、曼殊院は「**小さな桂離宮**」と呼ばれることもある。

曼殊院の建築的な見どころは、小書院に付属する八窓軒《はっそうけん》と呼ばれる茶室である。釈迦の生涯を表す「八相成道《はっそうじょうどう》」に因む八つの窓があることから八窓軒と呼ばれている。京都三名席の一つに数えられ、重要文化財建造物にも指定されている茶室建築の典型である。

ポイント

自由な精神による茶の空間

奈良時代に茶葉を煉瓦《れんが》のように固めた磚茶《たんちゃ》が中国からもたらされ、これを削って飲んでいたが、嗜好品というより薬品だった。遣唐使廃止後、茶は忘れられたが、鎌倉時代に禅僧・栄西《えいさい》が茶の種を持ち帰り、京都・高山《こうざん》寺《じ》の明恵上人《みょうえしょうにん》が裏山に蒔《ま》いて育てたのが始まりとされる。禅宗では飲酒を禁じているため、人と話す際に茶が飲まれ、一般にも広まった。室町時代に入り、権力者や金持ちの間で品物を自慢しながら茶話《さわ》することが流行し、豪華な**茶会**《ちゃかい》が開かれるようになった。これに反発し、**数寄屋**《すきや》の精神による茶を目指したのが村田珠光《むらたじゅこう》・武野紹鷗《たけのじょうおう》・千利休《せんのりきゅう》らだ。

茶室は**四畳半**《よじょうはん》が基本で、それより大きいものは**広間**《ひろま》、小さいものは**小間**《こま》と呼ぶ。四畳半茶室ができたのは、**園城寺光浄院客殿**《おんじょうじこうじょういんきゃくでん》の一八畳の部屋を四分の一に仕切ったのが最初とされる。茶室を「囲い」とも呼んだことを考えると有力な説である。記録には武野紹鷗の四畳半、利休の**東大寺四聖**《しせい》**坊**《ぼう》や**聚楽**《じゅらく》**屋敷**の四畳半なども伝えられており、中でも聚楽屋敷の四畳半は現在の裏千家《うらせんけ》の茶室・**又隠**《ゆういん》に忠実に伝わるとされる。利休は茶室を小さくし、**裏千家今日庵**《こんにちあん》のような一畳のものまでつくったが、古田織部《ふるたおりべ》や織田有《おだう》楽斎《らくさい》は少し大きめの三畳くらいのものを、さらに下って小堀遠州《こぼりえんしゅう》は四畳半や十二畳の茶室をつくって書院との融合を図った。茶室が自由な精神性を保ったのは17世紀末までで、その後は家元制度によって硬直化していった。

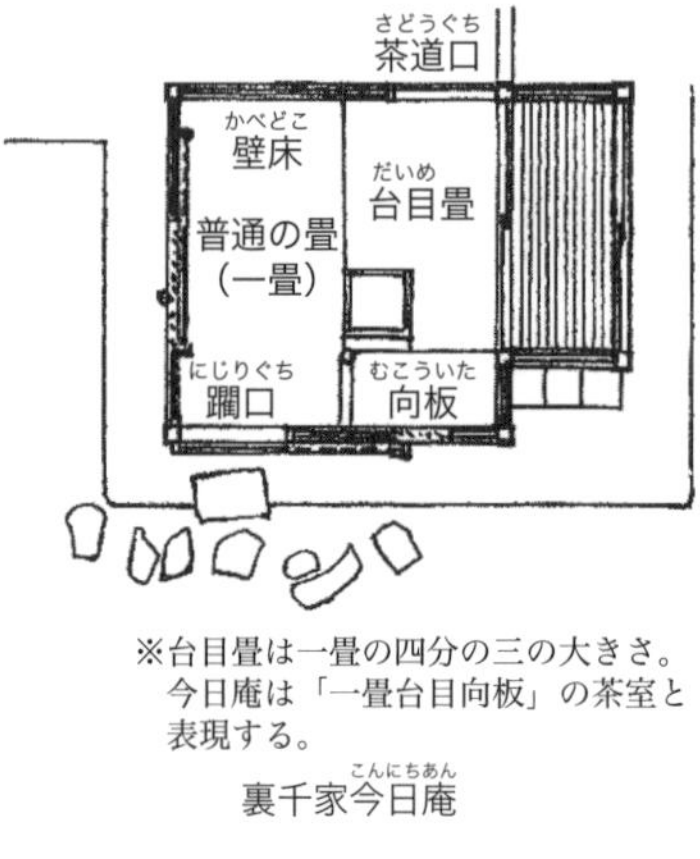

※台目畳は一畳の四分の三の大きさ。
今日庵は「一畳台目向板」の茶室と表現する。

裏千家今日庵《こんにちあん》

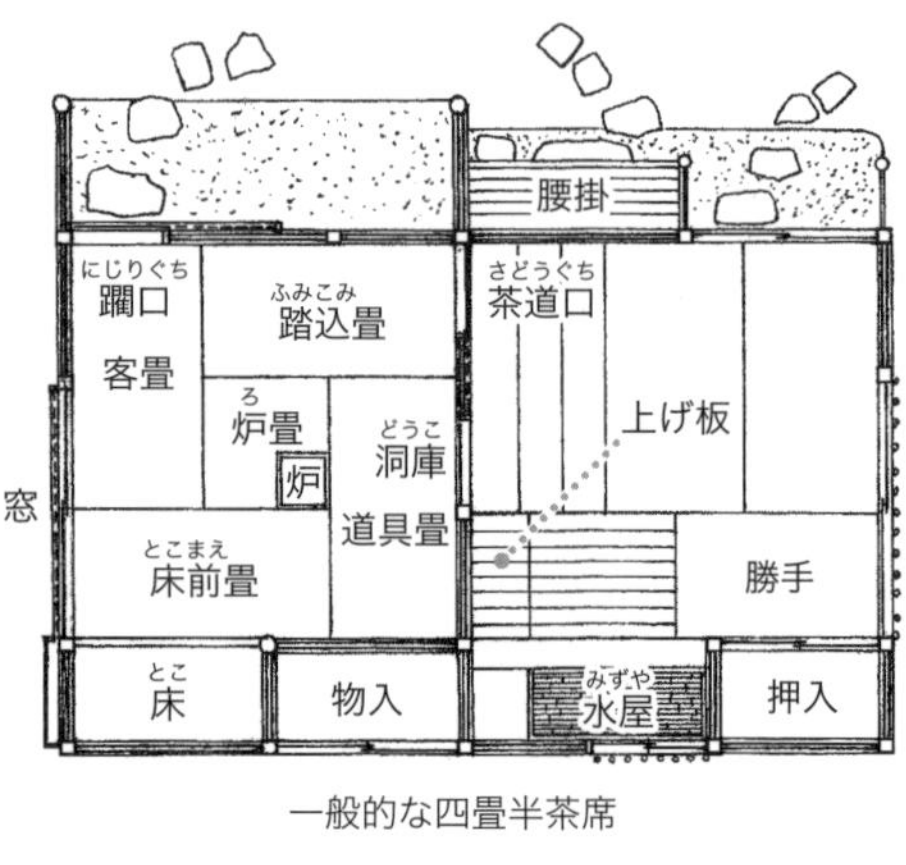

一般的な四畳半茶席

●茶室の基本は四畳半

18 畳の部屋を 4 分の 1 に仕切ったのが「四畳半」の始まりとされる。

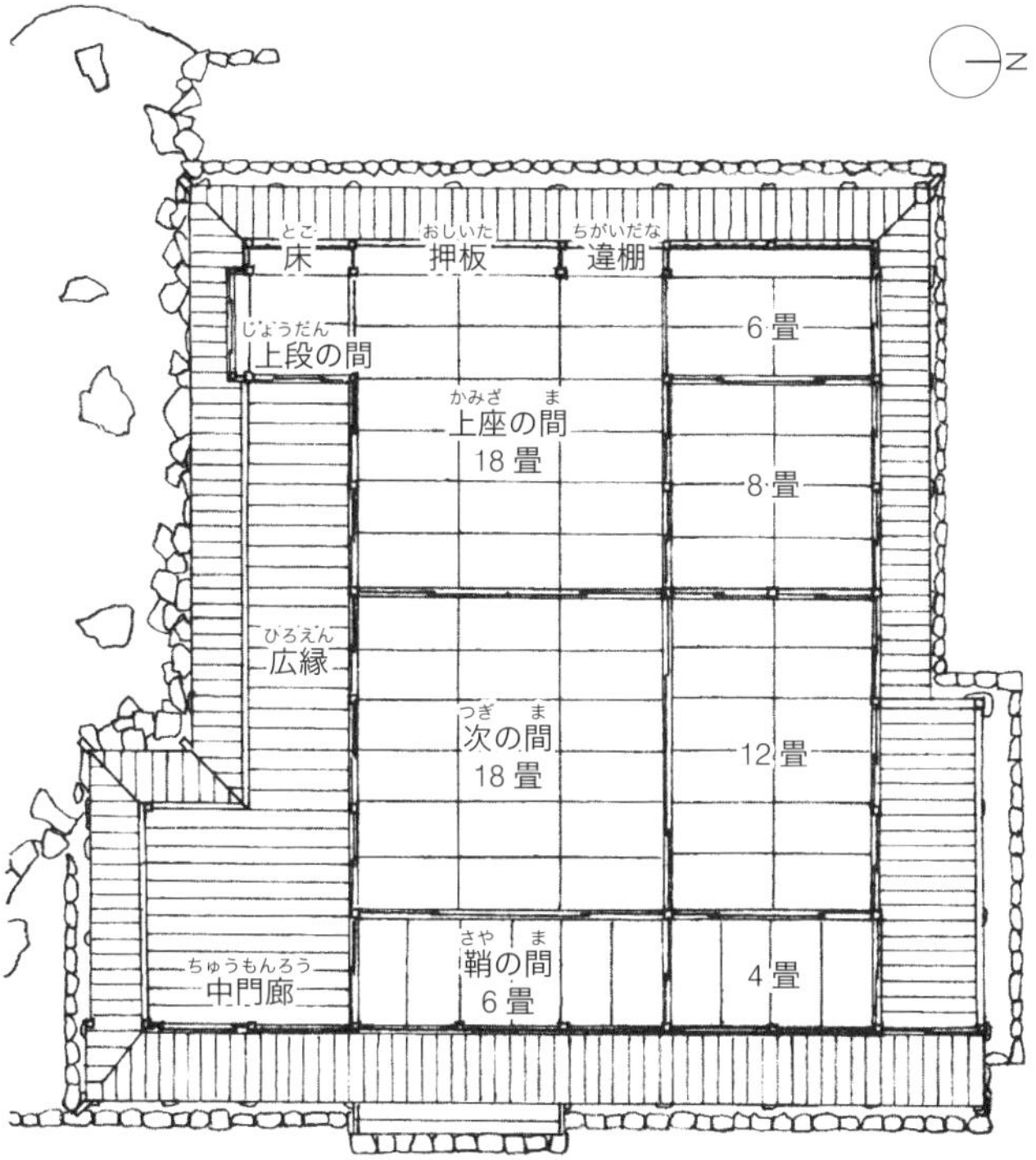

園城寺光浄院客殿平面図

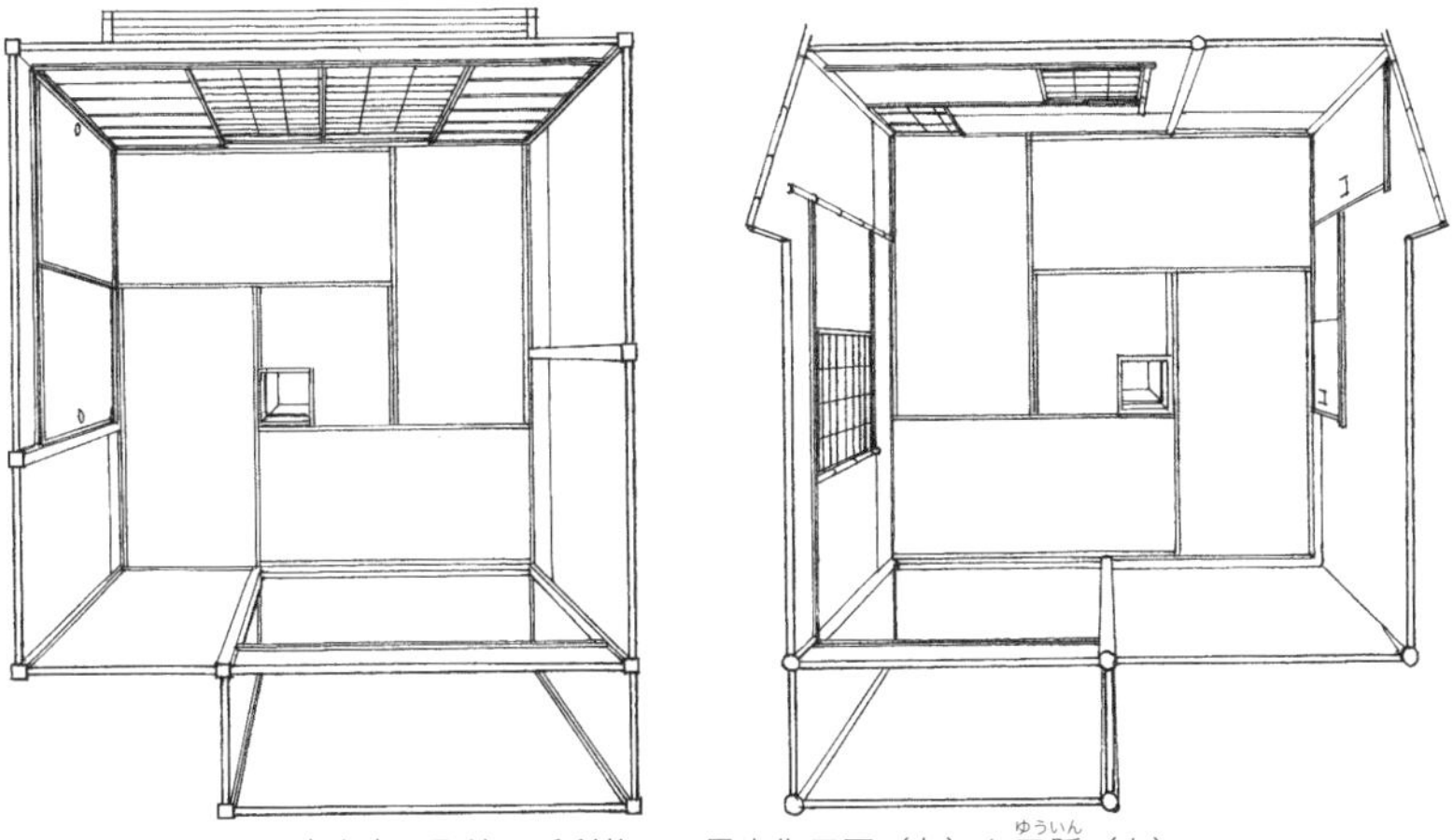
東大寺四聖坊の千利休の四畳半復元図（左）と又隠《ゆういん》（右）

見どころ①
「小さな桂離宮」と呼ばれる住宅

曼殊院は、大きく庫裏《くり》周辺、玄関周辺、本堂（大書院）周辺、小書院周辺、茶室に分けて見ることができる。

庫裏《くり》に入ると二間《にけん》の土間、二間半の板敷き、一間半の畳敷きになっており、畳敷きの上部に「つし」と呼ばれる部屋がある。「つし」の床以外には天井がないため、庫裏の小屋組み（屋根裏の構造）が見えており、**化粧垂**《たる》**木**《き》や**桔木**《はねぎ》の納まりがよく観察できる。

庫裏より奥に進むと**大玄関**《おおげんかん》で、不動明王が安置されている「竹の間」、襖に竹と虎・豹が描かれた「虎の間」、襖に人の一生になぞらえた孔雀と松が描かれた「孔雀の間」がある。曼殊院は竹門跡《たけもんぜき》の異名を持つが、これは竹の間の襖にあしらわれた竹と雲の模様によるものである。

孔雀の間から南に出て渡り廊下を行くと本堂（**大書院**《おおしょいん》）の「控の間」である。ここの「滝の間」「十雪《じっせつ》の間」の、狩野探幽《かのうたんゆう》筆とされる絵が描かれた**床**《とこ》**の貼り付け壁**、卍崩《まんじ》しのデザインの見られる**欄間**《らんま》、十弁《じゅうべん》の菊に短冊の組み合わされた**釘隠**《くぎかくし》、花鳥画が描かれ、縁《ふち》が金欄《きんらん》で飾られた**天袋**《てんぶくろ》・**地袋**《じふくろ》のある**棚**などは、曼殊院によると、桂離宮と同じ用材・様式で、同時につくられたという。縁《えん》に沿って行くと**小書院**《こしょいん》に続くが、小書院の縁《えん》についている**高欄**《こうらん》は、**平桁**《ひらけた》の下に**格狭間**《ごうざま》**形**に切り抜かれた板が入っており、他の高欄と区別されている。

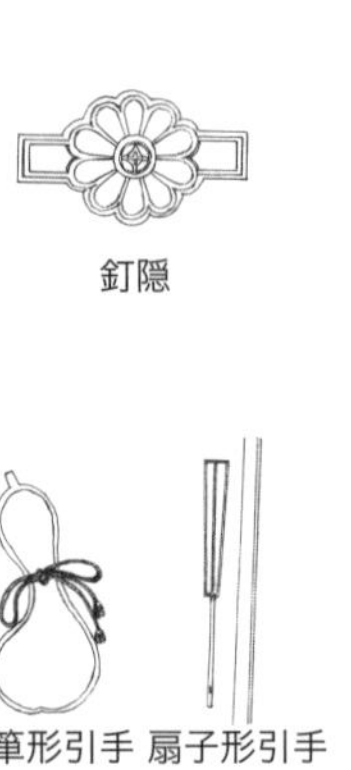

大書院の釘隠・引手

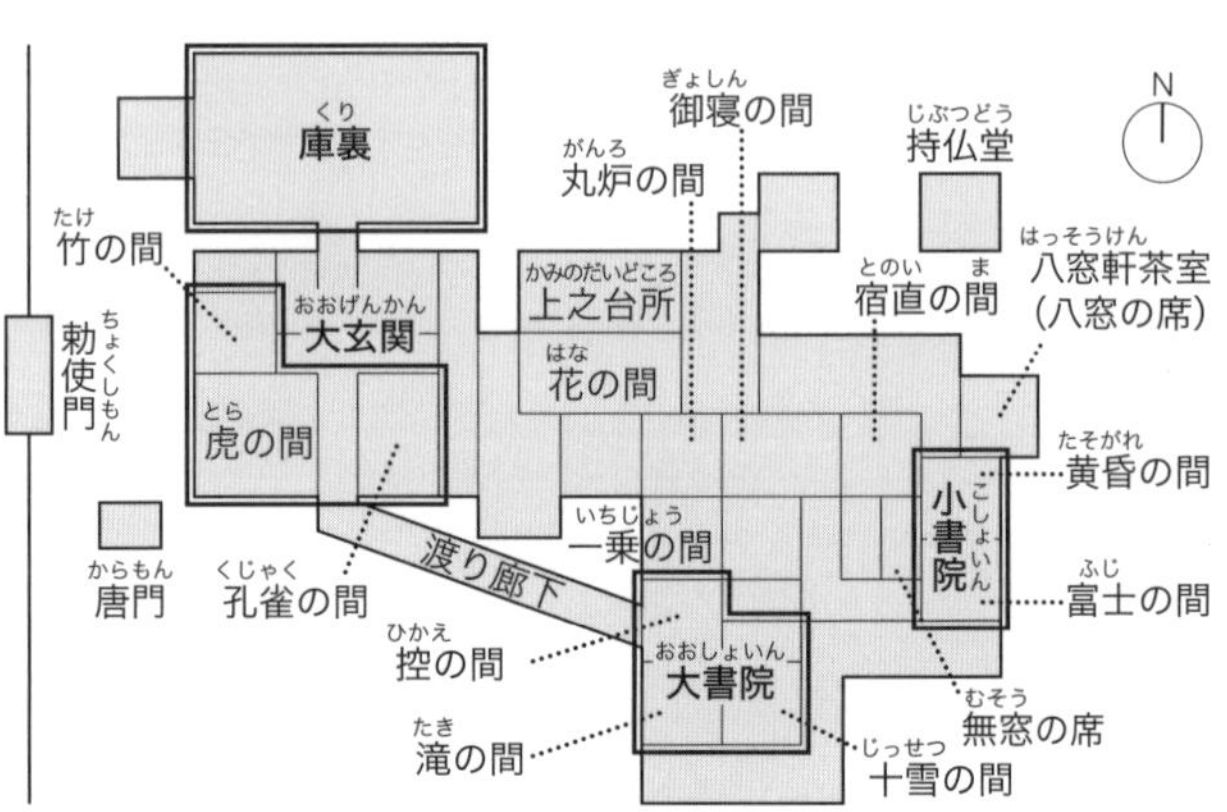

曼殊院の間取り

●数寄の精神にあふれたインテリア

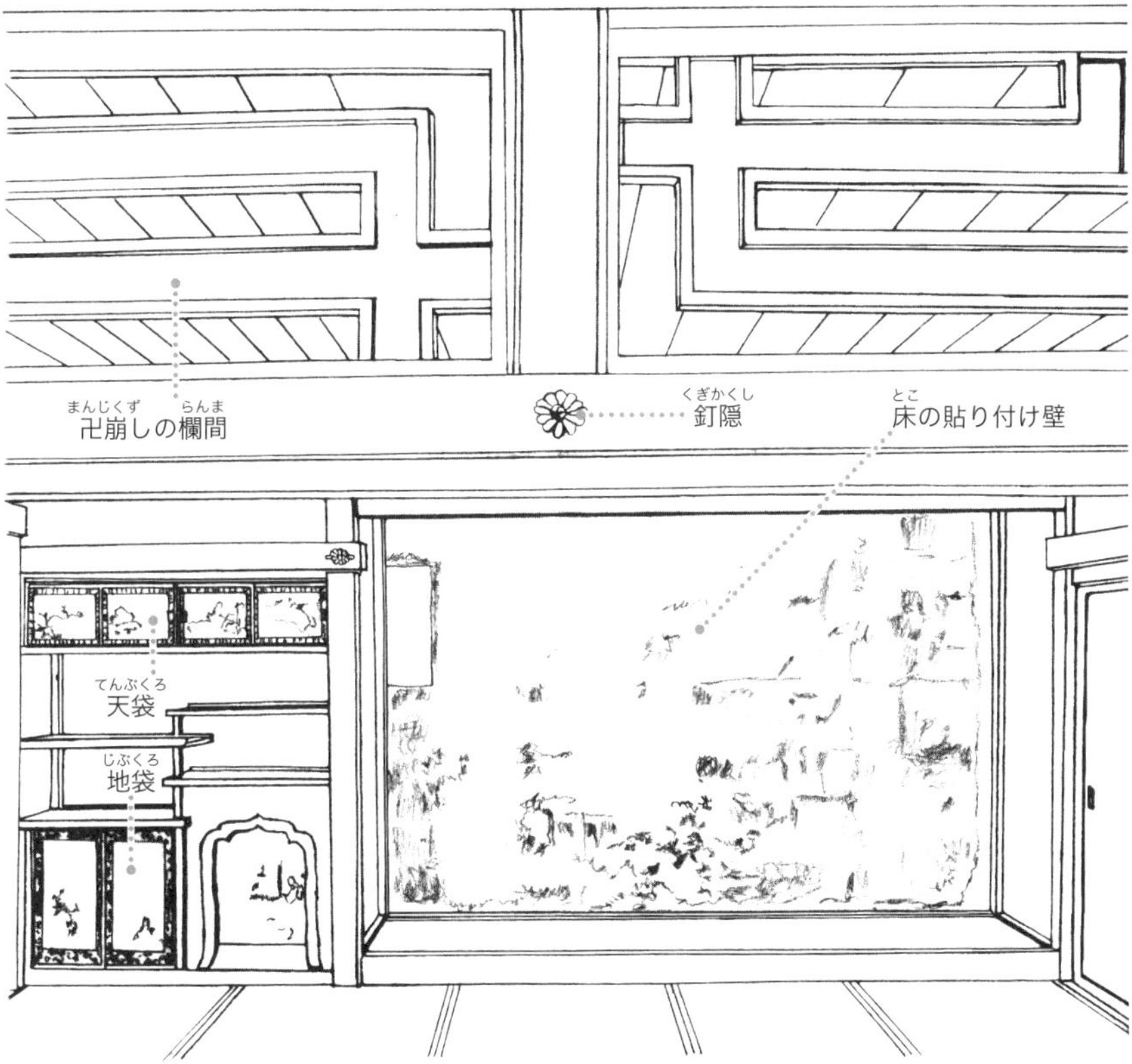

曼殊院大書院十雪の間

小書院の縁の高欄

見どころ②
小書院と八窓軒茶室のディテール

小書院は六間×五間の建物で、主に「富士の間」八畳と「黄昏《たそがれ》の間」七畳から成っている。「富士の間」の長押《なげし》の釘隠《くぎかくし》は富士山を象っており、「富士の間」と「黄昏の間」の間仕切りの上には菊花を散らした欄間《らんま》があり、浮き彫りと透かし彫りで表現されている。「黄昏の間」の正面北側には右に上段の床《とこ》と花頭窓《かとうまど》の附書院《つけしょいん》があり、左には曼殊院棚《まんしゅいんだな》と呼ばれる棚がある。これらの床《とこ》、上段の間、棚を見ると桂離宮新御殿の影響が強く感じられる。

富士の間の西に「無窓《むそう》の席」という一畳だけの茶室がある。右手には洞庫《どうこ》という茶道具を出し入れするための押入式の棚がついている。左手の床《とこ》は格式ばったものではなく楓《かえで》の地板《じいた》一枚の附床《つけどこ》（置床《おきどこ》）で、床《とこ》の出隅《ですみ》の部分には擬宝珠《ぎぼし》のついた逆蓮柱《ぎゃくれんばしら》がある。

「黄昏の間」の北にあるのが八窓軒《はっそうけん》茶室（八窓の席）で、柿葺《こけらぶ》きの葺きおろし屋根（母屋の屋根を延長して茶室の屋根にしている）で、三畳台目《だいめ》（三畳＋普通の四分の三の大きさの台目畳《だいめだたみ》）の席である。桂離宮の松琴亭《しょうきんてい》との類似が指摘されている。この茶室に入って気づくのは、天井が普通の茶室に比べて高いことと、突き上げ窓と呼ばれる天窓の明るさである。天井は東側が化粧屋根裏《けしょうやねうら》（掛《か》け込《こ》み天井とも言う）、西側が平《ひら》天井になっており、床《とこ》の前から主人の座る点前《てまえ》座まで続いている（一般的に茶室では点前座の天井を客座よりも低くして「落ち天井」とする）。

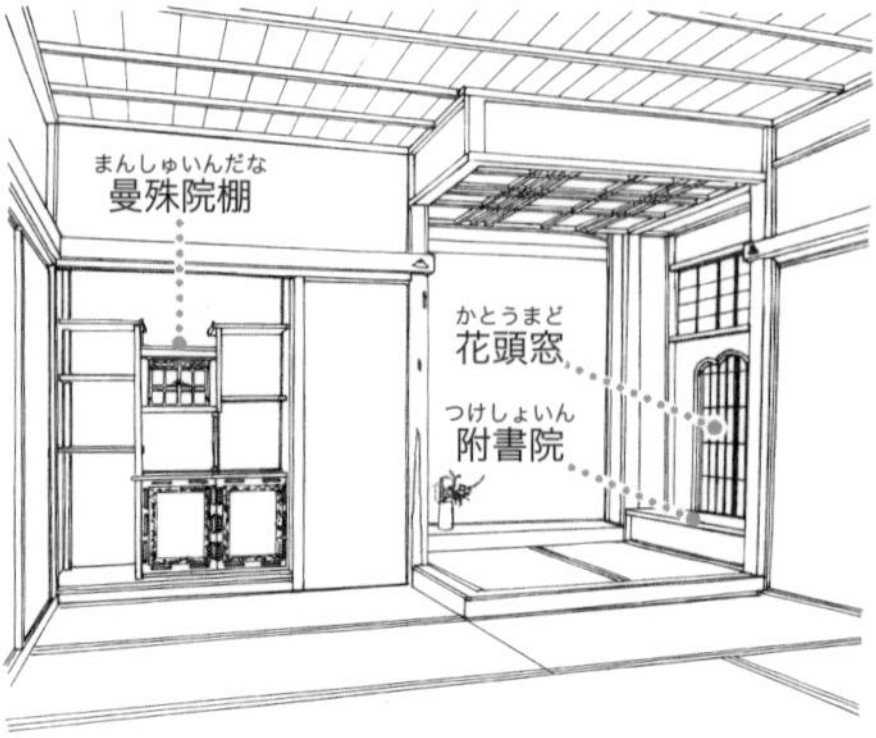

曼殊院小書院黄昏の間

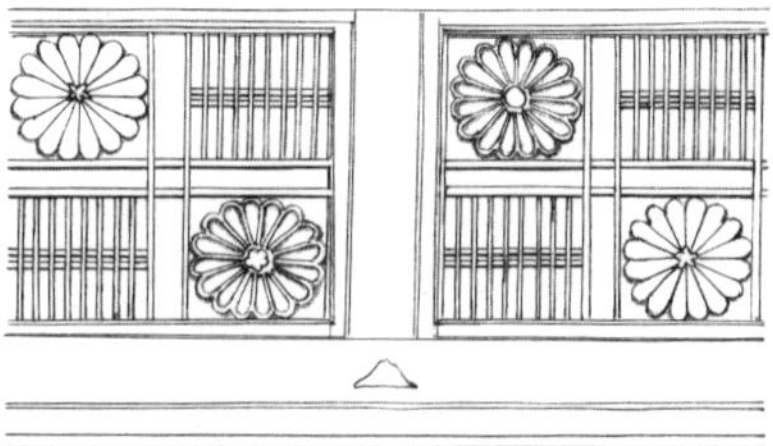
曼殊院小書院の欄間

小書院の釘隠（山形）

●茶室建築の典型

「八相成道」に因む八つの窓があることから「八窓軒」と呼ばれる。

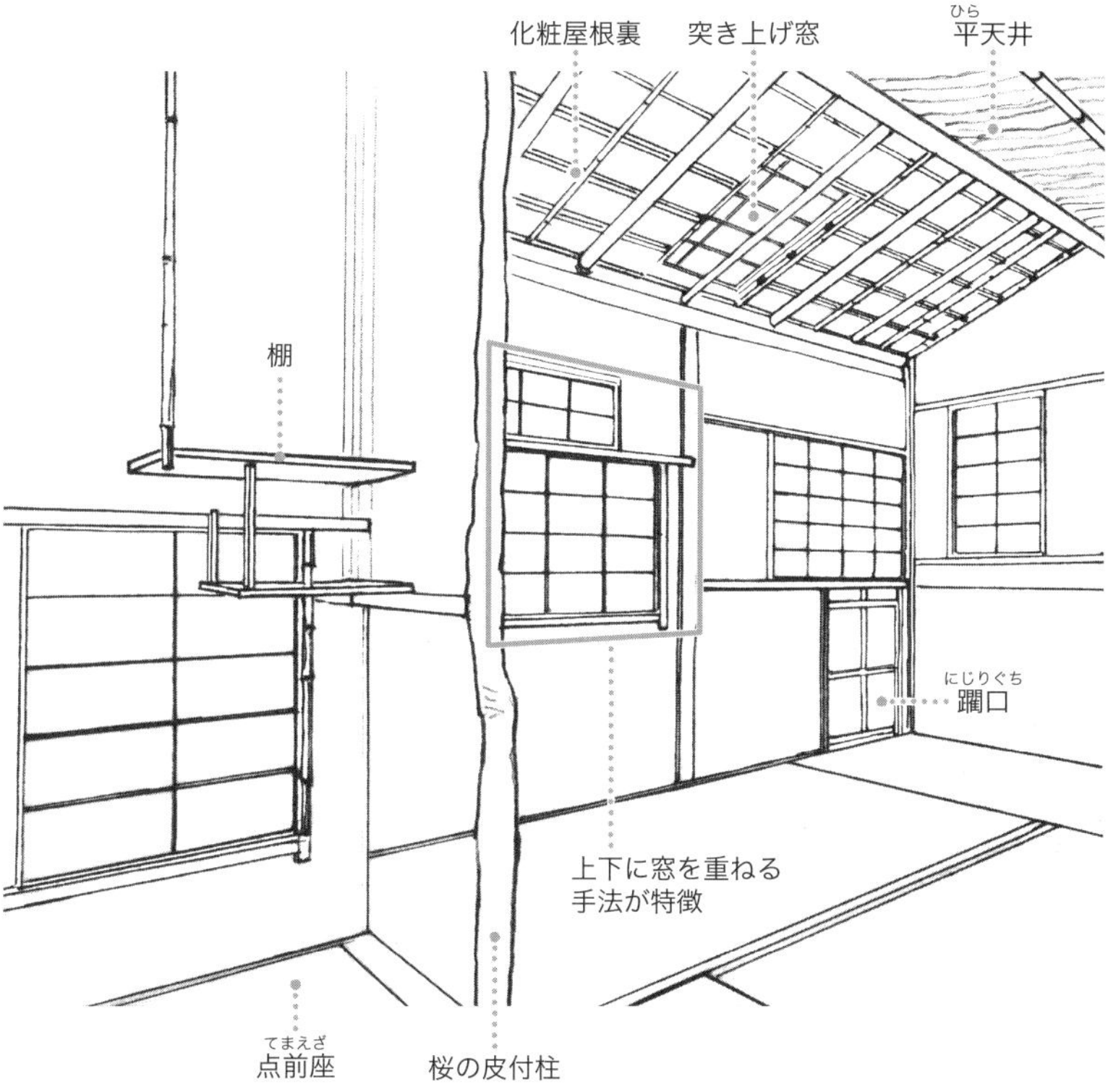

曼殊院八窓軒茶室

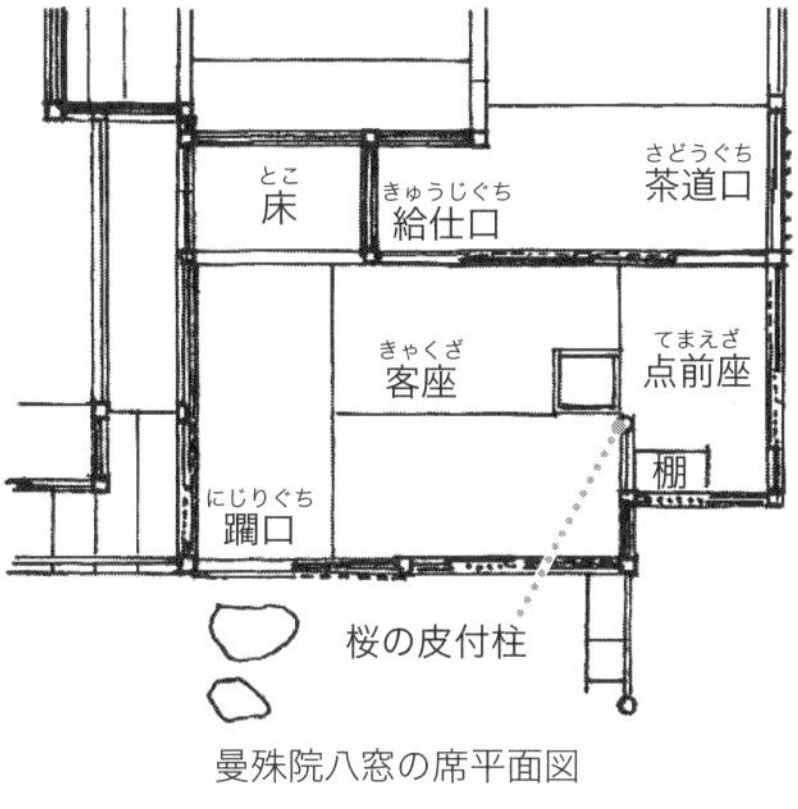

曼殊院八窓の席平面図

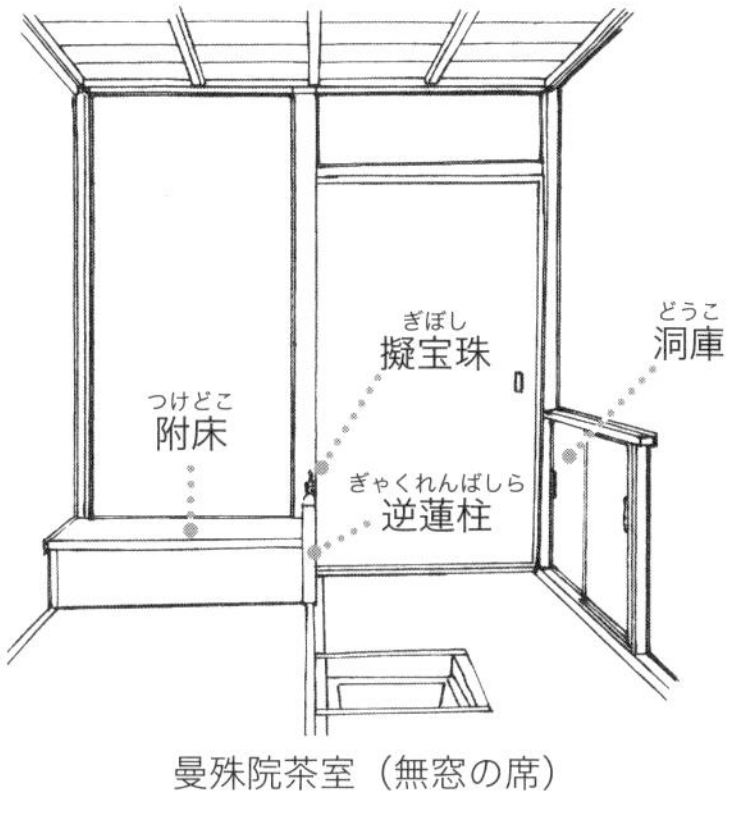

曼殊院茶室（無窓の席）

◆遊びの気分に満ちた茶屋建築―高台寺傘亭《かさてい》・時雨亭《しぐれてい》

高台寺は北政所《きたのまんどころ》が豊臣秀吉の菩提を弔うためにつくったとされ、**傘亭《かさてい》・時雨亭《しぐれてい》**は利休好みの**茶亭《ちゃてい》**とされる。当初傘亭は「安閑窟《あんかんくつ》」という名で、現在も傘亭には「安閑窟」の額が掲げられている。後に時雨亭と対になる傘亭の名に変更したと考えられる。昭和15、16年の修理で、江戸初期までに主要構造ができ、江戸中期に細部の補修改変が行われたことがわかっている。

傘亭と時雨亭は南北に並んで建ち、その間は四間の土間廊下で連絡されている。傘亭は**単層**の**方形造《ほうぎょうづくり》**の建物で、中に入って上を見ると放射状の竹の**垂木《たるき》**がまるで傘の内側のように見える。また竹の**連子窓《れんじまど》**が連続して大きく開いており、開放的な空間となっている。対して時雨亭は**重層《じゅうそう》**、**入母屋造《いりもやづくり》**の単純な構造の涼台で、二階から展望とお茶を楽しむための施設である。土間廊下から直接手すり付きの階段で登ることができる。

傘亭・時雨亭のような建物は**茶屋《ちゃや》**と呼ばれ、**数寄屋《すきや》**の一種である。茶室と違って遊びの気分に満ちた開放的な空間であることが特徴で、桂離宮の松琴亭《しょうきんてい》・笑《しょう》意軒《いけん》・茶屋などが茶屋建築の例である。

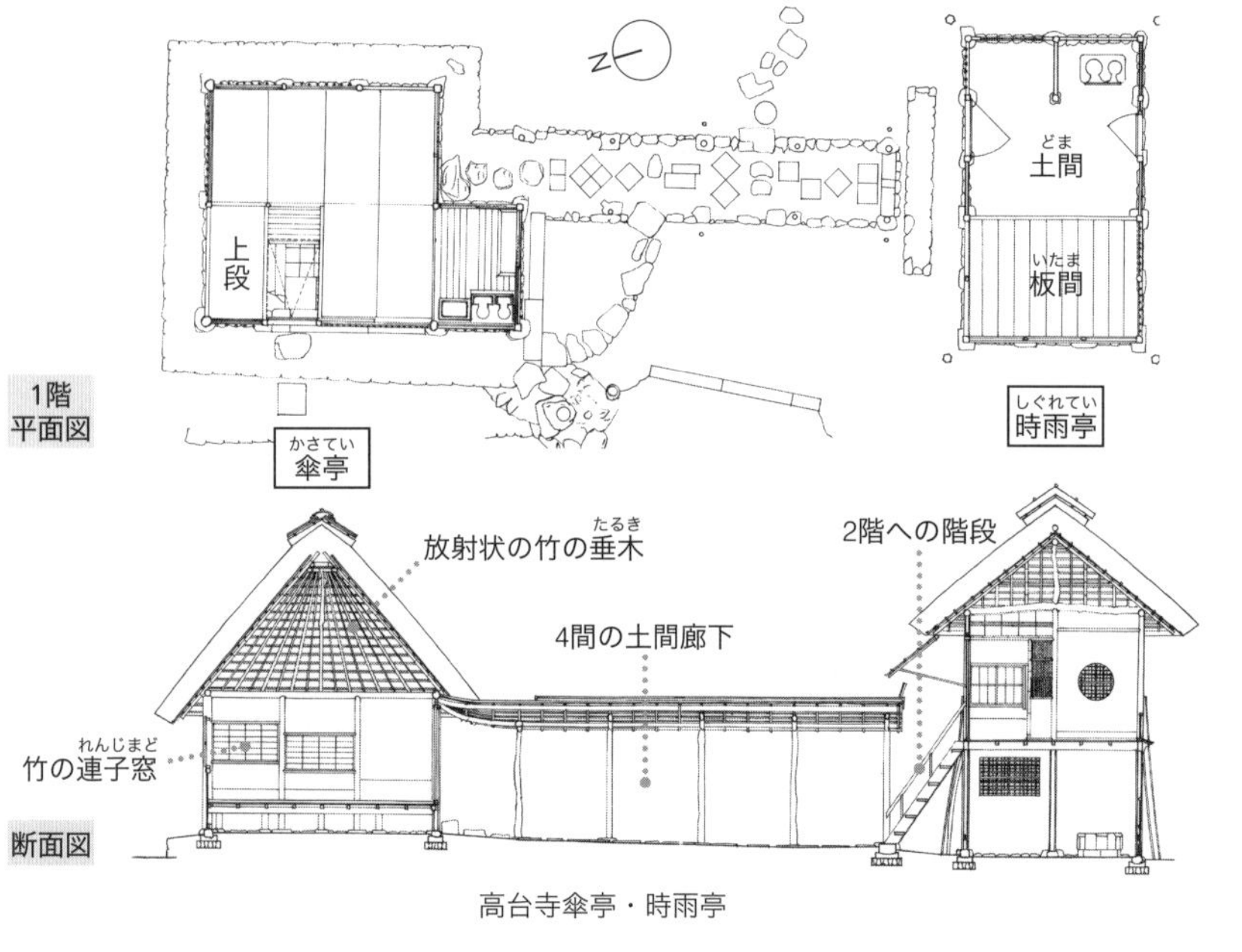

高台寺傘亭・時雨亭

おわりに

　この本は、学芸出版社が２０１１年から２０１４年にかけて実施した「ここが見どころ！古建築」という見学会の内容を基にまとめたものである。この全20回の見学会は、「歴史は形に表れる」をテーマに、主に寺院建築と神社建築について、時代順に、その時代を代表する建築を実際に見に行くという内容で、毎回30〜40人もの参加があり、建築が専門でない方も多く参加された。この見学会で毎回配っていた建築の図面に興味を持たれる方が多くおられたことから、今回その大部分を描き直して本にすることにしたのである。

　本書で取り上げた建築が近畿に偏っているのは、長く近畿が日本文化の中心地だったからでもあるが、この見学会の参加者の大半が近畿在住だったからでもある（見学会には東京・北陸などからも熱心な参加者が参加してくれた）。ただ、全国各地に散在する主要建築で「見どころ」の理解に欠かせない建築については適宜関連の箇所で紹介している。

　図面を描いていて「こんなことをして何になるのだろう」と思う瞬間もあったが、「どこかで世のためになるのだ」と思い直して描き続けた。見学者の皆さんに喜んでいただけるのが大いに励みになった。

　図面を描き続けているうちに、種々の発見のあることにも驚かされた。この発見は図面を描く際の副産物であり、私自身の勉強にもなった。

　建築の構造には様々な種類があるが、日本の伝統的な建築において採用されてきたのは木材による架構構造ただ一種類である。これは柱・梁を組み合わせて骨組みをつくる構造で、時代を下るとともに意匠・構造上の工夫を重ねてきた意義は非常に大きく、その歴史的な芸術性を見ることはわれわれにとって大いに価値のあることである。

　この本の出版にあたっては、各方面の学識者、先輩の方々から、ありがたい助言を頂戴し、感謝を申し上げたい。

また、学芸出版社編集部の永井美保氏、森國洋行氏、真下享子氏、岩﨑健一郎氏には、見学会の運営から本の編集に至るまで、多大の苦労をおかけしたことに深く感謝申し上げたい。なんとかそれなりに理解してくれた二人の息子たち、何よりも日々黙々と図面を描いている私に文句も言わずに、黙って仕事をさせてくれた妻悦子にも、ありがとうと言いたい。

二〇一六年八月　妻木靖延

妻木靖延（つまき やすのぶ）

妻木建築設計事務所所長、大阪ガス㈱リフォームコンサルタントスタッフ。
1935年、大阪市生まれ。1957年、大阪工業大学第一工学部建築学科卒業。同年、坂倉準三建築研究所入所。1959年、同所を退所。同年、妻木椅子工場を開設。1967年、妻木建築設計事務所を開設。1980年、妻木椅子工場を廃業。1986年、大阪ガス㈱リフォームコンサルタントスタッフとなり、リフォーム教育を一手に手がけ、現在に至る。この間、大阪工業大学高等学校建築科、大阪工業大学建築学科、摂南大学工学部建築学科、武庫川女子大学生活環境学科他の非常勤講師を定年まで務めた他、松下電工㈱宣伝部アドバイザー、松下電器産業㈱ HA事業部の建築関係のアドバイザーを務める。また、庭園と緑の関係に着目し、建築家故西澤文隆とともに、20年余りにわたり庭園実測を行った。著書に『新訂日本建築』（学芸出版社）がある。

図解　ここが見どころ！古建築

2016年9月1日　第1版第1刷発行
2016年10月30日　第1版第2刷発行

著　者………妻木靖延
発行者………前田裕資
発行所………株式会社学芸出版社
京都市下京区木津屋橋通西洞院東入
電話 075－343－0811　〒600－8216
装　丁………KOTO DESIGN Inc. 山本剛史
扉挿画………小山幸子・野村彰
印　刷………イチダ写真製版
製　本………山崎紙工

ISBN 978－4－7615－2626－9